KB126169

인민의 벗들은
누구이며
그들은
사회민주주의자들과
어떻게 싸우는가

레닌 전집 후원회

강건	강건영	곽호정	권성현	권용석
권일천	김기성	김김정현	김동욱	김로자(정우재)
김미르	김상철	김서룡	김성인	김성훈
김영규	김영범	김요한	김우철	김은림
김재문	김지유	김태균	김태영	김태훈
김현우	김형철	김희란	노동자의책	노준엽
또토	민들레홀씨	박민하	박상흠	박원일
박윤종	박준성	박채은	박회송	배예주
백건우	백종성	백철현	볼셰비키그룹	서인형
손민석	손형선	송기철	신유재	신정욱
심우청	양준호	양찬우	엄길용	연제일
왕승민	우빈	우종우	유가람	유재언
이광윤	이교희	이김건우	이동현	이문열
이선민	이성철	이원호	이은경	이주용
이지수	이태진	이평세	이희욱	임세환
임용현	임재성	전경민	전경진	정경직
정나위	정세윤	정영섭	조명숙	주동빈
채재웅	초라	최명숙	최의왕	함진철
허영식	혜경	홍정익	황형수	∀

002 레닌
전집

Владимир
Ильич
Ленин

인민의 벗들은 누구이며 그들은 사회민주주의자들과 어떻게 싸우는가

최재훈
옮김

AGORA

차례

일러두기

1. 본 전집의 대본은 V. I. Lenin, *Collected Works*, Progress Publishers, Moscow다.
2. 주석은 모두 각주로 처리했으며, 저자 주는 주석 앞에 '레닌 주'라고 표기했다. 원서 편집자 주는 주석 뒤에 '원서 편집자', 옮긴이 주는 '옮긴이'라고 표기했다.
3. 원문에서 이탤릭체로 강조된 것은 고딕체로 표기했으며, 볼드체로 강조된 것은 굵은 글씨로, 대문자로 강조된 것은 권점을 사용해 표기했다. 밑줄이 그어진 것은 동일하게 처리했다.
4. 신문이나 잡지의 이름은 우리말로 번역되어 익히 알려져 있거나 사용되고 있는 경우에는 번역된 우리말로 표기했으나, 그렇지 않은 경우에는 소리 나는 대로 표기했다.
5. 날짜는 러시아 구력이며, 신력을 표기할 때는 구력을 먼저 적고 괄호 안에 신력을 표기했다.

'마르크스주의자들에 반대하는 《루스코예 보가츠트보 *Russkoye Bogatstvo*》에 실린 글들에 대한 답변'이라는 부제가 붙어 있는 이 책 『인민의 벗들은 누구이며 그들은 사회민주주의자들과 어떻게 싸우는가*What the "Friends of the People" Are and How They Fight the Social-Democrats*』는 1894년에 씌었다(레닌은 4월에 1부 집필을 끝냈고, 여름에 2부와 3부를 마무리했다). 레닌은 1892~3년 사마라에서 이 책을 쓰기 시작했다. 사마라의 마르크스주의자 모임에서 그는 반마르크스주의 입장의 자유주의적 인민주의자들인 V. V.(보론초프(Vorontsov))와 미하일롭스키(Mikhailovsky), 유자코프(Yuzhakov), 크리벤코(Krivenko)를 신랄하게 비판하는 강연들을 했고, 당시의 강의 내용이 이 책의 기초 자료로 쓰였다.

1894년 가을, 레닌은 이 저작을 상트페테르부르크의 마르크스주의자 모임 회원들에게 읽어주었다. 크룹스카야(Krupskaya)는 당시를 회상하며 이렇게 쓰고 있다. "그 글이 우리 모두를 얼마나 흥분시켰는지 생생하게 떠오른다. 팸플릿에는 투쟁의 목표가 존경스러울 정도로 명쾌하게 제시되어 있었다. 그후 그 복사본들은 '노란 복사본'이라는 제목으로 손에서 손으로 건네졌다. 거기엔 글쓴이의 이름도 적혀 있지 않았다. 그 팸플릿이 아주 널리 읽혔기 때문에 당대 마르크스주의자 청년들에게 지대한 영향을 끼쳤음은 두말할 나위가 없다."(크룹스카야, 「레닌을 회상하며」, 모스크바, 1959년, 15쪽)

레닌의 책은 각 부별로 출판되었다. 1부는 1894년 6월 상트페테르부르크에서 복사돼 그곳과 다른 여러 도시들에서 불법적으로 유통되었다. 1부의 두 번째 판은 같은 방식으로 인쇄돼 1894년 7월에 모습을 드러냈다. A. A. 간신(Ganshin)은 8월에 고리키(블라디미르 주), 9월에 모스크바에서 1부와 2부를 약 백여 권 가량 인쇄했다. 같은 해 9월 A. A. 바네예프(Vaneyev)는 상트페테르부르크에서 1부(4판)를 50부 더 복사했고, 3부도 대략 같은 부수를 복사했다. 당시 판본에는 표지에 "한 지방의 사회민주주의자 그룹 출판"이라는 정보가 적혀 있었다. 그것은 그 책이 불법적으로 생산된 상황에서 필요한 조치였다. 지역 조직들은 다양한 방법으로 레닌 저작의 복사본을 제작해냈는데, 손으로 베껴 쓰거나 타자를 쳐서 복제하는 식이었다. 체르니고프 주 보르즈나 군의 한 사회민주주의자 그룹은 1894년에 이 책을 복사했고, 해당 판본은 체르니고프, 키예프, 상트페테르부르크에서 유통되었다. 1894년 말과 1895년에는 이 책이 각각 빌노와 펜자에서도 읽혔으며, 블라디미르에서 읽힌 것도 대략 그 무렵이었다. 1895~6년에는 톰스크의 마르크스주의자 학생들 사이에서도 유통되었다. 그와 동시에 로스토프에서도 읽혔고, 1896년에는 폴타바와 다른 도시들로도 퍼져나갔다.

레닌의 책은 노동해방그룹에게도 굉장히 잘 알려졌고, 국외에 있는 다른 러시아 사회민주주의 조직들 사이에서도 유명세를 탔다.

이 책의 1부와 3부의 복사본들은 1923년 초 베를린 사회민주주의 조직 문서고에서 발견되었고, 거의 같은 시기에 레닌그라드의 국립 살티코프-시체드린 공공도서관에서도 발견되었다.

『레닌 전집Collected Works』의 첫 번째와 두 번째, 세 번째 판에는 1923년에 발견된 1894년도 복사판이 수록되었다.

1936년 마르크스-레닌주의 연구소는 1894년에 추가로 복사된 판본을 확보했다. 이 판본에는 해외 출판을 준비할 당시 레닌이 직접 편집에 수정을 가한 것으로 보이는 흔적들이 상당수 담겨 있다.

현재의 판본으로 출간된 이 책의 본문은 수정된 내용들을 고려해 1936년 연구소가 입수한 복사본 원고를 따르고 있다. 공인된 판본에 따라, 인용부호들은 일부 단락들에서 이탤릭체로 대체되었고, 본문에서 괄호로 묶인 수많은 삽입 사항들은 각주로 표기되었다. 앞선 판본에서는 생략되었던 부록 1에 대한 레닌의 설명 또한 수록되었다.

2부는 여전히 발견되지 않고 있다.—원서 편집자

1부

《루스코예 보가츠트보》[1]가 사회민주주의자들에 맞서는 조직적 활동에 돌입했다. 작년에 발행된 10호에서 이 잡지의 핵심 인물 중 한 사람인 미하일롭스키 선생은 "우리의 이른바 마르크스주의자들 또는 사회민주주의자들"에 대항해 "격렬한 비판"을 펼칠 것이라고 예고했다.[2] 그후 크리벤코 선생의 「우리의 문화 용병들」(12호)과 미하일롭스키 선생의 「문학과 삶」(1894년, 1호와 2호)이 잇달아 발표되었다. 그 잡지가 이 나라 경제 현실을 어떤 시각으로 보고 있는지는 유자코프의 「러시아 경제 발전의 문제점들」(11호와 12호)에서 너무나도 상세히 설명

---

1 '러시아의 부(富)'라는 뜻. 1876년부터 1918년 중반까지 상트페테르부르크에서 발행된 월간지. 1890년대 초에 자유주의적 인민주의자들의 기관지가 되었으며, 크리벤코와 미하일롭스키가 편집을 맡았다. 이 잡지는 차르 정부와의 화해를 옹호했으며, 마르크스주의와 러시아 마르크스주의자들을 상대로 신랄한 투쟁을 벌였다.—원서 편집자

2 여기서 언급된 글은 1893년 《루스코예 보가츠트보》 10호에 실린 미하일롭스키의 「문학과 삶」이다. 마르크스주의자들은 미하일롭스키에게 편지를 보내 그 기사에 대해 논평을 했고, 그 중 일부는 1924년 《빌로예 *Byloye*》 23호에 실렸다.—원서 편집자

된 바 있다. 이들의 잡지는 진정한 '인민의 벗들'의 견해와 전술을 제시한다고 일반적으로 주장하고 있고, 따라서 이 신사양반들은 사회민주주의의 최대의 적들이다. 그러므로 이 '인민의 벗들'과 그들의 마르크스주의에 대한 비판, 그들의 사상과 전술 등을 좀 더 자세히 살펴보도록 하자.

미하일롭스키 선생은 주로 마르크스주의의 이론적 원리들에 관심을 갖고 있기 때문에 특별히 유물사관을 연구하고 있다. 관련된 이론적 원칙을 명확히 밝혀주는 방대한 마르크스주의 문헌의 전반적인 내용을 요약하면서, 미하일롭스키는 다음과 같은 장광설로 비판의 포문을 열고 있다.

"우선 '마르크스가 자신의 저작들에서 유물론적 역사 개념을 자세히 설명한 적이 있었던가?'라는 의문이 자연스레 제기된다. 『자본Capital』에서 마르크스는 박식함, 즉 모든 경제문헌과 그와 관련된 사실들에 대한 철저한 연구를 논리력과 결합시키는 작업의 전형을 보여주었다. 그는 오랫동안 잊혀 있었거나 오늘날까지 그 누구에게도 알려지지 않았던 경제학 이론가들을 발굴해냈고, 여러 다양한 특별위원회들에 제출된 공장감독관들의 보고서나 전문가 증언의 아주 세세한 부분 하나하나까지도 그대로 지나치지 않았다. 한마디로 말해 그는 막대한 양의 사실 자료들을 검토했는데, 그것은 한편으로는 자신의 경제이론들에 대한 논거를 제공하기 위해서였고 다른 한편으로는 그것들을 명확히 실증해 보이기 위해서였다. 만약 그가 역사적 과정에 대해 완전히 새로운 개념을 창출해냈다고 한다면, 새로운 시각에서 인류의 지난날 전체를 설명하고 역사철학에 대해 이제까지 존재했던 모든 이론들을 요약해주었다고 한다면, 그의 열의만큼은 당연히 부정할 수 없을 것이다. 실로 그는 역사적 과정에 대해 알려진 모든 이론들을 검토하고, 그것들을 비판적으로 분석하고, 세계사의 수많은 사실들을 연구했을 것이다. 마르크스주의 문헌에서 아주 통상적으로 다루어지는 다윈과의 비교는 그런 믿음을 확인하는 데 훨씬 더 큰 기여를 하고 있다. 그렇다면 다윈의 전체적인 연구는 어디까지 도달했을까? 확실히 사실에 입각한 자료의 진정한 금자탑을 이루고 사상들을 일반화하는 데 어느 정도 근접했다고 할 것이다. 그러나 그에 비견될 만한 마르크스의 연구는 과연 어디에 있는가? 아직 존재하지 않는다. 마르크스에 의한 그런 연구는 존재하지도 않을뿐더러, 그 방대하고 광범위한 특징에도 불구하고 모든 마르크스주의 문헌에서 전혀 찾아볼 수 없다."

이러한 장광설은 전반적으로 아주 독특하며,『자본』과 마르크스에 대한 그의 대중적 이해가 얼마나 미흡한지를 이해하는 데 도움을 준다. 그는 주장을 펼치는 마르크스의 방식의 엄청난 설득력에 압도된 대중이 마르크스 앞에서 머리를 조아리며 그를 칭송하면서도, 그 이론의 기본적인 내용에는 전혀 눈을 돌리지 않고 '주관적 사회학'이라는 낡은 노래들만 조용히 계속해서 읊조린다고 말한다. 이와 관련해서는 카우츠키 (Kautsky)가 마르크스의 경제학적 가르침들에 대한 자신의 책 서두로 선택한 아주 적절한 문구를 떠올리지 않을 수 없겠다.

클롭슈토크(Klopstock)를 칭송하지 않을 사람이 누가 있겠 는가?

하지만 모두가 그의 시를 읽을까? 그렇지 않다.

우리는 덜 칭송받더라도,

더 열심히 읽히기를 원한다.

정확히 그랬다! 미하일롭스키는 마르크스에 대한 칭찬을 줄이는 대신 그의 책을 좀 더 부지런히 읽거나, 하다못해 자신 이 읽은 내용을 보다 진지하게 생각해보아야 했다.

"『자본』에서 마르크스는 박식함"과 "논리력"을 "결합시키 는 작업의 전형을 보여주었다"고 미하일롭스키는 말한다. 이 문구를 통해 미하일롭스키 선생은 빛나는 문장이 부족한 본 질과 어떻게 결합될 수 있는지 그 전형을 보여주었다. 어느 마 르크스주의자가 주장했듯이 말이다. 그리고 그런 주장은 아주 정당한 것이었다. 실제로 마르크스의 논리력은 어떻게 드러났 는가? 그 효과는 무엇이었는가? 미하일롭스키 선생의 저 장광 설을 읽으면서 혹자는 마르크스의 논리력이 아주 좁은 의미에 서의 "경제이론들"에만 전적으로 집중되어 있고 그 이상은 아니라고 생각할지도 모른다. 미하일롭스키 선생은 마르크스가 자신의 논리력을 드러내 보인 분야가 아주 제한적이었다는 걸 한층 강조하기 위해서 "아주 세세한 부분"과 "철저"함, "그 누구에게도 알려지지 않았던 경제학 이론가" 등을 강조하고 있다. 이는 마치 마르크스가 이러한 이론들을 구축하는 데 있어 본질적으로 새롭거나 주목할 만한 기여를 한 건 전혀 없고, 그가 이전의 경제학자들이 이뤘던 경제학의 경계를 확장하는 작업이나 "완전히 새로운" 경제학 개념을 세우는 데 아무런 공헌도 하지 않은 것처럼 들릴 것이다. 그러나 『자본』을 읽어본 사람이라면 누구나 그것이 전혀 사실이 아니라는 걸 알고 있다. 이와 관련해 16년 전 미하일롭스키 선생이 저 천박한 부르주아 Y. 주콥스키(Zhukovsky) 선생과 논쟁을 벌일 당시 마르크스에 대해 썼던 글[3]을 떠올리지 않을 수 없다. 아마도 시대가 다르고 정서도 더 신선했기 때문인지, 어쨌든 당시 미하일롭스키가 쓴 글의 어조와 내용은 지금과는 완전히 달랐다.

"마르크스는 『자본』에서 '현대 사회의 발전 법칙(원문은 '경제 작동 법칙')을 밝혀내는 것이 이 책의 궁극적인 목적이다'라고 말했으며, 그 방침을 엄격하게 고수하고 있다." 이것이 미하일롭스키가 1877년에 했던 말이다. 그렇다면, 비판자인 그가

---

3   1877년 10월 《조국 연보 *Otechestvenniye Zapiski*》 10호에 실린 미하일롭스키의 「주콥스키에게 도전받은 카를 마르크스」라는 글을 가리킨다.—원서 편집자

인정한 바와 같이 마르크스가 엄격하게 고수했던 방침을 살펴보도록 하자. "현대 사회의" 경제학적 "발전 법칙을 밝혀내"기 위한 방침 말이다.

이런 서술은 우리가 설명이 요구되는 몇 가지 질문들에 맞닥뜨리게 한다. 마르크스 이전의 모든 경제학자들은 사회 일반에 대해 말하는데, 마르크스는 왜 '근대(modern)' 사회를 이야기하는가? 그는 '근대'라는 단어를 어떤 의미로 사용하고 있으며, 이 근대 사회를 어떤 특징으로 구분하고 있는가? 그리고 더 나아가, 사회의 경제 작동 법칙을 통해 무엇을 말하고자 하는가? 우리는 가치의 생산만이 유일하게 경제학 법칙들의 대상인 반면 분배는 정치, 곧 정부와 지식인 등이 사회에 행사하는 영향력의 성질에 달려 있다는 이야기를──여담이지만 《루스코예 보가츠트보》가 속한 사회적 환경의 평론가들과 경제학자들이 가장 선호하는 발상 중 하나가 바로 이것이다──경제학자들로부터 익히 들어왔다. 그렇다면 마르크스는 어떤 의미에서 사회의 경제 작동 법칙을 이야기하고, 심지어 이 법칙을 가리켜 자연법칙(Naturgesetz)이라고까지 말하는 걸까? 우리나라의 무수한 사회학자들이 사회 현상은 자연사(史)의 현상과는 확연히 구분되며, 따라서 사회 현상들에 대한 연구는 완전히 별개의 '사회학의 주관적 방법론'을 활용해야 한다는 것을 입증하기 위해 수없이 많은 논문들을 쏟아내고 있는 이때, 우리는 이것을 어떻게 이해해야 하는가?

당연하고 자연스럽게 당혹감이 생겨날 수밖에 없고, 정말로 무식한 사람이 아니라면 『자본』에 대해 이야기할 때 결코 그런 당혹감을 피할 수 없을 것이다. 이런 물음들을 자세히 해명하기 위해 우리는 먼저 『자본』의 서문에서 불과 두세 줄 아래에 나와 있는 단락 하나를 더 인용해야 할 것이다.

"나의 관점[에서 볼 때], 경제적 사회구성체의 발전은 자연사적 과정이라 여겨진다."[4]

엄격한 일관성과 보기 드문 논리력을 보여준 『자본』의 기본적인 발상이 여기에 있음을 확인하는 것은 방금 서문에서 인용한 두 단락들을 비교해보는 것으로 충분할 것이다. 우선 이 모두에 관한 두 가지 상황들을 주목해보자. 마르크스는 하나의 "경제적 사회구성체의 발전", 즉 자본주의 형성 과정에 대해서만 이야기하고 있으며, 그 스스로도 다름 아닌 자본주의 형성의 발전 법칙만을 연구했다고 말하고 있다. 이것이 첫 번째다. 그리고 두 번째로, 마르크스가 자신의 추론을 풀어나갈 때 활용했던 방법론에 대해서도 주목해보자. 이 방법론들은 조금 전 미하일롭스키 선생도 이야기했듯이 "관련된 사실들에 대한 철저한 연구"에 기반을 두고 있다.

이제 주관에 치우친 우리의 철학자가 그렇게도 노련하게 피해 가려 애썼던 『자본』의 기본적인 발상을 검토해보도록 하

---

4   마르크스, 『자본』, 1권, 모스크바, 1959년, 독일어판 초판 서문, 10쪽.—원서 편집자

자. 정확히 말해, 경제적 사회구성체라는 개념은 무엇에 존재하는가? 그리고 그런 구성체의 발전은 어떤 의미에서 자연사의 과정으로 여겨질 수 있고, 또 여겨져야 하는가? 이런 것들이 오늘날 우리가 직면한 물음들이다. 나는 오래된(러시아로 본다면 오래된 건 아니다) 경제학자들과 사회학자들의 관점에서는 경제적 사회구성체라는 개념이 전혀 필요치 않음을 이미 지적한 바 있다. 그들은 사회 일반을 이야기하고, 사회 일반의 성격, 사회 일반의 목적과 본질 등에 대해 스펜서(Spencer) 학파와 논쟁을 벌인다. 주관에 치우친 이들 사회학자들은 사회의 목적은 구성원들을 이롭게 하는 것이며, 따라서 정의는 이러저러한 조직체를 요구하고, 그런 이상적인 조직체("사회학은 일종의 유토피아에서 출발해야 한다." 주관적 방법론을 주창하는 필자들 중 한 사람인 미하일롭스키 선생의 이 말은 그들의 방법론의 핵심을 훌륭하게 보여준다) 와 조화를 이루지 못하는 체제는 비정상적이고 그러므로 파기해야 한다는 논거에 따라 자신들의 주장을 펼친다. 한 예로 미하일롭스키 선생은 '사회학의 본질적인 임무는 인간 본성이 요구하는 어떤 특정한 부분들을 충족시켜주는 사회적 조건을 규명하는 것'이라고 주장한다. 보다시피 이 사회학자가 관심을 기울이는 것은 인간 본성을 충족시켜주는 사회일 뿐, 소수에 의한 다수의 노예화와 같이 '인간 본성'과 조화를 이루지 못하는 현상에 기초한 어떤 이질적 사회의 형성 과정이 절대 아니다. 또한 이 사회학자의 관점에서 볼 때 사회의 발전을 자연사

의 한 과정으로 간주할 가능성은 없어 보인다('무언가를 바람직하다거나 바람직하지 못하다고 받아들이려면, 그 사회학자는 바람직한 것이 실현될 수 있거나 바람직하지 못한 것이 제거될 수 있는 조건을 발견해야만 한다'는 게 미하일롭스키의 논리다). 더군다나 발전에 관한 이야기조차 있을 수 없고, 단지 '바람직한 것'으로부터의 다양한 일탈들과…… 사람들이 충분히 현명하지 못한 결과로 역사에서 발생한 '결함들'에 대해서만 이야기될 뿐이며, 인간 본성이 요구하는 게 무엇인지를 올바로 이해할 수 없거니와 그런 이성 체계의 실현을 위한 조건도 발견할 수가 없다. 경제적 사회구성체의 발전은 자연사의 과정이라는 마르크스의 기본적인 발상이 사회학이라는 타이틀에 대한 권리를 주장하는 이런 유치한 도덕률의 근본 자체를 잘라버린다는 사실은 분명하다. 그렇다면 마르크스는 어떻게 이런 기본 발상에 이르게 됐을까? 그것은 사회적 삶의 다양한 영역들로부터 경제 영역을 골라내고, 다른 모든 관계를 결정짓는 기본적이고 주요한 관계로서 **생산 관계**를 다른 사회적 관계들로부터 선별해냄으로써 가능했다. 마르크스 스스로는 이 문제에 관한 자신의 추론 과정을 다음과 같이 설명한 바 있다.

"엄습한 의문들을 해결하기 위해 내가 착수한 최초의 작업은 헤겔 법철학의 비판적 검토였다.[5] …… 나의 연구는 다음과 같은 결론으로 이어졌다. 국가 형태들뿐만 아니라 법률관계들 또한 그 자체나 이른바 인간 정신의 일반적 발전을 통해서 파악될 수는 없고, 오히려 헤겔이 18세기 영국인들과 프랑스인들의 선례에 따라 시민 사회라는 이름 아래 묶어놓은 것들의 총합인 삶의 물질적 조건에 그 뿌리를 두고 있으며, 따라서 시민 사회의 분석은 정치경제학에서 찾아야 한다는 것이다. 내가 도달한 대체적인 결론은 …… 다음과 같이 간략하게 표현될 수 있겠다. 인간은 그들 삶의 사회적 생산에서 명확한 관계를 맺기 시작한다. …… 즉 그들의 물질적 생산력의 일정한 발전 단계에 부합하는 생산관계 말이다. 이러한 생산관계의 총합은 사회의 경제적 구조, 현실적 토대를 이루며, 그 위에 법과 정치적 상부구조가 세워지고, 명확한 사회적 의식형태들이 그 토대에 부합하게 된다. 물질적 삶의 생산양식은 사회적·정치적·정신적 생활 과정 일체를 좌우한다. 인간의 의식이 그들의 존재를 규정하는 것이 아니라, 반대로 그들의 사회적 존재가 그들의 의식을 규정하는 것이다. 사회의 물질적 생산력은

5 여기서 언급된 글은 1843년 여름 크로이츠나흐에서 작성된 마르크스의 『헤겔 법철학 비판Zur Kritik der Hegelschen Rechtsphilosophie』이다. 소련 공산당 중앙위원회 산하 마르크스-레닌주의 연구소가 보유한 이 소논문의 미완성 원고에는 헤겔의 『법철학 원리』261~313쪽에 대한 철저한 비판적 분석이 담겨 있다. 마르크스는 1844년 『독일-프랑스 연감 Deutsch-Französische Jahrbucher』에다 이 논문의 서문을 게재한 후 '헤겔 법철학 비판'이라는 보다 광범위한 논문의 출간을 준비할 생각이었다. 그러나 그는 자신의 생각을 실행에 옮기지 못했다. 마르크스의 원고가 원본(독일어) 그대로 출간된 건 1927년 마르크스-레닌주의 연구소에 의해서가 최초였다.— 원서 편집자

어떤 발전 단계에 이르면 여태껏 그 안에서 생산력이 작동해왔던 기존의 생산관계, 또는——그것의 법률적 표현일 뿐인——소유관계와 모순에 빠지게 된다. 생산력의 발전 형태들에서 볼 때 이러한 관계들은 이제 족쇄로 변하는 것이다. 그러면 사회혁명의 시대가 시작된다. 경제적 토대의 변화와 더불어 거대한 상부구조 전체가 대략 급격한 변화를 맞게 된다. 그러한 변화를 고찰함에 있어서는 자연과학 측면에서 인정되어야 할 생산조건의 물질적 변화와, 인간들이 갈등을 의식하고 해결하기 위해 싸워나가는 틀인 법률적·정치적·종교적·미학적 또는 철학적——간단히 말해 이념적——형식들의 변화를 언제나 구별해야만 한다. 우리가 한 개인을 판단할 때 그가 스스로를 어떻게 생각하느냐를 근거로 삼지 않듯이, 그러한 변화의 시기를 당대의 의식으로부터 판단할 수는 없는 노릇이다. 그와는 정반대로 물질적 삶의 모순, 사회적 생산력과 생산관계 사이에 현존하는 갈등으로부터 그 의식을 설명해야 하는 것이다. …… 대체로 사회의 경제구성체가 점차 진보해갔던 시대로는 아시아적 생산양식, 고대적 생산양식, 봉건적 생산양식, 근대 부르주아적 생산양식을 들 수 있다."[6]

사회학에서 이런 유물론적 사고는 그 자체로 천재적인 것

---

6   레닌은 이 인용문을 『정치경제학 비판을 위하여*A Contribution to the Critique of Political Economy*』(마르크스·엥겔스, 『선집*Selected Works*』, 1권, 모스크바, 1958년, 362~3쪽)의 서문에서 가져왔다.—원서 편집자

이었다. 당연히 그것은 한동안 가설일 뿐이었지만, 역사와 사회 문제들에 엄격하게 과학적으로 접근할 수 있다는 가능성을 최초로 열어주었다. 그때까지 사회학자들은 생산관계 같은 가장 단순하고 기본적인 관계에도 어떻게 접근해야 할지 알지 못한 채 정치적·법적 형태들에 대한 직접적인 조사와 연구만을 수행해왔고, 그러한 형태들이 논의 대상 시기에 살았던 인류의 특정한 사고로부터 생겨난다는 사실을 우연히 발견해왔을 뿐이었다. 그리고 그들은 거기에서 멈춰버렸다. 마치 사회적 관계들이 인간에 의해 의식적으로 확립된 것처럼 말이다. 그러나 『사회계약론*Du Contrat Social*』[7]이라는 사고에서 충분히 표현된(공상적 사회주의의 전체 계통에서 그 자취가 뚜렷이 드러난다) 이런 결론은 모든 역사적 관찰과는 완전히 모순되는 것이었다. 사회 구성원들이 자신들이 살면서 맺는 사회적 관계들의 총합을 어떤 법칙이 스며든 분명하고 완전한 무언가로 인식한 적은 과거에도 없었으며 지금도 그렇지 않다. 오히려 정반대로 인민

---

7 장 자크 루소(Jean Jacques Rousseau)의 주요 저작들 가운데 하나로, 원제는 '사회계약, 또는 정치법률의 원리(Du contract social; ou, Principes du droit politique)'다. 1762년 암스테르담에서 출간돼 1906년에 러시아어로 번역되었다. 이 책의 주된 개념은 모든 사회 시스템은 자유로운 합의, 즉 인민들 사이의 계약의 결과여야 한다는 것이다. 프랑스 부르주아 혁명 전야인 18세기에 제기된 '사회계약' 이론은 본질적으로는 이상주의적이었음에도 혁명에서 일정한 역할을 담당했다. 거기에 부르주아적 평등과 봉건국가의 특권 폐지, 부르주아 공화국의 설립에 대한 요구가 담겨 있었던 것이다.—원서 편집자

대중은 이러한 관계들에 무의식적으로 적응할 뿐 특정한 역사적·사회적 관계로 거의 인식하지 않기 때문에, 예를 들자면 사람들이 수세기에 걸쳐 맺어온 교환관계에 대한 해명도 아주 최근에 와서야 이루어졌을 뿐이다. 유물론은 인간의 사회적 사고 자체의 근원까지 깊숙이 분석해냄으로써 이러한 모순을 제거했다. 그리고 사고의 경로가 물질의 경로에 달려 있다는 유물론의 결론은 과학적 심리학과 양립될 수 있는 유일한 것이다. 더 나아가, 그리고 또 다른 측면에서 볼 때 이런 가설은 최초로 사회학을 과학의 단계로 끌어올린 것이었다. 여태껏 사회학자들은 사회적 현상들의 복잡한 연결망에서 중요한 것과 중요하지 않은 것을 구분하기가 어렵다고 여겨왔고(사회학에서 나타나는 주관론의 뿌리가 여기에 있다), 그런 구분을 위한 객관적인 기준을 발견할 수가 없었다. 유물론은 사회구조로서 '생산관계'를 선별해내고, 주관론자들이 사회학에의 적용 가능성을 부인해온 반복의 일반적이고 과학적인 기준을 이러한 관계들에 적용하는 것을 가능하게 함으로써 완전히 객관적인 기준을 제시하였다. 이념적인 사회적 관계들(즉 형성되기도 전에 인간의 의식을 거쳐가는 것 같은)[8]에 스스로를 가둬두는 한 주관론자들은 다양한 나라들에서 일어나는 사회적 현상들에서 반복과 규칙성을 제대로 관찰할 수 없었고, 그들의 학문은 기껏해야

8   레닌 주 물론 우리가 계속 이야기하고 있는 것은 사회적 관계를 자각하는 것에 대한 것이다.

그러한 현상들의 묘사, 즉 원재료를 한데 묶어놓은 데 지나지 않았다. 물질적 사회관계들(즉 인간의 의식을 거치지 않고 형성되는 관계들. 생산물을 교환할 때 인간은 사회적 생산관계가 존재한다는 걸 전혀 깨닫지 못해도 생산관계에 진입하게 된다)에 대한 분석은 반복과 규칙성을 관찰하고 다양한 나라들의 체제를 하나의 근본적인 개념, 즉 **사회구성체**로 일반화하는 것을 가능하게 만들었다. 사회적 현상들의 묘사에서(그리고 이상적인 관점에서 그것들을 평가하는 것에서) 벗어나 하나의 자본주의 국가를 다른 국가와 따로 떼어내 그들 모두에게 공통적인 것을 연구하는 식의 엄밀한 과학적 분석으로 나아가는 것이 가능해진 것도 바로 이런 일반화 덕분이었다.

세 번째이자 마지막으로, 이런 가설이 최초로 과학적 사회학을 가능하게 만든 또 다른 이유는 오로지 사회적 관계를 생산관계로 환원시키고 생산관계를 생산력 수준으로 환원시킴으로써 사회구성체의 발전이 자연사의 과정이라는 개념에 확고한 토대를 제공해주었다는 점이다. 그리고 그런 견해가 없었다면 사회과학도 없었을 것이라는 사실은 말할 필요도 없다(예를 들어 주관론자들은 역사적 현상들이 법칙을 따른다는 점을 받아들이고는 있지만 그 진화를 자연사의 과정으로 여기지는 못했는데, 엄밀히 말해 그들이 인간의 사회적 사고와 목적 앞에서 멈춰버린 채 그것들을 물질적 사회관계로 환원시킬 수 없었기 때문이다).

하지만 1840년대에 이 가설을 제시한 후 마르크스는 사실에 입각한(유념하라) 자료의 연구에 착수했다. 그는 경제적 사회구성체들 가운데 하나——상품 생산 체계——를 택해, 방대한 양의 데이터(이를 연구하는 데 25년 넘는 시간을 들였다)를 근거로 하여 이 구성체의 기능과 그 발전을 지배하는 법칙들을 아주 구체적으로 분석해냈다. 그리고 그 분석은 사회구성원들 간의 생산관계에만 국한된 것이었다. 마르크스는 설명을 위해 이러한 생산관계 영역 바깥의 특징들에 전혀 의존하지 않은 채, 사회적 경제의 상품 구조가 어떻게 발달하고 자본주의 구조로 변형돼 부르주아지와 프롤레타리아라는 서로 적대적인(생산관계의 경계 내에서 적대적인) 계급들을 만들어내며, 그것이 어떻게 사회적 노동의 생산성을 발전시켜 자본주의 구조 자체의 토대와 양립할 수 없는 모순적인 요소를 도입하고 있는지 파악하는 걸 가능하게 만들고 있다.

이것이 『자본』의 뼈대다. 하지만 전체적인 핵심은 마르크스가 이러한 뼈대에 만족하지 않고, 일반적인 의미에서의 '경제이론'에 스스로를 가두지 않았으며, 오로지 생산관계를 통해서만 특정한 사회구성체의 발전과 구조를 해명하면서도 이러한 생산관계에 조응하는 상부구조를 어디에서나 끊임없이 면밀하게 검토함으로써 그 뼈대에 피와 살을 입혔다는 점이다. 『자본』이 그토록 엄청난 성공을 거둔 이유는 '독일 경제학자'가 쓴 이 책이 독자들에게 일상의 측면에서 생산관계에 고유하게 녹아 있는 계급적대 관계의 실제 사회적 징후와 자본가계급의 지배를 보호해주는 부르주아 정치 상부구조, 자유와 평등 같은 부르주아 사상들, 그리고 부르주아 가족관계를 통해, 살아 있는 생물체로서 자본주의 사회의 형성 과정 전체를 보여주었다는 데 있다. 그렇다면 이제 다윈과 비교하는 것이 아주 적확하다는 사실이 명확해질 것이다. 『자본』은 "확실히 사실에 입각한 자료의 진정한 금자탑을 이루고 사상들을 일반화하는 데 어느 정도 근접했다"고 하겠다. 누군가 『자본』을 읽고 이렇게 일반화된 사상들을 용케 알아차리지 못하는 사람이 있다면, 그것은 우리가 살펴보았듯이 서문에서까지 이런 사상들을 지적했던 마르크스의 잘못이 아니다. 그리고 그게 전부가 아니다. 그런 비교는 외부적인 측면에서(어떤 알려지지 않은 이유로 특히 미하일롭스키의 관심을 끌었던)뿐만 아니라 내부적인 측면에서도 정확하다. 다윈이 동물과 식물종이 서로 단절되어 있고 우발적이며 '신에 의해 창조'된데다 불변하다는 견해에 종지부를 찍고, 변화 가능성과 종의 세습을 확립함으로써 생물학을 온전히 과학적 토대 위에 올려놓은 최초의 인물인 것처럼 마르크스는 권력자들의 의지에 따른(또는 사회와 정부의 의지에 따른) 모든 종류의 수정을 허락하고 우연히 등장했다 변화하는 개인들의 기계적 집합체가 곧 사회라는 견해에 종지부를 찍고, 특정한 생산관계의 총합으로서의 경제적 사회구성체라는 개념을 확립하고 그런 구성체의 발전이 자연사의 과정이라는 사실을 확인시켜줌으로써 사회학을 과학적 토대 위에 올려놓은 최초의 인물이다.

이제——『자본』의 등장 이래——유물론적 역사 개념은 더 이상 가설이 아니라 과학적으로 증명된 명제다. 그리고 특정한 사회구성체——사회구성체지, 뭐랄까, 어떤 국가나 국민 또는 계급 등이 아니다——의 기능과 발전에 대한 과학적 설명을 내놓는 또 다른 시도, 유물론만큼이나 '해당 사실들'에 질서를 도입할 수 있는 또 다른 시도, 엄격한 과학적 해명을 제시하면서 명확한 형성 과정의 생생한 그림을 제시할 수 있는 시도가 이뤄질 때까지, 사적유물론 개념은 사회과학과 동의어가 될 것이다. 유물론은 미하일롭스키가 생각하는 것처럼 '대체로 과학적인 역사관'이 아니라, 유일하게 과학적인 역사관이다.

지금, 『자본』을 읽고도 거기에서 어떠한 유물론도 발견하지 못한 사람들이 존재한다는 사실보다 더 웃기는 상황을 상상할 수 있을까! 유물론이 어디에 있어? 미하일롭스키는 진짜로 당황해서 그렇게 묻고 있는 것이다.

그는 『공산당 선언*Manifest der Kommunistischen Partei*』을 읽고도 그것이 근대 체제——법률, 정치, 가족, 종교, 철학——에 대해 제시하고 있는 설명이 유물론적인 설명이라는 사실과, 사회주의와 공산주의 이론들에 비판적인 견해들조차 이러이러한 생산관계에 그 뿌리를 두려 하고 또 두고 있다는 사실을 알아차리지 못했다.

그는 『철학의 빈곤*Misère de la philosophie*』을 읽고도 프루

동의 사회학에 대한 그 분석이 유물론적 관점에서 비롯된 것이라는 사실과, 다양한 역사적 문제들에 대해 프루동이 제기한 해결책에 대한 비판이 유물론의 원칙에 기초하고 있다는 사실, 그리고 이러한 문제들에 대한 해결책을 찾기 위한 데이터를 어디에서 구해야 할지에 대해 필자들 자신이 내놓은 말들이 모두 생산관계에 관한 언급으로 이어지고 있다는 사실을 알아차리지 못했다.

그는 『자본』을 읽고도 하나의——가장 복잡한——사회구성체에 관한 과학적이고 유물론적인 분석 모델이 자신 앞에 놓여 있다는 사실과, 누구나 그 모델을 인정하고 있으며 아무도 그걸 넘어서지 못했다는 사실을 알아차리지 못했다. 그러면서 그는 여기에 앉아 "마르크스가 자신의 저작들에서 유물론적 역사 개념을 자세히 설명한 적이 있었던가?" 같은 심오한 질문에 자신의 뛰어난 머리를 쓰고 있는 것이다.

물론 마르크스를 잘 아는 사람이라면 누구나 그 질문에 다른 대답을 내놓을 것이다. '마르크스가 자신의 저작들에서 유물론적 역사 개념을 자세히 설명하지 않았던가?'라고 말이다. 그러나 미하일롭스키 선생은 "경제적 유물론"이라는 제목 아래 역사에 관한 궤변을 쏟아냈던 카레예프(Kareyev) 같은 사람이 그것들을 분류하고 적절히 색인을 달아줄 때에만 마르크스의 유물론 연구들을 이해할 수 있을 것이다.

그러나 그 중에서도 가장 웃기는 건 미하일롭스키 선생이 마르크스더러 "역사적 과정에 대해 알려진 모든 이론들을 검토"(뭐라고? 미하일롭스키 선생의 글 원문 그대로임!)하지 않았다고 비난하고 있다는 것이다. 이건 정말로 재미있는 대목이다. 그러한 이론들의 90퍼센트는 무엇으로 구성되어 있었던가? 사회란 무엇이고 진보란 무엇인가 따위(나는 의도적으로 미하일롭스키 선생이 아주 마음에 들어하는 질문들을 예로 들고 있다)에 관한 순전히 선험적이고 교조적이며 추상적인 담론들로 구성되어 있지 않았던가? 그렇다면 그런 이론들은 아무짝에도 쓸모가 없다. 그것들이 존재한다는 바로 그 사실과 그것들이 채택하고 있는 기본적인 방법론, 누그러들 줄 모르는 그 군건한 형이상학 때문에 말이다. 사회란 무엇이고 진보란 무엇인가라는 질문으로 시작한다는 것은 시작과 끝이 뒤바뀐 것이다. 단일한 사회구성체를 특별히 연구하지 않고 그 개념을 확립조차 할 수 없다면, 일체의 사회적 관계에 대한 객관적인 분석이라 할 수 있는 진지한 사실 연구에 접근할 수조차 없다면, 어떻게 전반적인 사회와 진보의 개념을 이해할 수 있겠는가? 이는 모든 과학이 출발점으로 삼았던 형이상학의 가장 명백한 증상이다. 사람들은 어떻게 사실에 대한 연구에 착수할지를 모를 경우 언제나 선험적인 일반 이론들을 만들어냈고, 그건 언제나 무익했다. 화학적 과정에 대해 사실에 기반을 둔 연구를 할 능력이 없는 형이상학적 화학자는 물리력으로서 화학적 친화성에 대한 이론을 지어낸다. 형이상학적 생물학자는 생명과 생명력의 본질에 대해 이야기하고, 형이상학적 심리학자는 영혼의 본질에 대한 주장을 늘어놓는다. 그건 그 자체로 말도 안 되는 방법론이다. 물리적 과정을 별도로 설명하지 않고 영혼에 대한 주장을 꺼내놓을 수는 없다. 엄밀히 말해 진보는 영혼의 본질에 대한 일반적인 이론들과 철학적 담론들을 포기하는 데 있고, 특정한 물리적 과정에 관한 사실 연구를 과학적 토대 위에 올려놓을 수 있느냐에 달려 있다. 따라서 미하일롭스키의 비난은 평생을 영혼의 본질에 대한 '연구'에 쏟아부은 다음(가장 단순한 하나의 물질적 현상도 정확히 어떻게 설명해야 할지 알지 못하면서) 과학적인 심리학자더러 영혼에 관한 모든 알려진 이론들을 검토하지 않았다고 비난하는 형이상학적 심리학자의 비난과 아주 비슷하다. 과학적 심리학자는 영혼에 관한 철학적 이론들을 내다 버리고 물리적 현상들의 물질적 근저——신경 과정——에 관한 직접적인 연구에 착수해 한 가지 이상의 심리학적 과정에 대한 분석과 해명을 내놓은 사람이다. 그리고 우리의 형이상학적 심리학자는 그 업적에 관해 읽고 칭송한다. 그러나 그는 과정에 대한 서술과 사실 연구가 훌륭하다고 말하면서도 거기에 만족하지 못한다. 그는 자신의 주위 사람들이 앞서의 과학자가 내놓은 아주 새로운 심리학 개념과 과학적인 심리학의 특별한 방법론에 대해 이야기하는 것을 듣고는 몹시 흥분해서 "실례합니다만"이라고 외친다. "실례합니다만, 이러한 방법론이 그의 연구에서 어디에 설명되어 있다는 겁니까? 아니, 그 연구에는 사실만 담겨 있잖아요. 영혼에 관한 모든 알려진 철학적 이론들에 대한 검토는 찾아볼 수 없다고요. 전혀 적절치 못한 연구란 말입니다!"라고 진심으로 울부짖고 있는 것이다.

물론 사회의 본질에 대한 선험적인 주장들의 무익함을 깨닫지 못하고, 그런 방법론들이 문제의 연구와 해명에 기여하기보다는 영국인 상점 주인의 부르주아 사상들이나 러시아 민주주의자의 소부르주아적 사회주의 이상들을 '사회'라는 개념에 넌지시 밀어넣고 있을 뿐이라는 사실을 이해하지 못하는 형이상학적 사회학자에게 『자본』은 전혀 적절치 못한 연구일 것이다. 그 모든 역사·철학 이론들이 생겨났다가 기껏해야 그 시대 사회사상과 관계들의 징후 정도에만 머무른 채, 아주 조금이나마 진정한 사회적 관계들을 인간이 이해하는 데 머리카락만큼도 기여하지 못하고 비누거품처럼 사라져버리는 이유도 바로 여기에 있다. 이에 관해 마르크스가 내딛은 거대한 발걸음은 정확히 그가 사회와 진보 전반에 관한 모든 주장들을 내다버리고 하나의 사회와 하나의 진보, 즉 자본주의에 대한 과학적 해석을 내놓았다는 데에 있다. 그리고 미하일롭스키 선생은 마르크스가 끝이 아닌 제대로 된 출발점에서 시작했다고, 최종적인 결론이 아닌 사실에 대한 분석에서 출발했다고, 전반적인 사회적 관계에 대한 일반 이론들이 아니라 역사적으로 결정된 특정한 사회적 관계에 대한 연구에서 출발하고 있다고 비난을 쏟아붓고 있는 것이다! 그러고는 이렇게 묻는다. '적절한 연구가 어디에서 이루어졌는가?' 오, 자기 주관에 빠진 사회학자가 이토록 현명할 수 있다니!!

만약 우리의 주관적인 철학자가 순전히 당혹감 속에서 유물론이 연구의 어느 부분에서 입증되었는지에 대해서만 자신의 관심을 국한시켰다면, 그나마 봐줄 만했을 것이다. 그러나 자신이 유물론적 역사 개념에 대한 입증은 고사하고 자세한 설명조차 제대로 발견해내지 못했다는 사실에도 불구하고, 그는 결코 제기된 적 없었던 교조적 주장을 탓하기 시작한다. 그는 마르크스가 역사에 대한 완전히 새로운 개념을 주창했다는 취지의 블로스(Blos)로부터의 단락을 인용하며, 지체 없이 마르크스의 이론이 "인류에게 그 과거를 설명해주었"고 "인류의 과거 전체"(원문의 표현이다!!?)를 해명해주었다고 주장한다는 등의 선언을 하기에 이른다. 그러나 이것은 완전히 거짓이다! 마르크스 이론은 단지 자본주의 사회구조를 해명한다고 주장할 뿐, 그 이상도 이하도 주장하지 않는다. 만약 하나의 사회구성체를 분석하고 해명함에 있어 유물론을 적용함으로써 아주 빛나는 결과를 얻어냈다면, 역사유물론이 단순한 가설이기를 멈추고 과학적으로 확인된 이론으로 자리 잡게 되는 것은 아주 당연한 귀결이다. 또한 그런 방법론에 대한 필요성이 특별한 사실 조사와 구체적인 분석을 거치지 않은 다른 사회구성체들로 확장되는 것 역시도 아주 자연스러운 과정이다. 특정한 종의 동식물의 진화를 아주 정확하게 확증하는 것이 아직은 불가능하지만, 수많은 사실들로 입증된 생물진화설이 생물학의 전 영역으로 확장되는 것과 마찬가지로 말이다. 그리고 생물진화설이 종의 변화라는 역사 '전체'를 해명하고 있다고 주장하는 것이 아니라 그 설명 방법론을 과학적 토대 위에 올려놓았다고 주장하듯이, 역사유물론도 모든 것을 해명하고 있다고 절대 주장한 적이 없으며 단지 역사를 설명하는 데 있어서 마르크스의 표현을 빌리자면(『자본』) "유일하게 과학적인" 방법을 보여준다고 주장했을 뿐이다.9 따라서 미하일롭스키 선생이 처음에 역사유물론이 "모든 것을 해명한다"거나 "모든 역사적 자물쇠의 열쇠"를 발견했다는 터무니없는 주장을 편다는 식으로 마르크스의 의도를 잘못 전달하고는(물론 미하일롭스키의 글들에 대한 자신의 "편지"10에서 마르크스는 이를 즉각적이고 아주 신랄한 방식으로 반박한 바 있다), 자신이 지어낸 그와 같은 주장들에

9 마르크스, 『자본』, 1권, 모스크바, 1959년, 373쪽.─ 원서 편집자

10 「《조국 연보》 편집진에게 보내는 카를 마르크스의 편지」는 미하일롭스키의 「주콥스키에게 도전받은 카를 마르크스」와 관련해 1877년 말에 쓰여졌다. 이 편지는 마르크스가 사망한 후 엥겔스에 의해 복사돼 러시아로 보내졌다. 엥겔스는 이 편지가 "프랑스어 원본의 필사본 형태로 오랫동안 러시아에서 유통되다가 1886년 제네바에서 '인민의 결의 통신(Vestnik Narodnoi Voli)'을 통해 러시아어 번역본이 출간됐고 그후 러시아에서도 출간됐다. 마르크스의 펜 끝에서 나온 모든 글들이 그렇듯 이 편지도 러시아 조직들 내에서 상당한 관심을 불러일으켰다"고 말했다. 이 편지가 러시아에서 처음 출간된 것은 1888년 《법률 통신 *Yuridichesky Vestnik*》 10호를 통해서였다(마르크스·엥겔스, 『선집』, 모스크바, 376~9쪽).─ 원서 편집자

인상을 찌푸린 다음, 마침내 유물론자들이 이해한 대로 정치경제학은 "여전히 형성돼가는 중"이며 "우리가 현재까지 소유한 경제학"은 자본주의 사회의 역사에 "만 거의 한정되어 있다"는 취지의 엥겔스의 사고[11]를 정확히 인용한 뒤, "이러한 말들이 경제적 유물론의 활동 분야를 아주 심하게 좁히고 있다"는 결론에 다다르는 모습을 지켜보면서, 사람들은 그가 동원한 논쟁의 방법이 얼마나 기발하고 진심 어리며 적절한지를 판단할 수 있었을 것이다. 그런 속임수를 알아차리지 못하고 그냥 지나치려면 인간이 얼마나 한없이 단순하고 자만심에 빠져 있어야 하는 걸까! 가장 먼저 그는 마르크스의 뜻을 잘못 전달하고, 그런 뒤 자신이 했던 거짓말덩어리에 얼굴을 찌푸린 다음, 정확한 사고를 적절히 인용해 그들이 경제적 유물론의 활동 분야를 좁히고 있다고 선언하는 건방진 태도를 보이고 있는 것이다!

미하일롭스키 선생의 왜곡이 어떤 식이고 그 수준이 어땠는지는 다음의 사례에서도 확인할 수 있겠다. 그는 "마르크스는 그것들을 어디에서도 입증해내지 않았다"고 말한다. 여기에서 가리키는 그것들이란 경제적 유물론의 이론적 토대들을 말한다. 그러면서 그는 "사실 마르크스와 엥겔스는 철학의 역

---

11 엥겔스, 『반뒤링론, 오이겐 뒤링 씨의 과학 혁명*Anti-Dühring, Herrn E. Dührings Umwälzung der Wissenschaft*』, 2부 정치경제학, 1장 대상과 방법, 모스크바, 1954년, 207~8쪽.―원서 편집자

사와 역사철학을 다루는 저작을 집필할 생각이었고, 그런 글을 하나 쓰기도 했지만(1845~6년에) 출판은 되지 않았다.[12] 엥겔스는 '(이 저작 중에서) 집필을 마친 부분은 사적유물론의 개념에 대한 설명으로 구성되어 있으나, 경제사에 대한 당시 우리의 지식이 여전히 불충분하다는 사실만 입증해주었다'고 말하고 있다"고 주장하면서 다음과 같은 결론을 내린다. "(그들

12 마르크스와 엥겔스가 1845~6년에 공동으로 집필한 『독일 이데올로기 *Die Deutsche Ideologie*』를 말한다. 약 800쪽에 달하는 이 책의 원고는 두 권으로 나뉘어 있는데, 1권은 역사유물론의 기본 가설들에 대한 상술과 루트비히 포이어바흐(Ludwig Feuerbach), 브루노 바우어(B. Bauer), 막스 슈티르너(M. Stirner)의 철학적 관점들에 대한 비판에 주로 분량을 할애했고, 2권은 '진정한 사회주의'를 대표하는 다양한 인물들의 관점에 대한 비판이 주를 이뤘다.

1846~7년 마르크스와 엥겔스는 자신들의 작업물을 출판해줄 독일의 출판인을 찾기 위한 시도를 되풀이했다. 하지만 그들은 경찰이 만들어놓은 장애물들 때문에 뜻을 이루지 못했고, 정당과 관련을 맺고 있던 출판인들은 마르크스와 엥겔스가 싸움을 벌이던 바로 그 경향들을 옹호하는 이들이었기 때문에 출판을 거부했다. 그래서 마르크스와 엥겔스가 살아있던 당시에는 단 하나의 장만 내용이 공개되었는데, 1847년 8월과 9월 《베스트팔렌 증기선 *Das Westphalische Dampfboot*》이라는 잡지에 실린 『독일 이데올로기』 2권 4장이 바로 그것이었다. 이 책의 원고는 독일사민당 문서고에 수십 년 동안 방치돼 있다가 1932년 소련 공산당 중앙위원회 산하 마르크스-레닌주의 연구소에 의해 최초로 독일어 원고 전문이 출간되었고, 1933년에는 독일어 번역본이 나왔다.

앞에서 언급한 엥겔스의 『독일 이데올로기』에 관한 묘사는 그의 저서 『루트비히 포이어바흐와 독일 고전철학의 종말 *Ludwig Feuerbach and the End of Classical German Philosophy*』 서문에서 인용한 것이다(마르크스·엥겔스, 『선집』, 2권, 모스크바, 1958년, 359쪽).— 원서 편집자

은) 과학적 사회주의와 경제적 유물론 이론의 근본적인 핵심을 발견했고, 『공산당 선언』에서 그것을 상세히 설명했다. 그러나 당시는 필자 중 한 사람이 직접 인정하듯이 그들이 그런 작업에 필요한 지식을 제대로 갖추지 못하고 있었던 시기다."

정말 매력적인 비판 방식 아닌가? 엥겔스는 경제 '역사'에 대한 자신들의 지식이 빈곤하고, 그런 이유로 철학사에 관한 '전반적인' 성격의 저작을 출판하지 않았다고 말한다. 미하일롭스키 선생은 그것을 잘못 이해해 "과학적 사회주의의 근본적인 핵심", 즉 『공산당 선언』에서 이미 제시한 '부르주아' 체제에 대한 과학적 비판을 제시하는 '그런 저작을 집필하기에는' 그들의 지식이 빈곤했다는 뜻으로 받아들였다. 이는 두 가지 중 하나다. 미하일롭스키 선생이 역사철학 전반을 포괄하려는 시도와 부르주아 체제를 과학적으로 설명하려는 시도의 차이를 이해하지 못하거나, 아니면 마르크스와 엥겔스가 정치경제학적 비판을 하기에는 충분한 지식을 갖추지 못했다고 상상하고 있거나. 만약 전자일 경우, 그가 자신의 그런 부족함을 우리에게 이해시키거나 수정 또는 덧붙이려는 시도를 하지 않았다는 것은 아주 잔인한 행동이다. 철학의 역사에 관한 저작을 출판하지 않고 하나의 사회구조에 대한 과학적 분석에 모든 노력을 집중시키기로 한 마르크스와 엥겔스의 결정은 아주 높은 수준의 과학적 성실성을 보여주는 지표일 뿐이다. 반면 자신들의 견해를 정교하게 발전시키기에는 지식이 부족하다는 사실

을 고백하면서도 그것들을 자세히 설명한 두 사람에 대해 약
간의 말을 덧붙여서 사실을 왜곡하기로 한 미하일롭스키의 결
정은 지적 능력이나 품위가 결여되어 있는 논쟁 방법론을 보여
주는 지표일 뿐이다.

그리고 여기 또 하나의 사례가 있다. 미하일롭스키 선생
은 "마르크스의 또 다른 자아인 엥겔스는 역사 이론으로서 경
제적 유물론을 입증하기 위해 더 많은 시도를 했다"고 말한
다. "그는 역사에 관한 특별한 저작인 『모건의 연구에서 비춰
본 가족, 사적소유, 국가의 기원*The Origin of Family, Private
Property and the State in the Light of the Researches of Morgan*』을
집필했다. 이러한 연결고리는 실로 주목할 만한 가치가 있다.
미국인인 모건의 책은 마르크스와 엥겔스가 경제적 유물론의
원리들을 발표한 뒤 오랜 시간이 지나고 나서야 세상에 모습
을 드러냈고, 경제적 유물론과는 아무런 관계가 없었다"고 말
한다. 그러고 나서 그는 "경제적 유물론자들은" 이 책에 "지지
를 표하고 있다. 게다가 선사시대에는 계급투쟁이 없었기 때
문에 그들은 물질적 가치의 생산에 더해 인간 자신의 생산, 즉
노동생산성의 발달이 여전히 아주 미성숙했던 원시시대에 주
된 역할을 담당했던 생식이 결정적 요인임을 나타내주는 유물
론적 역사 개념 공식에 '수정'을 가했다"고 주장한다.

엥겔스는 "모건의 커다란 공헌은 여태껏 풀 수 없었던 그리
스와 로마, 게르만의 고대 역사의 가장 중요한 수수께끼들을

푸는 열쇠를 성의 유대관계에 기초한 북미 인디언 집단들에서 발견했다는 데 있다"[13]고 말한 바 있다.

이와 관련해 미하일롭스키 선생은 이렇게 말한다. "이렇게 해서 1840년대 말에 완전히 새롭고 유물론적이며 진정으로 과학적인 역사 개념이 발견되고 선포되었다. 그리고 그것은 다윈의 이론이 현대 자연과학에 기여했던 것과 같이 역사학에 기여했다." 그러나 이런 개념은 과학적으로 절대 입증된 바가 없다고 미하일롭스키 선생은 한 번 더 되풀이한다. "거대하고 다양한 분야의 사실에 기초한 자료에서도 절대 확인된 적이 없었을 뿐만 아니라"(『자본』은 "적절한 연구가 아니"며, 단지 사실관계와 공들여 진행한 연구들만 담겨 있을 뿐이란다!) "하다못해 역사 철학의 다른 체계들에 대한 비판과 배제에 의해서조차 충분히 이유가 밝혀진 적이 없었다"는 것이다. 엥겔스의 저서──『반뒤링론, 오이겐 뒤링 씨의 과학 혁명』──는 "지나가는 김에 해본 재치 있는 시도들일 뿐"이며, 따라서 미하일롭스키 선생은 그 저작에서 다루어진 방대한 양의 본질적인 물음들을 완전히 무시하는 것이 가능하다고 여긴다. 그 "재치 있는 시도들"이란 게 "유토피아로 시작되는" 사회학들이 얼마나 알맹이 없는 것들인지를 아주 재치 있게 보여주고 있고, 그 저작에는 《루스

13 엥겔스, 『가족, 사유재산, 국가의 기원The Origin of the Family, Private Property and the State』, 독일어 1판 서문(마르크스·엥겔스, 『선집』, 2권, 모스크바, 1958년, 171쪽).─원서 편집자

코예 보가츠트보》에 기고한 신사양반들이 그다지도 열성적으로 고백한, 정치와 법률 체계가 경제 체계를 결정한다고 주장하는 '실력설'에 대한 구체적인 비판들이 담겨 있다는 사실에도 불구하고 말이다. 물론 그 속에서 유물론적으로 입증된 문제들 가운데 단 한 가지라도 진지하게 검토하는 것보다는 저작에 대해 아무런 의미 없는 문구 몇 개를 늘어놓는 편이 훨씬 더 쉽긴 하다. 그리고 검열관이 그 책의 번역을 절대 승인하지 않을 것이기 때문에 안전하기도 할 것이고, 그래서 미하일롭스키 선생은 자기 철학의 주관적인 면모에 대한 두려움 없이 그 책을 재치 있는 책이라고 부를 수 있는지도 모르겠다.

그보다 훨씬 더 특징적이고 교훈적인(인간에게 혀가 주어진 건 자신의 생각을 감추기 위해서라는 속담을 입증하는 것 같은) 부분은 마르크스의 『자본』에 대한 그의 언급이었다. "『자본』에는 역사에 대한 눈부신 내용들이 담겨 있다. 하지만"("하지만"이라니, 멋지지 않은가! 이 말은 '하지만'이라는 뜻보다는, '귀는 절대 이마보다 높이 있을 수 없다'고 할 때의 '~이 절대 아니다(mais)'에 가깝다) "책의 목적 그 자체 때문에 이 책은 오로지 하나의 뚜렷한 역사적 시기에만 그 내용이 집중되었고, 경제적 유물론의 기본적인 명제들에 대해서는 그다지 단적으로 서술하지 않은 채 특정한 역사적 현상들의 묶음의 경제적인 측면을 건드리기만 할 뿐이다." 달리 말해, 자본주의 사회 연구에만 노력을 집중한 『자본』은 자본주의 사회와 그 상부구조에 대한 유물론적 분석을 제공하고 있긴 "하지만" 미하일롭스키 선생은 그러한 분석을 무시하는 걸 선호하고 있는 것이다. 『자본』은 오직 "하나의" 시기만을 다루고 있는 반면 미하일롭스키 선생 자신은 모든 시기를 포괄하기를 원하는데, 그래서 그는 아예 특정한 그 어떤 시기에 대해서도 이야기하지 않는 방식을 택했나 보다. 물론 그러한 목적을 달성할 수 있는, 즉 그 어떤 시기도 실질적으로 다루지 않으면서 모든 시기를 포괄할 수 있는 방법이 딱 한 가지 있긴 하다. 그것은 바로 '눈부시고' 공허한 상투어와 미사여구들을 늘어놓는 것이다. 그러면 그 누구도 미사여구를 동원해 문제점들을 묵살하는 기술에서 미하일롭스키 선생을 따라잡지 못하게 될 것이다. 그의 말을 들어보면 마치 마르크스의 연구들은 다룰 가치가 없는 것 같다. 왜냐하면 마르크스가 "경제적 유물론의 기본적인 명제들에 대해서는 그다지 단적으로 서술하지 않은 채 특정한 역사적 현상들의 묶음의 경제적인 측면을 건드리기만 할 뿐"이기 때문이다. 이 얼마나 심오한 표현이란 말인가! "단적으로 서술하지 않"고 "건드리기만 할 뿐"이라니! 미사여구를 늘어놓으며 쟁점을 흐리는 것은 실로 얼마나 간단한 일이란 말인가! 예를 들어, 마르크스가 상품 생산자들 간의 관계 위에 시민평등, 자유계약을 비롯한 법치국가의 유사한 원칙들이 기초하고 있다는 걸 그렇게 반복해서 보여주었음에도 불구하고 그는 '그게 뭐야? 유물론을 단적으로 서술하고 있긴 한 거야, 아니면 '단지' 건드리기만 할 뿐인 거야?'라고 하고 있는 것이다. 특유의 겸손한 태도로 우리의 철학자 미하일롭스키는 문제의 본질에 대해 답하는 걸 삼가고, 멋진 말을 늘어놓지만 알맹이는 하나도 없는 자신의 "재치 있는 시도"로부터 직접적인 결론을 이끌어낸다.

그리고 그 결론은 다음과 같이 내달려간다. "세계 역사를 해명한다고 주장하는 이론을 선포한 지 40년이 지났지만, 고대 그리스, 로마, 게르만 역사의 경우 그 수수께끼가 여전히 풀리지 않았다는 사실은 전혀 놀라운 일이 아니다. 그리고 이러한 수수께끼의 열쇠는 첫째로 경제적 유물론 이론과 전혀 아무런 관련이 없고 거기에 대해 아무것도 모르는 사람에 의해, 둘째로 경제학적이지 않은 요인의 도움으로 제시되었다. 그보다 더 재미있는 건 인간 자신의 생산, 즉 생식이라는 단어로, 엥겔스는 경제적 유물론의 기본 공식과 최소한 언어적으로라도 연결을 유지하기 위해 그 단어를 포착한 것이다. 하지만 그는 오랜 세월 동안 인간의 삶이 이 공식에 따라 진행되지 않았다는 사실을 인정하지 않을 수 없었다." 미하일롭스키 씨, 당신의 논쟁 방법이 정말로 '경이로울 뿐입니다.' 마르크스의 이론은 역사를 '해명'하려면 이념이 아니라 물질적 사회관계에서 그 토대를 찾아야 한다는 것이었다. 사실에 기초한 자료의 부족은 이런 방법론을 고대 유럽 역사에서의 특정한 아주 중요한 현상들——예를 들어 씨족 구조(gentile organization)[14]라는 현상——의 분석에 적용하는 것을 불가능하게 만들어, 결과적으로 수수께끼로 남겨놓았다.[15] 그렇지만 미국의 모건이 수집한 풍부한 자료는 그로 하여금 씨족 구조의 본질을 분석하는 것을 가능하게 만들었고, 그는 이념적(예를 들어 법이나 종교) 관계에서가 아니라 물질관계에서 그 설명을 찾아야 한다는 결론에 도달했다. 분명 이러한 사실은 유물론적 방법론을 훌륭히 확인시켜주는 것이 분명하다. 그래서 우선 미하일롭스키 선생이 경제적 유물론 이론과 "전혀 아무런 관련이 없"는 사람이 아주 어려운 역사적 수수께끼에 관한 열쇠를 발견했다고 그 원리에 비난을 퍼붓는 걸 지켜본 이들은 사람들이 자신을 편들어주는 것과 심하게 혼내는 것을 얼마나 제대로 구분하지 못하는지에 그저 놀랍기만 했을 것이다. 두 번째로 우리의

14 토착민, 씨족 구조는 원시 공산주의 체제 또는 인류 역사 최초의 경제적 사회구성체였다. 씨족 체제는 근대적 유형의 인간이 완전히 형성된 시기에 모양을 갖춰가기 시작했다. 씨족 공동체는 경제적·사회적 유대 관계로 결속된 혈연관계의 집합 단위였다. 그것이 발전해나가는 과정에서 씨족 체제는 모계사회와 가부장제라는 두 시기를 거쳤다. 가부장제는 원시사회가 계급사회가 되고 국가가 등장하면서 종말을 고했다. 원시 공동체에서 생산관계의 기초는 생산수단의 사회적 소유와 생산물의 동등한 분배였다. 이는 낮은 수준의 생산력 발전 및 그 시기 특징과도 대체로 부합했다. 석기시대 이후 등장한 활과 화살은 인간이 자연의 힘과 야생동물에 개별적으로 맞서 싸울 가능성을 배제시켰다.—원서 편집자

15 레닌 주 여기서도 미하일롭스키 선생은 얼굴을 찌푸릴 기회를 놓치지 않는다. '과학적인 역사 개념이지만 고대 역사는 수수께끼로 남겨놓았다니, 그게 뭔 소리야?'라고. 미하일롭스키 선생, 아무 교과서라도 읽어보세요. 그럼 씨족 구조의 문제가 가장 어려운 문제 중 하나이며 그것을 해명하는 과정에서 무수한 이론들이 생겨났다는 사실을 알게 될 겁니다.

철학자 양반은 생식이 경제적인 요인이 아니라고 주장한다. 그러나 마르크스나 엥겔스의 저작들에서 그들이 경제적 유물론에 대해 당연하게 이야기한 걸 읽어본 적이 있는가? 그들은 자신들의 세계관을 서술할 때, 그것을 단지 유물론이라 불렀을 뿐이다. 그들의 기본적인 발상은 사회적 관계가 물질적인 것과 이념적인 것으로 구분된다는 것이었다. 후자는 단지 전자에 있어 상부구조를 구성하고, 전자는 자신의 존재를 유지하기 위한 인간 활동의 형태(결과)로서 인간의 의지와 의식과는 독립된 형태를 취한다. 정치적 그리고 법률적 형태에 대한 설명은 "삶의 물질적 조건"에서 찾아야 한다고 마르크스는 인용된 단락에서 말한다. 그렇다면 혹시 미하일롭스키 선생은 생식관계가 이념적인 거라 생각하는 건 아닐까? 이 점과 관련해 미하일롭스키 선생이 제시한 설명은 너무나도 독특해서 깊이 곱씹어볼 가치가 있다. 그는 "생식이라는 문제에 관해 우리가 아무리 창의력을 발휘해 최소한 구두로나마 그것과 경제적 유물론과의 연관성을 규명하려 애쓴다 할지라도, 그리고 그것이 아무리 경제를 포함한 다른 현상들과 그물처럼 복잡하게 얽혀 있는 사회적 현상들에 뒤얽혀 있다 할지라도, 그것은 자신만의 생리적이고 심리적인 뿌리를 갖고 있다."(미하일롭스키 선생, 당신은 생식이 생리적인 뿌리를 갖고 있다고 젖먹이들에게 말하고 있는 건가요? 당신, 누구를 바보로 압니까?) "그리고 이는 경제적 유물론의 이론가들이 역사뿐만 아니라 심리학과의 관계도 청산하지 못했음을 상기시켜준다. 씨족 유대관계가 문명국들의 역사에서 그 중요성을 상실했다는 점은 의심의 여지가 있을 수 없지만, 그렇다고 해서 곧장 성이나 가족 간 유대에 대해서도 똑같이 그렇다고 확언할 수 있는 건 아니다. 물론 그것들은 전체적으로 점점 더 복잡해지는 삶의 압박을 받으며 상당한 수정을 겪어왔다. 그러나 일정 정도의 변증법적 수완을 통해 법적인 관계뿐만 아니라 경제적 관계 자체도 성과 가족관계의 상부구조를 구성한다는 게 드러날지도 모르는 일이다. 우리는 이에 대해 깊이 파고들지는 않을 테지만, 적어도 상속제도는 거론해볼 것이다."

운 좋게도 공허한 미사여구만을 늘어놓을 수 있었던[16] 우리의 철학자 양반은 마침내, 입증할 수 있으며 문제의 본질에 대해 사람들을 '바보로 만들기가' 쉽지 않은 뚜렷한 사실들로 다가가고 있다. 그렇다면 상속제도가 성과 가족관계의 상부구조라는 걸 이 마르크스 비판가가 어떻게 드러내주는지를 살펴보도록 하자. 미하일롭스키 선생은 "상속에 의해 물려받은 것은 경제적 생산의 산물이다"라고 주장한다("경제적 생산의 산물"이라! 이 얼마나 교양 있고 낭랑하며 우아한 표현이란 말인가!). "그리고

16 레닌 주 다양한 역사적 문제들에 대해 유물론자들이 제시한 그 수많은 유물론적 설명들 가운데 단 하나도 검토해보려 하지 않고, 역사를 제대로 풀어내지 못했다며 유물론자들을 비난하는 걸 가리켜 달리 어떻게 표현할 수 있을까?

상속제도 자체는 일정 정도 경제적 경쟁이라는 사실에 의해 결정된다. 그러나 맨 먼저, 비물질적 가치들도 상속에 의해 전달된다. 아버지의 정신을 물려받도록 아이들을 기르려는 마음에서도 표현되듯이 말이다." 아, 그럼 아이들의 양육이 상속제도의 일부라는 거구나! 예를 들어 러시아 민법에는 "부모는 가정교육으로 자녀들의 도덕을 훈련시키고 정부의 목표를 더욱더 발전시키기 위해 노력해야 한다"는 조항이 있다. 우리의 철학자가 상속제도라 부르는 게 바로 이런 건가? "그리고 둘째로, 경제적 영역에만 국한시켜봐도 상속제도가 상속에 의해 전달된 생산의 산물을 동반하지 않고는 상상조차 할 수 없는 것과 마찬가지로, 생식에 의한 산물과 그것에 직접적으로 수반되는 복잡하고 치열한 심리작용 없이는 생각조차 할 수 없다."(여기서 생식에 의한 산물에 "수반되는" 복잡한 심리작용이라는 표현에 유의하시라. 정말 멋지지 않은가!) 그래서 상속이 생식 없이는 상상조차 할 수 없기 때문에 상속제도가 가족과 성 관계 위에 있는 상부구조라는 것이다! 아, 이는 실로 아메리카 대륙의 발견에 버금가는 발견이 아닐 수 없다! 이제까지 모든 사람들은 음식을 섭취할 필요성이 재산 소유 제도를 설명해주지 못하듯이 생식이 상속제도를 설명해줄 수는 없다고 믿었다. 이제까지 사람들은, 예를 들어 만약 러시아에서 봉토제도(fief system)[17]가 번성했던 시기에 토지가 상속에 의해 전달될 수 없다면(그것이 조건부 재산일 뿐이라고 여겨졌기 때문에) 당대의 사회구조의 특수성에서 해명의 실마리를 찾아야 한다고 생각했다. 미하일롭스키 선생은 아마도 그 시대 봉건 영지 소유자의 생식의 산물에 수반된 심리작용이 그다지 복잡하지 않게 구별되었다는 걸 그저 문제의 해명이라고 생각하는 것 같다.

'인민의 벗들'을 한 꺼풀 벗기면 부르주아가 나타난다. 정말로, 상속제도가 아이들을 양육하는 것만큼이나 영원하고 본질적이며 신성한 것이라는 것을 제외하고, 상속제도와 아이들양육, 생식의 심리작용 사이의 연관성에 대한 미하일롭스키의 고찰에 다른 무슨 의미를 덧붙일 수 있을까? 실제로 미하일롭스키 선생은 "상속제도는 일정 정도 경제적 경쟁이라는 사실에 의해 결정된다"고 선언함으로써 스스로 빠져나갈 구멍을

17 봉토(封土)제도는 15세기 러시아에서 생겨나고 특히 16세기에 견고하게 확립된 특정한 봉건적 토지소유 제도. 봉토제도는 중앙집권적인 국가의 형성과 중앙집권화된 군대의 확립과 밀접하게 연관되어 있다. 봉건영주의 재산으로 여겨지는 봉토는 정부에 의해 군대나 궁중에서 복무한 사람들에게 분배되었다. 얼마만큼의 토지를 받느냐는 토지소유자의 직무에 따라 달랐다. 전적으로 특권귀족(보야르)의 세습 토지 재산인 보치나와 구별되는 봉토는 이러한 복무를 한 상류층의 조건부 임시 재산이었다.

16세기 중반부터 봉토는 점차 세습 사유지로 변화돼 점점 더 보치나에 가까워졌다. 17세기에는 이러한 두 가지 봉건적 토지소유 형태 사이의 차이는 사라졌고, 보치나와 봉토 소유주의 봉건적 권리는 같아졌다. 1714년 상속에 관한 표트르 1세의 칙령이 공표됨에 따라 봉토는 최종적으로 지주 귀족의 사유재산이 되었다. 봉토(pomestye)라는 단어는 봉건시대 내내 러시아에서 계속 사용되었다.─원서 편집자

남겨두려고 애썼다. 그러나 그것은 질문에 대한 명확한 답을 회피하려는 시도, 그것도 헛된 시도에 지나지 않는다. 상속이 정확히 '어느 정도로' 경쟁에 의존하고 있는지에 대해 단 한 마디도 듣지 못한 채, 그리고 무엇이 경쟁과 상속제도 사이에 이런 연관성을 만들어내는지에 대해 전혀 아무런 해명도 제시되지 않은 상태에서 어떻게 우리더러 그런 주장을 고려해보란 말인가? 실제로 상속제도는 사유재산의 존재를 기정사실화하며, 사유재산은 교환의 등장을 통해서만 생겨난다. 그 토대는 이제 막 시작된 사회적 노동의 분화와 시장에서의 생산물의 소외에 있다. 예를 들어 아메리카 인디언 공동체가 그들이 필요로 하는 모든 물품들을 공동으로 생산하는 한, 사유재산은 존재할 수 없었다. 그러나 분업이 공동체를 장악하고 그 구성원들이 개별적으로 한 가지 품목의 생산에 참여해 그것을 시장에 내다 팔 때, 상품 생산자들의 이러한 물리적 고립이 사유재산제도의 모습으로 나타났다. 사유재산과 상속은 둘 다 별도의 소가족들이 이미 생겨나고 교환이 발달하기 시작한 사회질서의 범주들이다. 미하일롭스키 선생의 예는 그가 입증하고자 했던 것과 정확히 정반대인 것이다.

뿐만 아니라 미하일롭스키는 사실에 입각한 또 다른 언급을 하고 있는데, 이것 역시도 그 나름대로 보석과 같다! 그는 계속해서 유물론을 바로잡으며 이렇게 말한다. "씨족 유대관계에 관해, 그것들은 문명화된 사람들의 역사에서 생산 형태의 영향 아래 부분적으로 무색해진 게 사실이다."(또 다른 말속임, 더욱더 뻔한 말속임일 뿐이다. 정확히 어떤 형태의 생산을 말하는 건가? 공허한 표현에 지나지 않는다!) "그러나 부분적으로 그것들은 스스로의 연속성과 일반화를 거쳐 민족적 유대관계 속에 녹아들어갔다." 그래서 민족적 유대관계가 씨족 유대관계의 연장선이자 일반화라는 것이다! 미하일롭스키 선생은 사회의 역사에 관한 자신의 생각을 학교에서 아이들에게 가르치는 동화에서 빌려오는 게 분명하다. 그에 따르면 사회의 역사는 먼저 모든 사회의 핵이라 할 수 있는 가족이 있고[18], 그 다음에 그 가족이 부족으로 성장하고——그렇다고 한다——, 그리고 그 부족이 국가로 확대된다. 만약 미하일롭스키 선생이 근엄한 태도로 이런 유치한 헛소리를 되풀이한다면, 그것은 그저 러시아 역사가 걸어온 경로에 대해서조차 그가 조금의 개념도 갖고 있지 못하다는 것을 보여줄 뿐이다. 혹자는 고대 러시아에서의 토착민들의 삶을 이야기할지 몰라도, 모스크바 차르들의 시대인 중세 무렵이 되면 씨족 유대가 더 이상 존재하지 않았다는 데 아무런 의심의 여지가 있을 수 없다. 다시 말해 국가는 씨족 연합체가 아니라 지역적인 연계에 기반을 두고 있었던 것이다. 지주

18 레닌 주 이는 순전히 부르주아적 발상이다. 독립된 소가족이 지배적이었던 것은 부르주아 체제에서만이었고, 유사 이전에는 이런 가족 개념이 전혀 존재하지 않았다. 부르주아의 가장 큰 특징이 바로 모든 시대와 민족들에게 현재 시스템의 특성을 적용하는 것이다.

와 수도원 들은 여러 다양한 지역에서 농민들을 확보했고, 그에 따라 형성된 사회는 순전히 영토상의 연관성만 있었을 뿐이다. 그러나 당시의 민족적 유대는 진정한 의미에서의 민족적 유대라 할 수 없었다. 국가는 각각의 '토지들'로 갈라져 있었고, 때때로 예전에 누리던 자치의 강력한 흔적들, 행정적 특색, 때로는 군대(지방 보야르들은 일행의 선두에 서서 출정했다), 관세, 국경 등을 그대로 유지한 공국들로 나뉘어 있었다. 이런 모든 지역, 토지, 공국 들이 하나의 통일체로서 융합된 특징을 보인 것은 러시아 역사상 오직 현대 시기에 접어든 후(대략 17세기부터) 뿐이다. 존경하는 미하일롭스키 선생, 그와 같은 융합은 씨족 유대에 의해서 일어난 것이 아니며, 그것의 연속성과 일반화에 의해서 일어난 것은 더더욱 아닙니다. 그것은 지역 사이의 교환이 증가하고, 상품 유통이 점차 늘어나며, 작은 지역 시장들이 단일한 러시아 시장으로 집중되면서 생겨난 것입니다. 이런 과정을 이끌고 지배한 사람들이 상인자본가들이기 때문에, 그러한 민족적 유대의 형성은 부르주아 유대의 형성에 지나지 않습니다. 미하일롭스키 선생은 이와 같은 두 가지 사실에 대한 언급을 통해 그저 장황한 말만 늘어놓다가 진부한 속물들의 사례들만 제시했을 뿐이다. 여기서 '진부하다'는 건, 그가 생식과 그 심리작용으로 상속제도를 설명하고, 씨족 유대로 민족성을 설명했기 때문이다. 그리고 '속물'이라는 건, 그가 역사적으로 일정한 하나의 사회구성체(교환에 기초한)의 범주와 상부구조를 아이들 양육과 '직접적인' 성적 유대 같은 일반적이고 영원한 범주와 동일선상에 놓았기 때문이다.

여기서 아주 특징적인 것은 자기 주관에 빠진 우리 철학자가 미사여구에서 구체적인 사실들로 옮겨가려고 시도하자마자, 스스로 난처한 처지에 빠져버렸다는 점이다. 그리고 확실히 그는 이렇게 깨끗이 정리되지 않은 입장에 아주 안도하고 있는 듯하다. 그 자리에 앉아서 그는 잔뜩 멋을 부리며 자신의 주위에 온통 오물을 끼얹고 있는 것이다. 예를 들어 그는 역사가 계급투쟁의 사건들의 연속이라는 이론을 반박하고 싶은 나머지, 심오한 태도로 그 주장이 '극단적'이라 선언한다. 그는 "마르크스에 의해 창설되고 계급투쟁을 목적으로 하여 조직된 국제노동자협회[19]는 프랑스와 독일 노동자들이 서로의 목을 베고 약탈하는 것을 막지 않았다"고 말한다. 그는 이 사실이 유물론이 "민족적 자만심과 민족 간 증오라는 악귀"를 청산하지 못했음을 입증하고 있다고 단언한다. 이 주장은 상공업 부르주아지의 현실적인 이익이 그런 증오의 주요한 토대를 구성하고, 민족 감정을 독립적인 요인이라 이야기하는 것은 문제의 본질을 흐리기만 할 뿐이라는 것을 비판자들이 전혀 이해하지 못하고 있음을 드러내준다. 말이 난 김에, 우리는 우리네 철학자가 민족성을 심도 깊게 사고하지 못했음을 이미 확인한 바 있다. 미하일롭스키 선생은 인터내셔널을 언급할 때면 언제나 부레닌(Burenin)[20] 식의 반어법을 끄집어내곤 한다. "마르크스는 국제노동자협회의 수장이었다. 그 조직은 갈가리 쪼개진 게 사실이지만, 다시 부활하게 될 것이다." 물론 내정의

19 The International Working Mens Association, 제1인터내셔널. 영국과 프랑스 노동자들이 런던에서 소집한 1864년 국제노동자회의에서 마르크스가 창설한 최초의 프롤레타리아 국제 조직으로, 제1인터내셔널이라 불린다. 제1인터내셔널은 혁명적 노동자계급 정당을 설립하기 위한 것으로, 마르크스와 엥겔스의 오랜 기간에 걸친 노력의 결과였다. 레닌이 지적하듯이, 제1인터내셔널은 "자본에 대한 혁명적 공세를 준비하던 노동자들의 국제 조직의 토대를 마련"했고, "사회주의를 향한 프롤레타리아의 국제적인 투쟁의 초석이 되었다."(「제3인터내셔널과 역사에서 그것이 차지하는 위치The Third International and Its Place in History, present edition」(본 전집 84권에 수록—편집자))

제1인터내셔널의 중앙 지도 기구는 국제노동자협회의 전체 평의회로, 마르크스는 이 회의의 종신회원이었다. 마르크스는 당시 노동계급 운동에 팽배해 있던 종파적 경향(영국의 직능조합주의, 라틴어권 국가들의 프루동주의와 아나키즘)과 소부르주아 세력들을 극복하기 위해 애썼고, 그런 노력의 일환으로 전체 평의회 위원들 가운데 계급의식이 가장 뛰어난 사람들을 자신의 주위로 끌어모았다. 제1인터내셔널은 여러 다양한 국가 노동자들의 정치·경제투쟁을 지도했고, 그들 사이의 연대의 끈을 강화했다. 또한 마르크스주의를 전파하고 사회주의를 노동계급 운동에 소개하는 데 있어서 막대한 역할을 했다.

파리코뮌의 패배 이후, 노동계급 앞에는 제1인터내셔널이 제시한 원칙들에 기초해 전국적 대중 정당들을 조직하는 임무가 놓여 있었다. "유럽 상황들을 바라볼 때 인터내셔널의 공식 조직을 당분간 뒤로 물러나게 하는 것이 꽤 유용하겠다."(마르크스·엥겔스, 『서신 선집Selected Correspondence』, 모스크바, 348쪽) 제1인터내셔널은 1876년 필라델피아에서 열린 회의에서 공식적으로 해산되었다.—원서 편집자

20 레닌은 반동적 신문 《노보예 브레미야Novoye Vremya》의 기고자인 부레닌의 이름을 정직하지 못한 논쟁 방법론과 동의어로 사용했다.—원서 편집자

기록자로서의 그가 《루스코예 보가츠트보》 2호에서 속물 같은 진부한 문구로 상세히 설명한 '공정한' 교환의 체제 내에서 국제연대의 최첨단 조직이 등장할 수 있다면, 그리고 공정하건 불공정하건 교환이 언제나 부르주아지의 규칙을 전제로 하고 포함하며 국제적 충돌의 중단은 교환에 기초한 경제구조가 파괴되지 않는 한 불가능하다는 사실을 이해할 수 없다면, 인터내셔널을 비웃을 수밖에 없다는 건 이해할 만하다. 그렇다면 미하일롭스키 선생이 개별 국가에서 억압받는 계급을 압제 계급에 맞서서 투쟁하도록 조직하고 단결시키는 것, 그런 전국적 노동계급 조직들을 세계 자본과 맞서 싸울 수 있는 단일한 국제 노동계급 군대로 묶어내는 것 말고는 민족 간의 증오에 맞설 수 있는 다른 방법이 없다는 단순한 진리조차 파악하지 못한다는 것을 이해할 수 있겠다. 인터내셔널이 노동자들끼리 서로 목을 베는 것을 막지 못했다는 주장에 대해서는, 파리코뮌 당시 조직된 프롤레타리아트가 교전 중이던 지배계급을 상대로 하여 보여주었던 진실한 태도를 미하일롭스키에게 상기시켜주는 것으로 충분할 것이다.

미하일롭스키 선생의 이 모든 격렬한 비판에서 특히나 역겨운 부분은 그가 동원하는 방법론이다. 만약 그가 인터내셔널의 전술에 불만이 있다면, 그가 유럽 노동자들이 결성한 조직의 이름으로 된 사상을 공유하지 않는다면, 어쨌든 그가 그들을 직설적이고 공개적으로 비판하도록 내버려두고 그 자신이 더 편리하다고 여기는 전술과 더 정확하다고 여기는 견해를 설명하게 허용하는 것이 옳을 것이다. 그러나 명확하고 뚜렷한 반대 의견을 제시하지도 않으면서 그는 엄청난 양의 공허한 말들을 늘어놓으며 여기저기에다 무분별한 험담만 늘어놓고 있다. 러시아에서 인터내셔널의 사상과 전술을 옹호하는 것이 법적으로 금지되어 있다는 사실을 고려할 때, 그러한 행위를 쓰레기라는 표현 말고 다른 어떤 말로 부를 수 있을까? 미하일롭스키 선생이 러시아 마르크스주의자들을 비판하는 주장을 펼 때 동원한 방법도 마찬가지다. 직접적이고 명확한 비판을 위해 자신의 논지 중 그 어떤 것도 공들여 정확하게 표현하는 수고를 들이지 않은 채, 그는 자신이 우연히 주워들은 마르크스주의자들의 주장의 단편들에만 매달려 그것들을 왜곡하는 쪽을 선호한다. 다음의 말을 통해 여러분들 스스로 판단해보기 바란다. "마르크스는 너무나 똑똑하고 박식한 나머지 역사적 필연성이라는 견해와 사회적 현상들이 법칙에 부응한다는 사고를 발견한 것이 바로 자기 자신이라는 생각조차 하지 못했다." 마르크스주의 사다리[21]의 "아래 계단에 있는 사람들은" "그러한 사실을 알지 못한다. …… 아니면 적어도 그들은 그러한 진실을 확립하는 데 들인 수세기에 걸친 지적 노력과 에너지를 어렴풋하게만 알고 있을 뿐이다."

물론 이런 종류의 주장들은 마르크스주의에 대해 처음 듣는 사람들에게는 인상적일지도 모른다. 그리고 그들을 상대로

해서는 왜곡하고 조롱하고 "정복하려는"(《루스코예 보가츠트보》의 기고가들이 미하일롭스키 선생에 대해 쓴 단어라고 한다) 비판자의 목적이 쉽게 달성될 수도 있겠다. 그러나 마르크스에 대한 전반적인 지식이 있는 사람이라면 그러한 방법론이 완전히 거짓이고 사기라는 사실을 단박에 알아챌 것이다. 마르크스에 동의하지는 않을 수 있어도 그가 예전의 사회주의자들과 비교해 '새로운 무언가'로 여겨지는 견해들을 아주 정확하게 표현해냈다는 사실만큼은 부인할 수 없다. 여기서 새로운 무언가란, 예전의 사회주의자들이 자신의 견해를 입증하기 위해서는 현존 체제에서의 대중들의 억압을 보여주고, 각자가 자신이 생산한 것을 받아가는 체제의 우월성을 보여준 다음, 그런 이상적인 체제가 합리적이고 도덕적인 삶이라는 개념의 '인간 본성'과 조화를 이룬다는 사실을 보여주는 것으로 충분하다고 생

21 레닌 주 이런 아무 쓸모없는 표현과 관련해서는 다음의 사실을 지적해야만 하겠다. 미하일롭스키 선생은 우선 마르크스(우리의 비판가는 너무나 똑똑하고 박식해서, 그의 명제들 중 어느 하나에 대해서도 직접적이고 공개적으로 비판하지 못한다)에게 특별한 위치를 부여하고, 다음에는 엥겔스("그다지 독창적인 인물은 아니다")를 놓고, 바로 뒤에는 카우츠키같이 다소 독자적인 인물들을 배치하고, 이어서 다른 마르크스주의자들을 늘어놓는다. 그러나 글쎄, 이런 분류가 과연 어떤 진지한 가치를 담고 있을까? 그가 마르크스를 대중화시킨 인물들에게 불만이 있다면 마르크스를 근거로 삼아 그들의 견해를 수정하는 작업을 해야 하는데, 그런 일은 전혀 하지 않는다. 분명 그는 자신의 재치를 보여주려고 이런 표현을 썼을 텐데, 그는 전혀 재치 있는 부류의 사람이 아니었고 그의 익살은 아무런 호응을 얻지 못했다.

각했다는 사실에 있다. 마르크스는 그런 사회주의로 만족하기란 불가능하다는 사실을 깨달았다. 그는 현존 체제를 묘사하고 그것을 판단하며 비난하는 데 스스로를 국한하지 않았다. 그는 그것에 대한 과학적인 해명을 제시했으며, 여러 다양한 유럽과 비유럽 국가들에서 각각 모습을 달리하는 현존 체제를 자본주의 사회구성체와 그가 객관적으로 분석하려는 사회의 기능 및 발전 법칙들(그는 자본주의 체제에서는 착취가 필연적이라는 것을 보여주었다) 같은 공통적인 기반으로 환원시켰다. 그리고 그는 위대한 유토피아 사회주의자들과 그들의 형편없는 아류들인 주관적 사회학자들이 주장하는 것과 똑같은 방식으로는 사회주의 체제만이 인간 본성과 조화를 이룬다는 주장을 자신이 만족할 만한 수준으로 펼칠 수 없다는 사실을 깨달았다. 대신 자본주의 체제에 대한 이 같은 **객관적** 분석을 통해 그는 이 체제가 **필연적**으로 사회주의 체제로 이행한다는 것을 입증하였다(그가 정확히 그걸 어떻게 입증했고 미하일롭스키 신생이 어떤 반대 논리를 폈는지는 나중에 다시 거론해야 할 부분이다). 마르크스주의자들 사이에서 종종 접하게 되는 필연성에 관한 언급의 기원은 바로 거기에 있다. 미하일롭스키 선생이 그 문제에 있어 동원한 왜곡은 명백하다. 그는 이론의 전체적인 사실관계와 본질을 생략하고, 마치 전체 이론이 '필연성'이라는 한 단어에만 기대고 있는 것처럼("이것만으로 복잡한 현실적 문제들을 나타낼 수는 없다"), 역사적 필연성이 요구하는 것은 이것이다라는 게 이론의 증명인 것처럼 그 문제를 다뤘다. 달리 말해, 교리의 내용에 대해서는 아무것도 말하지 않은 채, 그는 오직 그 껍데기만 붙들고 '그저 닳아빠진 동전'일 뿐이라고 얼굴을 찌푸리기 시작했고, 그것을 마르크스의 가르침으로 변형시키기 위해 갖은 애를 다 쓰고 있는 것이다. 물론 우리는 그의 우스갯짓을 따라잡으려 애쓰지는 않을 것이다. 그런 종류의 행동은 이미 충분히 봐왔기 때문이다. 그가 부레닌 선생(그가 《노보예 브레미야》[22]에서 미하일롭스키 선생을 칭찬한 데는 다 그만한 이유가 있다)을 기쁘게 하고 만족시키기 위해 까불어대도록 내버려두자. 그가 마르크스에 대한 존경심을 표한 뒤 구석에서 고함을 지르며 그를 욕하도록 놔두자. 마르크스주의자들이 그런 주장을 되풀이할 필요도 없이 "유토피아주의자들 및 이상주의자들과 벌인 마르크스의 논쟁은 그 자체로 편파적이었다." 우리는 이런 식의 공

22　1868년부터 1917년까지 상트페테르부르크에서 발행된 일간지. 시기에 따라 발행인이 달랐으며, 정치적 입장도 거듭 바뀌었다. 처음에는 온건 자유주의 성향이었으나, 1876년부터는 반동적인 귀족과 관료 모임들의 기관지로 변했다. 1905년부터는 (극단적 민족주의자들인) 흑백인조(Black Hundreds)의 기관지가 되었다. 1917년 2월 부르주아 민주주의 혁명이 일어난 뒤로는 부르주아 임시 정부의 반혁명 정책에 전폭적인 지지를 보냈으며, 볼셰비키들에게 맹렬한 공세를 취했다. 1917년 11월 8일 페트로그라드 소비에트 혁명 군사위원회에 의해 문을 닫았다. 레닌은 이 신문을 부패한 언론의 전형이라 불렀다.

　　1894년 2월 4일자 《노보예 브레미야》에 실린 「비판적 주석」이라는 글에서 부레닌은 마르크스주의자들과 싸우는 미하일롭스키를 칭찬한 바 있다.—원서 편집자

격을 가리켜 고함지르며 욕하는 거라는 것 말고는 달리 표현할 방법이 없다. 그가 그러한 격렬한 비판에서 실제적이고 명확하고 진실한 반론을 단 하나도 제시하지 않고 있기 때문이다. 따라서 우리가 러시아 사회주의 문제를 해결하는 데 있어서 이러한 논쟁이 극히 중요하다고 여겨 아무리 그 주제를 기꺼이 논하려 한다 할지라도, 우리는 그러한 고함에 대답하기보다는 단지 어깨를 으쓱하며 이렇게 말할 수 있을 뿐이다.

코끼리를 향해 짖는 걸 보니 퍼그 강아지가 참 힘이 센가 보군![23]

미하일롭스키가 역사적 필연성에 대해 했던 그 다음 이야기는 흥미가 전혀 없지는 않다. 단지 부분적이라 할지라도 그것이 '우리의 저명한 사회학자'('교양 있는 모임'의 자유주의 회원들 사이에서 V. V. 선생이 그러하듯이 미하일롭스키 선생도 이런 수식어를 좋아한다)의 진정한 이념적 상투성을 드러내주고 있기 때문이다. 그는 "역사적 필연성이라는 발상과 개인의 활동의 중요성 사이의 충돌"——사회적으로 활발한 인물들은 실제로 그들이 "적극적으로 활동할" 때 스스로를 활동적이라고 여기는 실수를 범한다——과 "역사적 필연성이라는 내재적 법칙들에 의해 신비에 싸인 지하조직으로부터 조종당하는 꼭두각시들"을 이야기한다. 따라서 자신이 "무익하고" "장황하다"고 특징짓는

23 I. A. 크릴로프(Krylovs)의 우화 「코끼리와 퍼그 강아지」에서 따온 말이다.—원서 편집자

그 사상으로부터 도출된 결론 역시 마찬가지라고 주장하는 것이다. 미하일롭스키 선생이 꼭두각시 운운하는 이 모든 헛소리를 어디에서 얻어왔는지를 아마도 모든 독자가 다 알지는 못할 것이다. 핵심은 이것이 자기 주관에 빠진 그 철학자가 가장 좋아하는 주제 중 하나라는 것이다. 결정론과 도덕성 사이의 충돌, 역사적 필연성과 개인의 중요성 사이의 충돌 같은 사고 말이다. 그는 그 주제를 가지고 엄청난 분량의 종이를 채웠고, 도덕성과 개인의 역할의 편에 서서 이런 충돌을 해결하기 위해 감상적이고 속물 같은 헛소리를 수도 없이 지껄여왔다. 그러나 실제로는 여기에 충돌이란 전혀 없다. 그것은 결정론이 그가 그렇게도 애지중지하는 속물 같은 도덕성의 허를 찌를까 봐 두려워한(이유가 없지는 않다) 그 자신이 만들어낸 작품이다. 인간의 행위가 필요하다고 상정하고 자유의지에 대한 터무니없는 이야기를 거부하는 결정론 사상은 인간의 이성과 양심, 또는 인간의 행동에 대한 평가를 파괴하는 일은 절대 없다. 그와는 정반대로, 인간이 바라는 모든 것을 자유의지 덕분이라 말하기보다는 엄밀하고 정확한 평가를 내리는 게 가능하도록 해주는 건 결정론적 관점밖에 없다. 마찬가지로, 역사적 필연성이라는 사고는 역사에서 개인의 역할을 조금도 약화시키지 않는다. 모든 역사는 의심할 나위 없이 능동적인 인물인 개인의 행동들로 구성되어 있다. 개인의 사회적 활동을 평가하는 데 있어서 실제로 제기되는 물음은 '인간 행동의 성공을 보장하는 것은 어떤 조건에서이며, 이러한 행동들이 엄청난 양의 반대되는 행동들에 잠겨 고립된 행동으로 머무르지 않게 보장할 방법은 무엇인가' 하는 것이다. 이는 또한 사회민주주의자들과 여타의 러시아 사회주의자들이 서로 다른 답을 내놓은 질문이기도 하다. 사회주의 체제를 만들어낼 목적으로 하는 행동들은 진지한 결실을 맺기 위해서 대중들을 어떻게 끌어들여야만 하는가? 분명 이 질문에 대한 대답은 러시아 사회 세력 집단들과 러시아의 현실의 실체를 구성하는 계급투쟁이 이해되는 방식에 직접적이고 즉각적으로 달려 있다. 그러나 여기에서도 미하일롭스키 선생은 그것을 정확히 공식화하고 해답을 내놓으려는 시도조차 하지 않고 내내 질문의 주변에서만 헤매고 있다. 그 질문에 대한 사회민주주의자들의 대답은 알다시피 러시아의 경제 체제가 부르주아 사회로 구성되어 있고, 거기에서 빠져나올 방법은 단 하나뿐이며, 그것은 필연적으로 부르주아 체제의 본질 그 자체, 즉 부르주아지에 맞선 프롤레타리아의 계급투쟁에서 비롯된다는 견해에 기반을 두고 있다. 여기서 그의 진지한 비판은 우리 체제가 부르주아 체제라는 견해나, 부르주아 체제의 본질이라는 개념과 그 발전 법칙을 직접적으로 겨냥했어야 마땅하다. 그러나 미하일롭스키는 진지한 물음들을 다루는 것은 꿈도 꾸지 못하고 있다. 그는 필연성이 너무 일반적인 범주라는 등의 김빠진 미사여구로 사안들을 처리하는 걸 선호한다. 하지만 미하일롭스키 씨, 계란에서 알맹이를 빼서 던져버리고 그 껍데기만 갖고 논다면, 어떤 사상이든 너무 일반적인 범주에 해당할 거요! 당대의 정말로 진지하고 시급한 문제들을 바깥 껍데기 속에 숨겨두는 것은 미하일롭스키가 가장 좋아하는 분야고, 그는 아주 자신만만하게 이렇게 핵심을 강조한다. "경제적 유물론은 영웅들과 군중의 문제를 무시하거나 잘못 설명하고 있다." 여기서 주목할 것——동시대 러시아의 현실과 그 토대를 구성하는 계급 충돌이라는 문제가 미하일롭스키 선생에게는 아마도 너무 일반적이어서 그가 그것을 회피하고 있는 것 같다. 한편, 노동자건 농민이건 공장 소유주건 지주건 간에 군중과 영웅 사이에 존재하는 관계의 문제는 그에게 아주 흥미로운 주제다. 그러나 그 문제가 '흥미로울'지는 몰라도, 노동계급의 해방과 직접적으로 관련된 문제들을 해결하기 위해 모든 노력을 기울이지 않는다고 유물론자들을 힐난하는 것은 속물적인 학문을 숭배하는 것에 지나지 않는다. 또한 유물론에 대한 자신의 '비판'(?)의 결론을 내리면서 미하일롭스키 선생은 사실들을 그릇되게 전달하려는 또 한 차례의 시도를 하고 또 한 번의 조작을 한다. 공인된 경제학자들이 『자본』을 유야무야 덮어버렸다는 엥겔스의 의견[24]의 정확성에 대해 의구심을 표하면서(독일에는 무수히 많은 대학들이 있다

24　엥겔스, 『가족, 사유재산, 국가의 기원*The Origin of the Family, Private Property and the State*』, 초판 서문(마르크스·엥겔스, 『선집』, 2권, 모스크바, 1958년, 170쪽).—원서 편집자

는 흥미로운 이유를 들어 그런 의구심을 정당화한다!) 이렇게 말하고 있는 것이다. "마르크스는 이 특정한 집단의 독자들(노동자들)을 염두에 둔 게 아니라 학자들로부터 무언가를 기대했다." 그것은 전혀 사실이 아니다. 마르크스는 부르주아 학자들에게 공정성이나 과학적 비판을 거의 기대할 수 없다는 사실을 잘 알고 있었으며, 그래서 『자본』 후기에서 그 점에 관해 분명하게 자신의 뜻을 피력한 바 있다. 거기에서 그는 이렇게 말한다. "『자본』이 독일 노동계급의 광범위한 집단에서 급속도로 찬사를 얻은 것은 나의 노력에 대한 가장 큰 보상이다. 경제 문제에 있어 부르주아의 관점을 대변하는 마이어(Mayer) 씨는 보불 선쟁 중에 출간된 소책자에서, 독일인들이 유전적으로 소유하고 있는 것으로 여겨졌던 탁월한 이론 수용 능력이 이른바 독일의 교육받은 계급들 사이에서는 거의 완전히 사라졌지만 노동자계급 사이에서는 부활하고 있다고 적절히 언급한 바 있다."[25]

유물론에 관한 또 다른 조작은 첫 번째 사례와 전적으로 같은 방식으로 이뤄지는데, 논지는 이랬다. "(유물론) 이론은 절대 과학적으로 구체화되고 입증된 적이 없다." 그 증거는 "엥겔스, 카우츠키를 비롯한 여러 사람들의 저작에 담긴 역사적 내용에 관한 훌륭한 각각의 페이지들은 경제적 유물론이라는 딱

[25] 마르크스, 『자본』, 1권, 모스크바, 1959년, 13쪽.─원서 편집자

지를 떼도 무방할지 모른다. 왜냐하면"(이 '왜냐하면'에 주목하라!) "경제적인 음표가 화음을 지배하고 있긴 하지만, 그것들은 사실상 사회적 삶의 총합을 고려하고 있기 때문"이라는 것이다. 그리고 결론은 이랬다. "경제적 유물론은 과학적으로 타당하다는 걸 스스로 보여주지 못했다."

정말 낯익은 속임수 아닌가! 그 이론이 근거가 부족하다는 걸 입증하기 위해서, 미하일롭스키는 우선 사회적 삶의 총합을 고려하지 않은 불합리한 의도를 그 이론 탓으로 돌림으로써 사실을 왜곡하고 있다. 사실은 성반내임에도 말이다. 유물론자들(마르크스주의자들)은 경제적인 측면뿐만 아니라 사회적 삶의 모든 측면을 분석할 필요성을 제기한 최초의 사회주의자들이었다.[26] 그런 다음 미하일롭스키는 '실제로' 유물론자들이 "사실상" 경제학으로 사회적 삶의 총합을 설명했다고 선포한 뒤, 마지막으로 유물론은 "타당하다는 걸 스스로 보여주지 못했다"는 결론을 이끌어낸다. 하지만 미하일롭스키 씨, 당신의 조작은 스스로 타당하다는 걸 멋지게 보여주셨군요!

이것이 미하일롭스키가 유물론에 대한 '반박'에서 전개한 논리의 전부다. 반복해서 말하건대, 여기에는 어떠한 비판도 없으며, 공허하고 가식적인 수다만 있을 뿐이다. 만약 생산관계가 다른 모든 것의 토대를 이룬다는 관점에 대해 미하일롭스키 선생이 제기한 반대 의견이 무엇인지를 물어본다면, 그는 마르크스가 유물론적 방법을 활용해 설명한 사회구성체 개념의 정확성과 그 구성체의 자연적·역사적 발전의 정확성에 대해 어떻게 반박할 것인가? 그리고 그가 언급한 필자들이 제시한 다양한 역사적 문제들에 관한 유물론적 설명의 오류를 어떻게 입증할 것인가? 그에 대한 대답은 미하일롭스키 선생이 아무런 반대 의견도 제시하지 못했고, 어떠한 반박도 전개하지 못했으며, 아무런 오류도 보여주지 못했다는 것이 될 것이

26 레닌 주 이는 『자본』에 아주 명확하게 드러나 있으며, 초기 사회주의자들과 비교해볼 때 사회민주주의자들의 전술에서도 잘 나타난다. 마르크스는 문제를 경제적인 측면에만 국한시켜서는 안 된다고 직접적으로 요구했다. 1843년 한 잡지(마르크스와 A. 루게[Ruge]가 편집을 맡아 파리에서 독일어로 출간한 《독일-프랑스 연감Deutsch-Französische Jahrbücher》을 가리킨다. 1844년 2월에 배대호 판형으로 단 한 호만 출판되었다. 출판이 중단된 주된 이유는 부르주아 급진주의자인 루게와 마르크스 두 사람 사이의 원칙상의 차이 때문이었다.—원서 편집자)를 기획하면서 그는 루게에게 이런 편지를 썼다. "전반적인 사회주의 원칙이 한 가지 측면에 불과하군요. …… 저희로서는 인간의 이론적 존재 같은 다른 측면에도 동등한 관심을 기울여야 합니다. 따라서 종교와 과학 등이 우리 비판의 대상이 되도록 만들어야지요. …… 종교가 인간의 이론적 갈등의 목록을 대표하듯이, 정치 상황은 인간의 현실적 갈등의 목차를 대표합니다. 그러므로 그 형태적 한계 내에서 정치 상황은 모든 사회적 갈등과 요구, 이해를 (정치적 관점에서의) 국가의 형태로 표현합니다. 따라서 대단히 특별한 정치적 문제——예를 들어 사회적 소유 체제와 대의제 사이의 차이——를 비판의 대상으로 삼는 것은 그 문제가 인간의 지배와 사유재산의 지배 사이의 차이를 정치적 언어로 표현하는 것이기 때문에 결코 숭고한 원칙에서 벗어나는 걸 의미하지 않습니다. 이는 비평가가 (고질적 사회주의자들이 관심을 기울일 가치가 없다고 여기는) 그러한 정치적 문제들을 다룰 수도 있을 뿐만 아니라 반드시 다뤄야 한다는 걸 뜻합니다.

다. 그는 문제의 본질들을 미사여구로 감추려 애쓰며 그저 변죽만 울렸을 뿐이고, 그 과정에서 보잘것없는 속임수들만 꾸며냈을 뿐이다.

마르크스주의에 대한 그의 논박은 《루스코예 보가트보》 2호에서도 계속 이어졌지만 우리는 그에게 진지한 무언가를 거의 기대할 수 없었다. 전과 다른 점이 있다면 단지 조작의 영역에 있어서 그의 독창성이 벌써 바닥이 나서, 다른 사람들의 것을 이용하기 시작했다는 점일 것이다.

먼저 그는 사회적 삶의 '복잡성'에 대한 의견을 늘어놓는 것으로 글을 시작한다. 이런! 그는 갈바니즘(Galvanismus)조차 경제적 유물론과 연관되어 있다고 말하는데, 갈바니(Galvani)의 실험들이 헤겔에게 "감명을 주었기" 때문이란다. 어쩜 이렇게 재치 있을 수가 있을까! 이쯤 되면 미하일롭스키 선생과 중국 황제도 쉽게 연결시킬 수 있을 것이다. 여기서 나온 결론은 말도 안 되는 소리를 늘어놓으며 즐거움을 찾는 사람들이 세상에 존재한다는 것 말고 또 뭐가 있을까?!

미하일롭스키 선생은 계속해서 "전체적으로 파악하기 힘든 역사적 과정의 본질은 경제적 유물론의 원리 또한 교묘히 피해갔다. 분명 그것이 생산과 교환 형태의 결정적인 중요성의 발견과 이론의 여지가 없는 변증법적 과정이라는 두 개의 기둥에 의지하고 있지만 말이다"라고 말한다.

그래서 유물론자들은 "이론의 여지가 없는" 변증법적 과정에 의지하고 있다는 것이다! 달리 말해, 그들의 사회학 이론들이 헤겔의 삼단논법(triads)[27]에 기초하고 있다는 말인 셈이다. 여기서 우리는 마르크스주의에 헤겔 변증법의 협의를 씌우는 상투적인 수법을 목격하게 된다. 이는 마르크스를 비판하는 부르주아 학자들에 의해 이미 충분히 너덜너덜해졌다고 여겨지는 비난이다. 그 원리에 반하는 어떠한 근본적인 주장도 내놓을 수 없었던 그 신사양반들은 마르크스의 표현 방법에만 매달려 그 이론의 근원을 공격함으로써 본질을 약화시킬 수 있다고 생각했다. 그리고 미하일롭스키 선생은 그들의 그런 방법론에 기대는 것을 전혀 개의치 않는다. 그는 엥겔스의 『반

---

27 철학에서의 3단계 전개 공식을 가리킨다. 이는 그리스의 신플라톤주의 철학자들, 특히 프로클루스(Proclus)가 처음으로 공식화한 것으로, 독일의 이상주의 철학자들인 피히테(Fichte)와 셸링(Schelling)의 저작들에서도 표현되어 있다. 그러나 삼단논법은 헤겔의 이상주의 철학에서 완전한 발전을 이뤄냈는데, 그는 모든 발전 과정이 정, 반, 합이라는 세 가지 단계를 가로지른다고 여겼다. 두 번째 단계는 첫 번째의 부정으로, 첫 번째 단계가 두 번째 단계로 이행하는 과정에서 정반대로 탈바꿈한다는 것이다. 그리고 세 번째 단계는 두 번째 단계의 부정, 즉 부정의 부정으로서, 최초에 존재하던 형태로 되돌아가되 새로운 내용에 의해 질적으로 풍부해지면서 더 높은 수준에 도달한다는 의미였다. 헤겔의 삼단논법은 현실을 인위적으로 끼워맞추기 위한 계획으로, 삼단논법 공식의 임의적인 구조는 자연과 사회의 진정한 발전을 왜곡하였다. 마르크스와 엥겔스 그리고 레닌은 헤겔 변증법의 합리적인 요소들을 높이 평가했으나, 헤겔의 변증법적 방법론을 비판적으로 재구성하고 객관적 세계와 인간 사고의 발전에 관한 가장 일반적인 법칙들을 반영하는 유물론적 변증법을 창조해냈다.—원서 편집자

뒤링론』[28]에 등장하는 한 장을 핑곗거리로 이용한다. 마르크스의 변증법을 공격한 뒤링에게 보내는 답장에서 엥겔스는 마르크스가 헤겔의 삼단논법을 동원해 무언가를 '입증할' 거라고는 꿈에도 생각지 않았으며, 마르크스는 실제 과정을 연구하고 조사만 했을 뿐인데다, 그가 인정한 이론의 유일한 기준은 현실과의 일치였다고 말한 바 있다. 하지만 때마침 어떤 특별한 사회 현상들의 전개가 헤겔의 법칙, 즉 정반합 이론과 딱 들어맞는 일이 생긴다면, 그건 현실적으로 전혀 드문 일이 아니기 때문에 놀라울 게 전혀 없다. 그리고 엥겔스는 더 나아가 자연의 역사(종자의 발달)와 사회적인 영역으로부터 사례들을 인용하고 있다. 예를 들어, 맨 처음 원시 공산주의가 있었고, 그 다음 사유재산, 그리고 그 다음에 자본주의 노동 분화가 있었다든지, 또는 맨 처음 초기 유물론, 그 다음 이상주의, 그리고 그 다음에 과학적 유물론이 있었다는 등이었다. 엥겔스가 핵심적으로 무게를 실어 펼친 주장은, 유물론자들은 정확하고 올바르게 실제 역사 과정을 묘사해야 하며, 삼단논법의 올바름을 증명하기 위해 변증법을 강조하는 것은 헤겔주의의 유산, 헤겔주의적 표현 방식의 유산일 뿐이라는 것이었다. 그렇다면 삼단논법으로 무언가를 '입증한다'는 것이 말도 안 된다고, 누구도 그것을 생각조차 해본 적이 없다고 단호하게 선언된 상황

---

28 엥겔스, 『반뒤링론』(1부 철학, 13장 변증법, 부정의 부정) 참조.—원서 편집자

에서, '변증법적' 과정의 사례들에 어떤 의미를 부여할 수 있겠는가? 그것이 단지 원리의 근원을 가리킬 뿐 그 이상도 이하도 아니라는 것이 명백하지 않은가? 그 근원을 들어 어떤 이론을 비난해서는 안 된다고 말했을 때 미하일롭스키 자신도 그것을 알고 있었다. 그러나 엥겔스의 주장들에서 이론의 근원 그 이상의 것을 식별해내기 위해서는, 유물론자들이 관련된 사실들에 힘입어서가 아니라 삼단논법에 의해 적어도 한 가지 이상의 역사적 문제를 해결했다는 증거가 명확히 제시되어야만 한다. 미하일롭스키 선생이 그걸 증명하려는 시도를 했을까? 전혀 하지 않았다. 그와 반대로 "마르크스는 공허한 변증법적 공식을 사실에 기초한 내용들로 꽉꽉 채웠고, 그래서 그 어느 것도 바꾸지 않고도 그릇에서 뚜껑을 제거하듯이 변증법을 내용물로부터 제거할 수 있었다"는 사실을 스스로 인정하지 않으면 안 되었다. 만약 그렇다면, 미하일롭스키가 그 어느 것도 바뀌지 않은 뚜껑에 대해 그토록 야단법석을 떨었던 이유는 무엇일까? 그는 왜 유물론자들이 "이론의 여지가 없는" 변증법적 과정에 의지하고 있다고 말하는 걸까? 자신은 정작 이 뚜껑과 씨름하고 있으면서도, 과학적 사회주의의 '기둥들' 중 하나와 씨름하고 있다는 말도 안 되는 거짓말을 늘어놓은 이유는 무엇일까?

이 대목에서 군이 내가 미하일롭스키 선생이 삼단논법의 사례들을 어떻게 분석하였는지를 검토하지 않을 거라는 점은 말할 필요도 없다. 반복하건대, 그것은 과학적 유물론이나 러시아 마르크스주의와 어떠한 관련도 없기 때문이다. 그러나 한 가지 흥미로운 질문이 있다. 무슨 까닭으로 미하일롭스키는 변증법에 대한 마르크스주의자들의 태도를 그렇게 왜곡한 걸까? 두 가지 이유가 있다. 첫째, 속담에서 말하듯이 미하일롭스키는 종소리를 들었지만 그것이 어디서 들려오는 것인지는 분간할 수 없었다. 둘째, 미하일롭스키는 한 번 더 속임수를 쓴 것이었다.

첫 번째 이유: 마르크스의 문헌을 읽으면서 미하일롭스키 선생은 사회과학의 '변증법적 방법론'과 사회 문제 영역에서의 '변증법적 사고' 등에 관한 언급들을 끊임없이 마주하게 됐다. 인간성이 단순한 그는 이러한 방법론이 헤겔의 삼단논법 법칙에 따라 모든 사회적 문제들을 해결하는 데 있다는 것을 당연하게 여겼다. 만약 그가 당면 문제에 조금만 더 귀를 기울였더라면, 그런 생각의 어리석음을 깨닫지 않을 수 없었을 텐데 말이다. 마르크스와 엥겔스가 변증법적 방법론이라 부른 것은 사회를 끊임없이 발전하는(그리고 기계적으로 연결돼 별개의 사회적 요소들의 임의적 결합을 일체 허락하는 무언가가 아닌) 상태에 있는 살아있는 유기체로 간주하는 사회학의 과학적 방법론에 지나지 않는다. 그리고 그 유기체의 연구는 특정 사회구성체와 그 기능 및 발전 법칙의 연구로 이뤄진 생산관계의 객관적인 분석을 필요로 한다. 추후 우리는 미하일롭스키 자신

의 주장들에 따른 변증법적 방법론과 형이상학적 방법론(사회학의 주관적 방법론도 틀림없이 여기에 속하는 개념이다) 사이의 관계를 실증하기 위한 노력을 하게 될 것이다. (그러나) 당장은 엥겔스(뒤링에 대한 반론인 『사회주의: 유토피아와 과학Socialim: Utopia and Scientific』)나 마르크스(『자본』에서의 다양한 언급들과 2판 후기 그리고 『철학의 빈곤』)[29]에 의해 주어진 변증법적 방법론의 정의와 서술을 읽은 사람이라면 누구나, 거기에서 헤겔의 삼단논법이 언급조차 되지 않았고 사회 진화를 경제적 사회구성체들의 자연적인 역사 발전 과정으로 간주하고 있다는 걸 목격하게 될 것이다. 이 사실을 확인하기 위해 나는 1872년 《베스트니크 예브로피Vestnik Yevropy》 5호에 제시된 변증법적 방법론에 관한 서술(「카를 마르크스의 정치경제학 비판 관점」이란 기사[30]에 실린)을 상세하게 인용할 것이다. 이 글은 마르크스도 『자본』 2판의 후기에서 인용한 바 있는데, 거기에서 그는 자신이 『자본』에서 활용한 방법론이 제대로 이해되지 못하고 있다고 말한다. "응당 독

---

29 마르크스의 변증법적 방법론에 대한 체계적인 해설과 추가로 발전된 내용은 레닌의 『유물론과 경험비판론Materialism and Empirio-Criticism』, 『철학 노트Philosophical Notebooks』, 「마르크스Karl Marx」 등에 제시되어 있다.—원서 편집자

30 기사의 필자는 상트페테르부르크 대학의 I. I. 카우프만(Kaufman)이었다. 마르크스의 시각에서 볼 때, 그 기사는 변증법적 방법론에 대한 최고의 해설 중 하나였다(마르크스, 『자본』, 1권, 모스크바, 1959년, 2판 후기, 17~9쪽).—원서 편집자

일의 비평들은 헤겔 식 궤변논법을 향해 악을 써대고 있다"는 것이다. 그러고는 마르크스는 자신의 방법론을 보다 명쾌하게 입증하기 위해서 앞서 언급된 글에서 제시된 그 방법론의 묘사를 인용하고 있다. 마르크스에게 중요한 한 가지는 자신이 연구하고 있는 현상들을 지배하는 법칙을 발견하는 것이었고, 특히나 중요한 것은 변화와 그런 현상들의 발전 법칙, 한 가지 형태에서 또 다른 형태로의 이행 법칙, 하나의 사회적 관계 질서에서 또 다른 질서로 전환하는 법칙이었는데, 거기엔 그것이 담겨 있었던 것이다. 따라서 마르크스는 오직 한 가지에만 관심을 기울이게 되는데, 바로 엄격한 과학적 연구를 통해서 사회적 관계의 특정한 질서의 필연성을 보여주는 것, 그리고 그가 보기에 근본적인 출발점이라 여겨지는 사실들을 가능한 완전하게 확립하는 것이었다. 이런 목적을 위해서는, 사물들의 현존 질서의 필연성을 입증하는 동시에 인간들이 그걸 믿든 안 믿든, 그걸 의식하든 안 하든 간에 상관 없이 이전의 질서로부터 필연적으로 성장해나와야 하는 또 다른 질서의 필연성을 입증한다면 그것으로 아주 충분하다. 마르크스는 사회적 운동을 인간의 의지와 의식, 의도로부터 자유로울 뿐만 아니라 오히려 정반대로 인간의 의지와 의식, 의도를 결정하는 법칙들의 지배를 받는 자연사의 한 과정으로 여기고 있다(인간이 스스로 의식적인 '목표들'을 설정하고 명확한 이상에 따라 인도된다는 이유만으로 사회적 진화를 자연사의 진화로부터 분리시키려는 주관론적 신사양반들을 위해 참고 삼아 일러둔다). 만약 의식적인 요소가 문명사에서 아주 종속적인 역할을 담당한다면, 문명을 주제로 한 비평은 의식의 어떠한 형태나 결과도 전혀 그 기초로 삼을 수 없다는 것이 자명하다. 즉 사상이 아니라 외부적이고 객관적인 현상만이 출발점으로 작용할 수 있다는 것이다. 비판은 주어진 사실을 또 다른 사실과 비교하고 대조하는 것이지, 사상을 비교하고 대조하는 것이 아니다. 아주 중요한 한 가지 문제는 두 가지 사실들 모두 가능한 정확하게 연구되어야 한다는 것과, 그것들이 서로에게 있어서 사실상 다른 발전의 시기를 형성한다는 것이다. 무엇보다도 가장 중요한 것은 일련의 알려진 현상들, 그것들의 연속성, 서로 다른 발전 단계들 사이의 관계에 대해 똑같이 정확한 연구가 이뤄져야 한다는 것이다. 마르크스는 경제 생활의 법칙들이 하나로 이뤄져 있고 과거나 현재나 똑같다는 바로 그 발상을 거부하고 있다. 그와 반대로, 모든 역사적 시기는 스스로의 법칙들을 지니고 있다. 경제적 삶은 생물학의 여타 분야들에 등장하는 진화의 역사와 유사한 현상으로 구성되어 있다. 초기 경제학자들은 그것들을 물리학과 화학의 법칙들에 비유하면서 경제 법칙들의 본질을 잘못 이해했다. 보다 철저한 분석은 사회적 유기체들이 식물이나 동물들과는 근본적으로 다르다는 것을 보여준다. 이런 관점에 따라 자본주의적 경제 유기체를 연구하는 임무를 수행하면서 마르크스는 경제 생활에 관한 모든 정확한 연구가 가져야만 하는 목표를 엄격하게 과학적인 방식으로 공식화하고 있다. 그런 조사의 과학적인 가치는 특정 사회적 유기체의 기원과 존재, 발전, 소멸과 또 다른 고등 유기체로 그것이 대체되는 과정을 통제하는 특별한 (역사) 법칙들을 드러내준다는 데 있다.

마르크스가 자본에 관한 다수의 잡지와 신문 비평에서 찾아내 독일어로 번역한 변증법적 방법론에 대한 서술이 그런 것이었다. 그리고 마르크스 스스로도 변증법적 방법론에 대한 그러한 서술이 절대적으로 옳다고 말하고 있다. 그렇다면 물음이 생겨난다. 미하일롭스키 선생이 그다지도 용감하게 맞서 싸우고 있는 삼단논법, 삼분법, 변증법적 과정의 명백성 같은 헛소리에 대해 그러한 서술에서 단 한 마디라도 입에 올리고 있느냐 하는 것이다. 마르크스는 그러한 서술을 거론한 뒤 자신의 방법론이 헤겔의 방법론과 "정반대"라고 아무렇지 않은 듯 말한다. 헤겔에 따르면, 사상의 발전은 삼단논법의 변증법적 법칙들과 일치해 현실 세계의 발전을 결정짓는다. 물론 그런 그의 말이 맞을 경우에만 삼단논법의 중요성, 변증법적 과정의 명백성을 논할 수 있다. (반면) 마르크스는 "내가 보기엔 그와 반대로 의식은 물질의 반영일 뿐"이라고 말한다. 따라서 전반적인 문제는 "현존하는 사물의 상태와 그 필연적인 발전을 긍정적으로 인식하는" 데 있게 된다. 오직 속물들만 관심을 갖는 뚜껑과 껍데기의 역할 말고는(마르크스는 같은 후기에서 "나는 헤겔 특유의 표현 방식을 가지고 놀았다"고 말한다) 삼단논법에 그 어떤 다른 역할도 남아 있지 않다는 것이다. 그렇다면 우리는 이런 물음을 제기할 수 있을지 모른다. 과학적 유물론의 '기둥들' 가운데 하나, 즉 변증법에 대한 비판에 착수하고 모든 종류의 사물들, 심지어 개구리와 나폴레옹에 대해서까지 이야기하기 시작하면서도, 변증법이 무엇인지, 사회의 발전은 정말로 자연사의 과정인지, 특별한 사회적 유기체로서의 경제적 사회 구성체들에 관한 유물론적 개념은 올바른 것인지, 이러한 구성체들에 관한 객관적인 분석 방법론들은 옳은 것인지, 사회적 이념들은 정말로 사회 발전을 결정짓는 것이 아니라 그것에 의해 결정되는 것인지 등에 대해서는 전혀 이야기하지 않는 사람을 어떻게 판단해야 하는가 하는 물음 말이다. 이 경우 단지 그저 이해가 부족했나 보군 하면서 넘어가줄 수 있는 걸까?

두 번째 이유: 변증법에 대한 이러한 '비판'이 이루어진 뒤, 미하일롭스키 선생은 헤겔의 삼단논법을 '동원해' 사물을 입증하는 방법론들의 책임을 마르크스에게 전가하고 있고, 물론 의기양양하게 그것들과 싸우고 있다. 그는 '미래에 관해서 내재적 사회 법칙들은 순전히 변증법에 기초하고 있다'고 말한다(이는 앞에서 언급한 예외적 사례). 자본주의 발전의 법칙들에 따른 착취자들에 의한 착취의 불가피성에 대한 마르크스의 주장들은 '순전히 변증법적'이며, 토지와 자본의 공동 소유라는 마르크스의 '이상'은 '그 불가피성과 확실성이라는 의미에서 전적으로 헤

겔의 세 가지 용어 사슬의 끝에 기대어 있다'는 것이다.

이런 주장은 온전히 뒤링으로부터 빌려온 것으로서, 뒤링은 자신의 『국민 경제와 사회주의에 대한 비판적 역사*Kritische Geschichte der Nationaloekonomie und des Sozialismus*』(1879년, 3판, 486~7쪽)에서 그것을 상세히 설명하고 있다. 그러나 미하일롭스키 선생은 뒤링에 대해서는 단 한 마디도 거론하지 않고 있다. 그런데 그가 혼자 힘으로 마르크스를 왜곡하는 이런 방식에 도달했을까?

엥겔스는 뒤링에게 아주 훌륭한 답변을 보냈고, 그가 뒤링의 비판도 인용하고 있기 때문에 여기서 우리는 엥겔스의 답변[31]에만 논의를 국한해볼까 한다. 독자들은 그것이 미하일롭스키 선생에게도 전적으로 적용된다는 사실을 알게 될 것이다.

뒤링은 이렇게 말하고 있다. "이런 역사적인 스케치는 마르크스의 책에서 상대적으로 가장 훌륭한 부분이지만, 그것이 학문적으로 변증법이라는 목발에 의지하지 않았더라면 훨씬 더 좋았을 것이다. 헤겔의 부정의 부정 법칙은 더 훌륭하고 명확한 무언가가 없을 때는 사실상 과거의 자궁으로부터 미래를 낳는 걸 돕는 산파로서 기능한다. 17세기 이래로 앞에서 지적한 방식으로 효과를 발휘해온 '사유재산'의 폐지는 첫 번째 부정이다. 그 다음으로 부정의 부정의 성격을 띠는 두 번째 부정

---

31 이 책 뒷부분에서 레닌은 엥겔스의 『반뒤링론』에서 발췌한 내용(1부 철학, 13장 변증법, 부정의 부정)을 인용하고 있다.—원서 편집자

이 뒤를 잇는데, 즉 '사유재산'의 회복이 바로 그것이다. 그러나 더 높은 형태에서 그것은 토지와 노동 수단들의 공동 소유에 기초하고 있다. 마르크스는 이 새로운 '사유재산'을 또한 '사회적 재산'이라 부르고 있고, 여기에서 헤겔의 더 높은 단계로의 통일이 등장한다. 거기에는 모순이 지양되게 되어 있는데, 헤겔의 언어 마술에 따르자면 극복되고 보존된다."

"여기에 따르면 착취자들에 의한 착취의 불가피성은 이를테면 물질적 외부 관계에서 역사적인 현실의 자동적인 결과다. …… 분별력 있는 사람에게 부정의 부정 같은 헤겔의 언어 마술에 대한 믿음을 토대로 토지와 자본의 공동 소유의 필연성을 납득시키기란 어려울 것이다. 하지만 마르크스의 개념들에 대한 모호한 이종교배는 과학적 기초로서의 헤겔 변증법에 어떤 헛소리가 날조될 수 있는지, 또는 그것으로부터 필연적으로 어떤 헛소리가 생겨날 수밖에 없는지를 깨달은 사람이라면 누구에게나 낯설지 않을 것이다. 이런 계략들에 익숙지 않은 독자를 위해, 헤겔의 첫 번째 부정은 타락에 대한 교리문답식 개념이고, 그의 두 번째 부정은 구원으로 이어지는 더 높은 단계로의 통일이라는 개념이라는 것을 분명히 지적하지 않을 수 없다. 사실증명은 종교적 영역에서 빌려온 이런 말도 안 되는 유추를 토대로 할 수는 없는 것이다. …… 마르크스 선생은 개인적인 동시에 사회적인 그의 모호한 재산 세계에 기꺼이 머물러 있으며, 이런 심오한 변증법적 수수께끼를 스스로 풀 수 있는 자신의 숙달된 능력에 사실증명을 맡겨두고 있다." 여기까지가 뒤링 선생이 한 말이다.

이에 대해 엥겔스는 이런 결론을 내린다. "그래서 마르크스는 헤겔의 부정의 부정을 활용하는 것 외에는 사회혁명과 토지의 공동 소유제 확립, 그리고 노동에 의해 생산되는 생산수단의 필연성을 입증할 방법이 없었다. 그리고 자신의 사회주의 이론을 종교에서 빌려온 이런 난센스 같은 비유에 근거를 두고 있었기 때문에 그는 미래 사회에는 헤겔의 지양된 모순의 더 높은 단계로의 통일로서 개인적인 동시에 사회적인 소유관계가 지배적이 될 거라는 결론에 다다랐다."[32]

"그러나 부정의 부정을 잠시 그냥 놔두고, 개인적인 동시에

---

32 레닌 주 뒤링의 관점에 대한 이러한 명확한 서술이 미하일롭스키에게도 전적으로 적용된다는 건 그가 쓴 「주콥스키에게 도전받은 카를 마르크스」라는 글의 다음 단락에 의해 증명된다. 마르크스가 사유재산의 옹호자라는 주콥스키 선생의 주장에 반대해 그는 마르크스의 구상을 거론한 뒤 이런 식으로 설명한다. "자신의 구상에서 마르크스는 익히 알려진 두 가지의 헤겔 식 변증법적 속임수를 활용했다. 첫째는 그 구상이 헤겔 식 삼단논법 법칙에 따라 구축되었다는 것이고, 둘째는 통합이 사유재산과 사회적 재산이라는 대립물의 동일함에 기초하고 있다는 것이다. 이는 여기서 개인이라는 단어가 변증법적 과정이라는 단어의 특정한 조건부적 의미를 가지고 있다는 뜻이며, 그것은 아무런 근거도 없다." 이게 바로 러시아 대중의 눈으로 보기에 부르주아 주콥스키로부터 "자신감 넘치는" 마르크스를 방어하겠다는 가장 존경할 만한 의도를 지닌 인물이 한 이야기였다. 그리고 그는 그런 존경할 만한 의도 속에 마르크스의 개념이 '속임수'에 기초를 두고 있다고 설명하고 있는 것이다!

사회적인 소유관계를 들여다보도록 하자. 뒤링 선생은 이것을 가리켜 모호한 세계라고 규정하고 있고, 정말 신기하게도 그는 이 점에 관해 정말로 옳았다. 하지만 불행히도 모호한 세계에 있는 건 마르크스가 아니라 뒤링 선생 자신이다. …… 그는 마르크스가 단 한 번도 입에 올리지 않은 소유권의 더 높은 단계로의 통일이란 개념을 마르크스에게 전가시킴으로써 마르크스를 헤겔과 같은 식이라고 말할 수 있게 된 것이었다."

"마르크스는 이렇게 말한다. '그것은 부정의 부정이다. 이는 생산자에게 사유재산을 재확립해주는 게 아니라, 그에게 자본주의 시대의 획득물, 즉 토지와 생산수단의 공동 소유와 공동 운영에 기초한 사유재산을 부여한다. 개인 노동으로부터 생겨난 산발적인 사유재산의 자본주의 사유재산으로의 탈바꿈은 이미 실제적으로 사회화된 생산에 의존하고 있는 자본주의적 사유재산의 사회화된 재산으로의 탈바꿈보다 비할 데 없이 시간이 걸리고 폭력적이며 어려운 과정임은 당연하다.' 이게 전부다. 착취자들에 의한 착취를 통해 발생한 형국은 따라서 사유재산의 재확립으로 성격이 규정되지만, 노동 자체에 의해 생산된 생산수단과 토지의 사회적 소유관계에 **토대를 둔** 것이다. 독일에 대해 아는 사람이라면 누구에게나, 이것은 사회적 소유관계가 토지와 다른 생산수단으로 확장되고, 개인적 소유관계는 생산품, 즉 소비 품목으로 확장되는 것을 의미한다. 그리고 여섯 살짜리 아이들까지도 문제를 이해할 수 있도록 하기 위해 마르크스는 56쪽[33]에서 공동의 생산수단으로 작업을 하고 서로 다른 모든 개인들의 노동력이 공동체, 즉 사회주의의 토대하에 조직된 사회의 결합된 노동력으로 의식적으로 적용되는 자유로운 개인들의 공동체를 상정하고 있다. 그는 이렇게 말한다. '이 공동체의 생산품 전체는 사회적인 산물이다. 이 생산품의 일부는 새로운 생산수단으로 기능하고, 그때에도 여전히 사회적이다.' 그러나 또 다른 부분은 생존 수단으로서 구성원들에 의해 소비된다. '따라서 구성원들 사이에 이 부분을 분배하는 것이 반드시 필요하다.' 그리고 그것은 뒤링 선생에게조차 충분히 명확하다."

"개인적인 동시에 사회적인 재산이라는 것은 혼란스러운 이종(異種)이자, 헤겔 변증법에서 필연적으로 비롯된 난센스이며, 모호한 세계다. 마르크스가 해결의 열쇠를 자신의 숙달된 능력에 맡겨놓은 이 심오한 변증법적 수수께끼는 뒤링 선생에게 있어서는 또 다른 자유로운 창조물이자 상상이다."

계속해서 엥겔스는 "그러나 마르크스에 있어서 부정의 부정이 어떤 역할을 수행하는가?"라고 말을 잇는다. "791쪽과 뒤이은 페이지들[34]에서 그는 이른바 자본의 본원적 축적에 관한 경제적·역사적 연구를 담은 이전 페이지들에서 끌어온 최종 결론에 도달하는 데 성공한다. 자본주의 시대 이전에 적어도

---

33 마르크스, 『자본』, 1권, 모스크바, 1959년, 78쪽.─원서 편집자
34 같은 책, 761~3쪽.─원서 편집자

잉글랜드에서는 자신의 생산수단을 가진 노동자의 사유재산에 기초한 소규모 제조업이 존재했었다. 이른바 자본의 본원적 축적이란 이들 직접생산자들의 재산 박탈, 즉 노동 소유주의 노동에 기초한 사유재산의 해체에 있다. 이는 앞에서 언급한 소규모 제조업이 좁고 원시적인 범위의 생산 및 사회와만 양립할 수 있고, 특정 단계에 스스로의 소멸을 위한 물질적 매개체를 생산하기 때문에 가능했다. 이런 소멸, 개인적이고 산발적인 생산수단이 사회적으로 집중된 생산수단으로 전환되는 것은 자본주의의 초기 단계를 구성한다. 노동자들이 프롤레타리아로 전환되고 그들의 노동 수단이 자본으로 전환되자마자, 자본주의 생산양식이 스스로 제 발로 일어서자마자 노동의 사회화는 심화되었고, 토지 및 다른 생산수단은 한층 더 (자본으로) 전환되었으며, 따라서 더 한층 심해진 개인 소유주들의 재산 박탈은 새로운 형태를 띠게 되었다. 이제 남아 있는 박탈 대상은 스스로를 위해 노동하는 노동자가 아니라 다수의 노동자들을 착취하는 자본가였다. 그리고 그들에 대한 박탈은 자본주의 생산 자체의 내재적 법칙들의 작용, 즉 자본의 집중에 의해 달성된다. 한 명의 자본가는 언제나 다수를 죽인다. 이런 집중과 나란히 해, 또는 소수에 의한 다수 자본가들의 박탈과 나란히 해 노동 과정의 협동적 형태, 과학의 의식적인 기술적 적용, 토양의 체계적인 경작이 훨씬 더 확대된 범위로 발전하게 된다. 노동 도구들이 공동으로만 사용할 수 있는 노동 도구들로 전화되고, 그것들을 활용해 사회화된 노동이 결합된 생산수단같이 모든 생산수단의 절약이 일어난다. 이런 변화 과정의 모든 이점들을 강탈하고 독점하는 거대자본들이 꾸준히 소수에게 집중되면서, 곤궁과 억압과 노예화와 몰락과 착취가 대량으로 증가한다. 그러나 이와 더불어 노동계급의 봉기도 증가한다. 이 계급은 자본주의 생산 과정 자체의 메커니즘에 의해 언제나 수적으로 늘어나고, 훈련되고, 단결하고, 조직화된다. 자본은 그것과 함께, 그리고 그 아래서 생겨나고 성장해온 생산양식의 족쇄가 된다. 마침내 생산수단의 집중과 노동의 분화는 자본주의 외피와 양립할 수 없는 지점까지 도달한다. 그리고 이 외피는 산산이 폭발해버린다. 자본주의적 사유재산의 조종이 울린다. 이제 착취자들이 재산을 몰수당하게 된다."

"그럼 이제 독자 여러분에게 물어보자. 변증법적 장식과 퍼즐, 그리고 개념상의 아라베스크 무늬는 어디에 있는가? 모든 것이 결국은 하나고 똑같다는, 뒤섞이고 판단이 잘못된 사상들은 어디에 있는가? 독실한 추종자들을 위한 변증법적 기적들은 어디에 있으며, 헤겔 식 이성 원리에 따른 알 수 없는 변증법적 헛소리와 종잡을 수 없는 퍼즐은 어디에 있는가? 뒤링 선생에 따르면, 그것이 없이는 마르크스가 자신의 설명을 구체화시킬 수 없다고 하지 않았던가? 마르크스는 과거의 소규모 제조업이 그 자체의 발전에 의해 필연적으로 스스로 소멸하는 조건을 만들었듯이 …… 마찬가지로 자본주의 생산양식도 그것이 소멸되는 물질적 조건을 스스로 만들어왔다는 것을 역사에서 드러내주고, 요약된 형태로 여기에 명시하고 있다. 그 과정은 역사적인 것이며, 그리고 동시에 그것이 변증법적 과정이라면 아무리 뒤링 선생에게는 불쾌하다 할지라도 그건 마르크스의 잘못이 아니다."

"마르크스가 역사적·경제적 사실들에 기초해 자신의 증명을 마무리 지은 뒤, 자본주의 생산양식의 결과인 자본주의적 착취 방식이 자본주의적 사유재산을 낳고 있다는 결론으로 나아간 것은 오로지 그런 관점에서였다. 그것은 소유주의 노동을 토대로 만들어졌기 때문에 개인 사유재산의 첫 번째 부정이다. 그러나 자연법칙의 불변성을 내포한 자본주의적 생산은 스스로의 부정을 낳는다. 그것이 부정의 부정이다."

"따라서 마르크스는 그 과정을 가리켜 부정의 부정이라 특징지음으로써 그 과정이 역사적으로 필연이라는 걸 입증하려는 의도를 가졌던 건 아니다. 정반대로, 사실상 그 과정이 이미 부분적으로 발생했고 또 부분적으로는 미래에 발생할 게 틀림없다는 것을 역사로부터 입증한 후에야 그는 그것을 명확한 변증법적 법칙에 따라 발전하는 과정으로 특징짓고 있다. 그것이 전부다. 그러므로 다시 한 번 뒤링 선생이 부정의 부정이 과거의 자궁으로부터 미래를 낳는 산파로서 기능해야 한다거나 마르크스가 부정의 부정에 대한 신뢰를 토대로 누구에게나 토지와 자본의 공동 소유의 필연성을 납득시키고 싶어한다고 선언

한 것은 완전한 사실 왜곡이다."(125쪽)

독자들은 뒤링에 대한 엥겔스의 뛰어난 반박이 미하일롭스키 선생에게도 전적으로 적용된다는 사실을 알 것이다. 그 역시 마르크스에게 있어 미래는 오로지 헤겔의 사슬 *끄트머리*에 존재하고 그 불가피성의 확신은 믿음을 토대로 해서만 생겨날 수 있다고 주장하기 때문이다.[35]

뒤링과 미하일롭스키 선생 간의 전반적인 차이는 다음의 두 가지 작은 지점들로 요약된다. 입에 거품을 물지 않고는 마르크스에 대해 이야기할 수 없었음에도 불구하고 뒤링은 자신이 쓴 「역사History」의 다음 대목에서 마르크스가 『자본』 후기[36]에서 헤겔주의라는 비난을 단호히 물리쳤다는 것을 언급하는 게 필요하다고 여겼다. 하지만 미하일롭스키 선생은 자신이 변증법적 방법론이라 여겼던 부분에 대해 마르크스가 아주 분명하고 명확하게 해명한 것에 대해서는 한 마디도 하지

[35] 레닌 주 이와 관련해, 엥겔스가 했던 전체적인 설명은 그가 종자와 루소의 가르침, 그리고 변증법적 과정의 다른 사례들을 논했던 것과 똑같은 장에 담겨 있다는 사실을 짚고 넘어갈 필요가 있겠다. 마르크스주의를 헤겔 식 변증법이라고 비난하는 게 얼마나 어리석은 것인지는 엥겔스의 (그리고 원고가 인쇄되기 전에 미리 읽었던 마르크스의) 분명하고 단호한 주장과 그것을 그저 비교해보는 것만으로도 아주 명백해질 것 같다. 그리고 삼단논법으로 그 무엇을 증명하려 애쓰거나 실제 과정에 대한 서술에다 그 삼단논법의 "조건부 구성요소들"을 끼워넣으려는 것은 일고의 가치도 없다.

[36] 마르크스의 『자본』 1권 2판의 후기를 뜻한다.─원서 편집자

않았다.

둘째로, 미하일롭스키 선생의 또 다른 독특한 구석은 그가 시제의 사용에 모든 관심을 집중했다는 데 있다. '마르크스는 미래에 대해 이야기하면서 왜 현재시제를 사용하는가'라고 의기양양하게 따지고 있는 것이다. 여러분은 어떠한 문법이나 가치 있는 비평을 들여다보더라도 그 답을 쉽게 찾을 수 있을 것이다. 미래가 불가피하고 의심할 나위가 없다고 여겨질 때면 미래시제 대신에 현재시제가 사용된다는 것을 알게 될 것이기 때문이다. 그러나 '왜 그렇고, 그게 확실해?'라고 미하일롭스키는 걱정스럽게 되묻는다. 왜곡까지도 정당화시켜줄 만큼 자신의 아주 깊숙한 불안이 전달되기를 바라며 말이다. 그러나 이 점에 관해서도 마르크스는 절대적으로 명확한 답변을 내놓았다. 여러분은 그것이 불충분하다거나 잘못되었다고 여길지 모르나, 그 경우 여러분은 그것이 정확히 어떻게 틀렸고 정확히 왜 틀렸는지를 보여주어야지 헤겔주의 어쩌고 하는 헛소리를 지껄여서는 안 될 것이다.

그러나 미하일롭스키 선생 자신도 그 답변이 무엇인지를 알 뿐만 아니라 그에 대해 다른 사람들에게 설교까지 했던 시기가 있었다. 1877년에 그는 주콥스키 선생이 미래에 대한 마르크스의 개념을 억측이라 여길 충분한 근거가 있었지만 "마르크스가 엄청난 중요성을 부여한" 노동의 사회화라는 문제를 무시할 만한 "도덕적 권리가 없었다"고 썼다. 당연히 그렇고 말고! 1877년에 주콥스키는 그 문제를 회피할 도덕적 권리가 없었지만, 1894년의 미하일롭스키는 그럴 권리를 갖고 있다! 아마도 독수리가 해도 되는 일을 황소가 해서는 안 되는가 보다?!

이 대목에서 우리는 예전에 《조국 연보》[37]에서 언급된 바 있는 노동의 사회화에 대한 이상한 개념을 떠올리지 않을 수 없겠다. 이 잡지는 1883년에 발행된 7호에서 포스토로니(Postoronny)[38]라는 사람으로부터 온 「편집자에게 보내는 편지」를 실어 발행한 적이 있었는데, 포스토로니는 미하일롭스키 선생과 마찬가지로 미래에 대한 마르크스의 '개념'을 억측이라 여겼다. 이 신사의 주장은 다음과 같았다. "자본주의에서 본질적으로 노동의 사회적 형태는 수십만 명의 노동자들이 하나

---

37 1820년 상트페테르부르크에서 출간되기 시작한 문학·정치 잡지. 1839년부터는 그 당시 가장 진보적인 출판물로 자리매김했다. 기고자들 가운데에는 V. G. 벨린스키(Belinsky), A. I. 헤르첸(Herzen), T. N. 그라놉스키(Granovsky), N. P. 오가리오프(Ogaryov) 등이 있었다. 1846년 벨린스키가 편집진에서 빠지면서부터 이 잡지의 중요성이 약화되기 시작했고, 1868년에는 N. A. 네크라소프(Nekrasov)와 M. Y. 살티코프-시체드린(Saltykov-Shchedrin)이 잡지의 지휘를 맡았다. 이는 이 잡지가 새롭게 번창하는 시기의 출발점이 돼, 러시아의 혁명적·민주적 지식인들이 그 주위로 모여들었다. 그러다 네크라소프가 사망하자(1877년) 인민주의자들이 주도적으로 영향력을 발휘했다.

   《조국 연보》는 끊임없는 검열에 시달리다가 1884년 4월 차르 정부에 의해 폐간됐다.―원서 편집자

38 아웃사이더란 뜻으로, 미하일롭스키의 필명이었다.―원서 편집자

의 지붕 아래서 갈고, 망치질 하고, 뒤집고, 올리고, 내리고, 당기는 등 수많은 여러 작업들을 수행하는 것에 해당한다. 이런 체제의 전반적인 성격은 '각자는 자신을 위해 일하고 신은 모두를 위해 일한다'는 속담에 아주 잘 표현되어 있다. 여기에서 노동의 사회적 형태가 자리 잡을 여지가 어디에 있는가?"

글쎄, 여러분들은 이 남자가 문제를 완벽하게 파악하고 있다는 사실을 알 수 있을 것이다! "노동의 사회적 형태"는 "하나의 지붕 아래서" 일하는 것에 "해당한다"니!! 이런 말도 안 되는 발상들을 현재까지는 러시아 잡지들 가운데 최고로 꼽히는 잡지에다 옮기면서 그들은 여전히 『자본』의 이론적인 부분이 대체로 과학적으로 인정된다는 말로 우리를 안심시키고 싶어 한다. 그래, 『자본』에 대해 약간이라도 진지한 반대 의견을 제시할 수 없었기에, '대체로 인정되는 과학'은 그 책에 머리를 조아리기 시작했고, 그와 동시에 가장 초보적인 무지를 계속 드러냈으며, 경제 교과서에 나오는 시시한 말들을 되풀이했다. 우리는 미하일롭스키 선생이 습관적으로 완전히 지나쳐온 문제의 본질이 무엇인지를 그에게 보여주기 위해서 이 문제를 어쨌든 꼼꼼하게 되짚어보아야 한다.

자본주의 생산에 의한 노동의 사회화는 사람들이 한 지붕 아래 일한다는 데 있는 것이 아니라, 사회적 노동의 분화와 특정 산업 분야에서 자본가들 수의 감소 및 독립된 산업 분야들의 수적 증가와 수많은 독립된 생산 과정들이 하나의 사회적 생산 과정으로 통합되는 경향의 증가를 동반한 자본의 집중에 있다. 예를 들어, 소규모 생산자들 스스로 실을 잣고 그것을 옷감으로 만드는 수공업 직조의 시대에는 제조업 분야가 몇 개에 불과했다(방적과 직조는 합쳐져 있었다). 그러나 생산이 자본주의에 의해 사회화되면, 제조업의 독립된 분야들의 수가 증가한다. 면방적은 독립적으로 행해지고, 직조도 마찬가지다. 생산의 바로 이런 분할과 집중은 새로운 분야를 탄생시킨다. 기계 제작, 석탄 채굴 등이 바로 그것이다. 이제 더욱더 특화된 제조업 각 분야에서, 자본가들의 수는 꾸준히 감소한다. 이는 생산자들 사이의 사회적인 연결고리가 점점 더 튼튼해지고, 생산자들은 단일한 하나로 결합된다는 걸 의미한다. 고립된 소생산자들은 각자 여러 개의 작업을 동시에 수행하고, 따라서 서로에 대해 상대적으로 독립적이었다. 예를 들어 수공업자 자신이 아마 섬유를 짜고 잣고 만들 때, 그는 다른 사람들로부터 거의 독립적이다. 각자는 자신을 위해 일하고 신은 모두를 위해 일한다는, 즉 무정부 상태의 시장 변동을 뜻하는 속담이 정당화되는 것은 바로 이러한 작고 분산된 상품 생산자 체제에서다. 그러나 자본주의로 인해 달성된 노동의 사회화 아래서는 상황이 완전히 다르다. 직물을 생산하는 제조업자는 면실 제조업자에게 의존한다. 후자는 면화를 키우는 자본주의 경작자와 기술 업무 소유자, 석탄 소유자 등에게 의존하는 식이다. 그 결과 어떠한 자본가도 서로가 없이는 헤쳐나갈 수가 없다. "각자는 자신을 위해 일한다"는 속담은 그런 체제에는 전혀 적용될 수 없음이 분명하다. 각자는 모두를 위해 일하고 모두는 각자를 위해 일하는 것이다(여기서는 초현실적인 환상이건 현세의 '금송아지'건 신이 들어설 자리는 없다). 체제의 성격이 완전히 변한 것이다. 작고 고립된 기업들 체제에서 작업이 그 중 하나에서 멈춰 있다면, 그것은 사회의 몇몇 구성원들에게만 영향을 미칠 뿐, 전체적인 혼란을 야기하지는 않고 따라서 전반적인 관심을 끌거나 공공의 개입을 유발하지는 않는다. 그러나 대기업, 즉 고도로 전문화된 산업 분야에 관련돼 있어 거의 사회 전체를 위해 작업을 하고 또 반대로 사회 전체에 의존하고 있는 기업에서 작업이 차질을 빚으면(논의를 단순화하기 위해 나는 사회화가 정점에 달한 경우를 가정한다), 작업은 사회의 다른 모든 기업에서도 차질을 빚게 된다. 왜냐하면 그들은 이 기업을 통해서만 자신들이 필요로 하는 제품을 얻을 수가 있고, 그 기업의 상품들에 접근할 수 있어야지만 그들 자신의 상품을 처분할 수 있기 때문이다. 따라서 모든 생산 과정들은 하나의 단일한 사회적 생산 과정으로 통합된다. 그러나 각 분야는 독립된 자본가에 의해 굴러가고 그에게 의존하며, 사회적 생산품들은 그의 사유재산이 된다. 그렇다면 생산 형태가 점취의 형태와는 해소할 수 없는 모순으로 향하는 것이 명확하지 않은가? 점취 형태가 생산 형태에 적응해야만 하고, 그것은 사회적이며 사회주의적이 되어야 한다는 것이 분명하지 않은가? 그러나《조국 연보》에 기고한 그 영리한 속물은 전체를 하나의 지붕 아래서 작업하는 문제로 환원시킨다. 이보다 더 빗나간 주장이 어디에 있을까(나는 과정의 사회적 측면, 즉 노동자들이 단결하고 결합되며 조직된다는 사실에 대해서는 그것이 파생적이고 부차적인 현상이기 때문에 여기서는 거론하지 않고, 오로지 물질적 과정과 생산관계에서의 변화만 서술하였다)?

이런 기초적인 것들이 러시아 '민주주의자들'에게 설명되어야 하는 이유는 그들이 소부르주아 사상의 진흙땅에 아주 깊이 빠져 있어서, 소부르주아 질서 말고는 그 어떤 것도 상상하지 못하기 때문이다.

미하일롭스키 선생에게로 돌아가보자. 마르크스가 사회주의 체제는 자본주의 발전 법칙 자체에 의해 필연적이라는 결론을 이끌어내는 데 기초로 삼은 사실과 주장 들에 대해 그가 어떤 반론을 제시했는가? 사회적 경제의 상품 구조에서는 실제로 사회적 노동 과정의 분화가 증가하지 않고, 자본과 기업의 집중도 없으며, 노동 과정 전반의 사회화도 없다는 것을 그가 보여주었는가? 아니, 그는 이런 식의 반박을 단 하나도 제시하지 않았다. 그는 노동의 사회화와 양립할 수 없는 무정부 상태가 자본주의 사회의 고유한 특징이라는 명제를 뒤흔들어본 적이 있는가? 그는 여기에 대해서도 단 한 마디도 하지 않았다. 모든 자본가들의 노동 과정들이 단일한 사회적 노동 과정으로 융합되는 것이 사유재산과 양립할 수 있다고, 또는 모순에 대한 일정한 해결책이 가능하고 마르크스가 제시한 것 말고 다른 해결책을 떠올려볼 수 있다는 걸 그가 증명한 적이 있는가? 아니, 그는 여기에 대해서도 단 한 마디도 하지 않았다.

그렇다면 그의 비판은 어디에 의지하고 있는가? 조작, 왜곡, 그리고 달그락거리는 소음에 불과한 일련의 말들이 바로 그것이었다.

3단계의 연속적인 역사 발전에 대해 수많은 헛소리를 늘어놓은 뒤 마르크스에게 심각한 어조로 "그럼 다음은 뭐요?"라고 따지는 비판자가 활용한 방법론들의 성격을 우리가 달리 어떻게 규정할 수 있을까? 그가 설명한 과정의 마지막 단계를 넘어서 역사는 어떻게 진행될 것인가? 자신의 학문과 혁명 활동 초기부터 마르크스는 사회학 이론이 현실 과정을 정확히 묘사해야 한다고 아주 단호하게 요구했었다는 점(한 예로 『공산당 선언』에 담긴 공산주의자들의 이론 규범을 참조할 것)[39]을 주목해주기 바란다. 그는 『자본』에서 이런 요구를 엄격하게 지켰다. 그

---

39 마르크스와 엥겔스가 『공산당 선언』에서 공식화한 다음의 논지들을 가리킨다.

"공산주의자들의 이론적 결론들은 이런저런 보편적인 개혁가를 지망하는 이들이 창안하거나 발견해낸 견해들 또는 원리들에 기반을 둔 것이 결코 아니다."

"그들은 현존하는 계급투쟁, 바로 우리 눈앞에서 펼쳐지는 역사적인 운동으로부터 야기된 실제적인 관계들을 일반적인 용어로 표현할 뿐이다."(마르크스·엥겔스, 『공산당 선언』, 선집, 1권, 모스크바, 1958년, 46쪽)—원서 편집자

는 자본주의적 사회 형태에 대해 과학적인 분석을 제시하는 것을 자신의 임무로 삼았고, 우리 눈앞에서 벌어지는 이 구성체의 발달이 실제로 이러이러한 경향을 지니고 있고 필연적으로 소멸해 또 다른 형태, 더 높은 단계의 구성체로 변화한다는 것을 보여준 후에 거기에서 멈췄다. 그러나 미하일롭스키는 마르크스 원리의 전체적인 실체에서는 눈을 돌린 채, "그래서 그 다음은 뭐요?"라는 어리석은 질문을 해댄다. 그러고는 이렇게 심오한 말을 덧붙인다. "나는 엥겔스가 정확히 어떻게 답변할지 잘 모르겠다는 점을 솔직히 고백해야겠다." 미하일롭스키 씨, 우리도 솔직히 고백해야겠네요. 당신의 그런 '비판'의 정신과 방법론들이 어떤 것인지 아주 잘 알겠다는 점을 말이죠!

또는 다음의 주장을 예로 들어보자. "중세시대에 소유주들 자신의 노동에 기초한 마르크스의 사유재산 개념은 경제적 관계의 영역에서조차 유일한 요인도, 지배적인 요인도 아니었다. 훨씬 더 많은 '뿐만 아니라'가 있지만, 마르크스의 해석"(미하일롭스키 선생의 왜곡된 버전에서가 아니라?)에서 "변증법적 방법론은" 그것으로 되돌아가는 것을 제시하지 않는다. "이 모든 구상들은 역사적 현실에 대한 그림을 제시하지 않으며 심지어 그 비율에 대한 그림조차 제시하지 않는다는 점은 명확하다. 그것들은 단지 과거와 현재, 미래 상태에서 모든 대상을 생각하는 인간 정신의 경향을 충족시켜줄 뿐이다." 미하일롭스키 씨, 사안을 왜곡하는 당신의 방식은 구역질날 정도로 단조롭고 변함

없군요! 그는 우선 자본주의 발전의 실제 과정만을 명확히 드러내 보여주는 게 자신의 계획이라는 마르크스의 구상[40] 안에다 삼단논법으로 모든 것을 증명하겠다는 의도를 넌지시 끼워넣고, 그 다음에는 마르크스의 구상이 미하일롭스키 자신이 몰래 끼워넣은 구상(세 번째 단계는 다른 모든 것들을 생략한 채 오직 첫 번째 단계의 한 측면만 회복시켜준다)과 일치하지 않는다고 선언한 뒤, 가장 뻔뻔스러운 방식으로 그 구상은 명백히 "역사적 현실에 대한 그림을 제시하지 않"는다는 결론을 도출해내고 있다!

(엥겔스가 뒤링에 대해 한 말처럼) 이렇듯 예외적으로라도 정확한 인용을 할 능력이 전혀 없는 인물에게서 무슨 진지한 비판을 기대할 수 있을까? 그것이 어떤 측면에서 잘못되었는지를 보여주려는 시도조차 하지 않고 그 구상이 '명백히' 현실과 일치하지 않는다고 대중을 안심시키는 사람과 대체 어떤 논쟁을 할 수 있을까?

마르크스의 관점의 실제적인 내용을 비판하는 대신, 미하일롭스키 선생은 과거, 현재, 미래라는 범주의 주제에다 자신의 천재성을 발휘하고 있다. 예를 들어 뒤링 선생의 '영원한 진

40 레닌 주 중세 경제 시스템의 다른 특징들은 생략되어 있는데, 그것들은 봉건적 사회구성체에 속하는 반면 마르크스는 자본주의 구성체만을 연구하고 있기 때문이다. 순수한 형태의 자본주의 발전 과정은 실제로 작고 고립된 상품 생산자 시스템 및 그들의 개별적 노동 속성과 함께 시작되었다(예: 영국).

실'에 맞서는 주장을 폈던 엥겔스는 "오늘날 우리에게 설파된 …… 도덕"은 봉건 기독교적인 도덕과 부르주아 도덕, 프롤레타리아 도덕이라는 세 가지 차원의 도덕이며, 따라서 과거와 현재, 미래는 그 세 가지 도덕에 각각 담겨 있다고 말한다.[41] 이와 관련해 미하일롭스키 선생은 다음과 같이 추론한다. "나는 역사를 시기별로 세 가지로 분할하는 것의 기초에는 과거, 현재, 미래라는 범주가 자리 잡고 있다고 생각한다." 이 얼마나 심오한가! 어떤 사회적 현상을 그 발전 과정에 따라 검토할 경우, 과거의 유산, 현재의 토대, 미래의 기원이 언제나 그 안에서 발견될 거라는 사실을 모르는 사람이 누가 있는가? 그러나 엥겔스가 도덕의 역사가 앞에 언급된 세 가지 요인들에 한정되고, 봉건적 도덕률 이전에 노예제 도덕률이 선행하지 않았으며, 노예제 도덕률 이전에 원시 공산주의 사회의 도덕률이 선행하지 않았다는 주장을 편 적이 있었던가? 그럼에도 그것들을 유물론적으로 해명함으로써 도덕 사상에서의 현대적 경향을 자세히 밝히려던 엥겔스의 시도를 진지하게 비판하는 대신, 미하일롭스키 선생은 가장 공허한 수사로 우리를 안내하고 있는 것이다!

미하일롭스키가 동원한 '비판', 즉 역사에 대한 유물론적 개념이 어떤 책의 어디에서 설명되고 있는지 모르겠다는 발

---

41 엥겔스, 『반뒤링론』, 1부 철학, 9장 도덕과 법. 영구진리, 모스크바, 1959년, 130쪽.─원서 편집자

언으로 시작되는 비판에 관해서는, 그가 그 책들 가운데 하나를 알게 되고 그걸 보다 정확하게 칭송했던 시기가 있었다는 점을 떠올릴 필요가 있겠다. 1877년 미하일롭스키는 『자본』에 대해 다음과 같은 견해를 피력한 바 있다. "우리가 『자본』에서 헤겔 변증법이라는 무겁고 서툴고 불필요한 뚜껑을 제거한다면, 이 논문의 다른 장점들은 제쳐두고서라도 우리는 형태와 그 존재의 물질적 조건 간의 관계에 대한 일반적인 질문의 해답을 이 놀랍도록 공들인 자료에서 목격하게 될 것이며, 그 질문을 명확한 영역으로 멋지게 공식화하는 것도 가능할 것이다." "형태와 그 존재의 물질적 조건 간의 관계"라. 아, 그것은 사회적 삶의 다양한 측면들 간의 상호관계, 물질적 관계에 기초한 이념적·사회적 관계의 상부구조라는 바로 그 문제를 말하는 것이리라. 그 문제의 잘 알려진 해결책은 유물론의 원리를 구성하고 있는데, 아무튼 계속 나아가보도록 하자.

"사실 전체로서의 『자본』은(인용자의 강조), 하나의 사회 형태가 생겨나자마자 그것이 어떻게 생산방식과 새로운 시장과 과학에서의 발견 및 발명, 개선된 부분을 스스로에게 종속시키고 흡수해나가면서 발전해나가고 그 전형적인 특징들을 두드러지게 만드는지와 그런 부분들이 사회 형태를 위해 작동할 수밖에 없도록 만드는지, 그리고 마침내 그 주어진 사회 형태가 어떻게 물질적 조건에서의 더 이상의 변화에 맞서지 못하게 되는지에 대한 물음에 기여하고 있다."

정말 놀라운 일이다! 1877년에는 "전체로서의 『자본』"이 특정한 사회 형태에 대한 유물론적 물음에 기여하고 있었지만, 1894년에는 이러한 유물론적 설명을 어떤 책의 어디에서 찾아야 할지 모르겠다니 말이다!

1877년에는 『자본』이 '특정한 형태'가 '물질적 조건에서의 더 이상의 변화에 맞서지 못하게 되는지'에 대한 '물음'을 담고 있었던 반면, 1894년에는 어떠한 물음도 없고 자본주의 형태가 생산력의 발전을 더 이상 감당할 수 없다는 확신이 '전적으로 헤겔 삼단논법의 끝에' 기대어 있는 것으로 밝혀졌다니! 1877년에 미하일롭스키 선생은 "주어진 사회 형태와 그 존재의 물질적 조건 간의 관계에 대한 분석은 필자의 논리력과 방대한 학식에 대한 기념비로 **영원히**(인용자의 강조) 남게 될 것이다"라고 썼던 반면에, 1894년에는 유물론 원리가 어디에서도 과학적으로 입증되고 증명된 적이 없다고 선언하고 있는 것이다.

정말 놀라운 일이다! 이것이 참으로 의미하는 것은 무엇일까? 도대체 무슨 일이 벌어졌던 걸까!

두 가지 일이 벌어졌다. 우선, 1870년대의 러시아 농민사회주의——그 부르주아적 특성 때문에 자유에 '코웃음치고', 러시아인들의 삶의 적대적인 본질을 열심히 은폐했던 '눈썹 깨끗한 자유주의자들'과 싸웠으며, 농민혁명을 꿈꾸었던——는 완전히 쇠락한 나머지 자유주의가 농민층의 대규모 착취를 동반한다는 사실을 잊어버린 채 저 저속하고 속물적인 자유주의를 불러들였다. 그 자유주의자들이 농민 농업의 진보적인 경향들에서 '고무적인 인상'을 확인했다는 이유에서 말이다. 둘째로, 1877년 미하일롭스키 선생은 "자신감 넘치는"(즉 혁명적 사회주의자로서의) 마르크스를 자유주의 비판가들로부터 방어하는 임무에 너무나 몰두한 나머지 마르크스의 방법론과 자신의 방법론이 양립할 수 없다는 사실을 알아차리지 못했다. 그런 뒤 변증법적 유물론과 주관적 사회학 사이의 양립할 수 없는 모순을——엥겔스의 글과 저서, 러시아 사회민주주의자들(플레하노프(Plekhanov)의 여러 글들을 읽어보면 미하일롭스키에 대한 아주 적절한 평들을 종종 마주치게 된다)에 의해——접하게 되자, 미하일롭스키 선생은 진지하게 앉아서 문제 전체를 되짚어보는 대신에 단지 이를 악물고 반항하는 쪽을 택했다. 오늘날 그는 마르크스를 환영하는(그가 1872년과 1877년에 그랬던 것처럼[42]) 대신에 의심스러운 칭찬 뒤에 숨어서 그를 향해 짖어대고, 러시아 마르크스주의자들이 "경제적 최약자들의 방어", 창고와 시골지역의 개선, 박물관과 수공업자들의 협동조합, 의도만큼은 마찬가지로 선한 속물적 진보 사상들에 만족하기를 거부한다는 이유로, 사회혁명을 옹호하는 "자신감 넘치는" 사람들로 남아

---

42 미하일롭스키의 「마르크스 저작의 러시아판 출간에 관하여」(《조국 연보》, 4호, 1872년 4월)와 「주콥스키에게 도전받은 카를 마르크스」를 가리킨다.—원서 편집자

이 사회의 진정한 혁명적 부류들을 가르치고 지도하고 조직하기를 원한다는 이유로 그들을 향해 분노하고 식식댄다.

이렇듯 머나먼 과거 영역으로의 짧은 여행을 마치고 나면, 여러분은 아마도 미하일롭스키 선생의 마르크스 이론 '비판'에 대한 결론을 내릴 수 있을 것이다. 그렇다면 이제 그 비평가의 '주장들'을 종합하고 요약해보도록 하자.

그가 무너뜨리는 데 착수했던 원리는 첫째로 유물론적 역사 개념, 둘째로는 변증법적 방법론에 기초하고 있다.

첫 번째에 관해서, 그는 어떤 책에서 유물론이 설명되었는지 모르겠다고 선언하는 것으로 포문을 열었다. 그런 설명을 어디에서도 발견할 수 없었던 그는 스스로 유물론이 무엇인지에 대한 설명을 꾸며내는 작업에 착수했다. 유물론이 과도한 주장이라는 걸 이해시키기 위해 그는 유물론자들이 인류의 전체적인 과거와 현재, 미래를 해명했다는 주장을 펴고 있다는 이야기를 조작해냈으며, 뒤이어 마르크스주의자들은 단지 하나의 사회구성체만을 해명한 것으로 인식한다는 사실이 그들의 진짜 주장들에 의해 드러나자 그는 유물론자들이 유물론의 범위를 좁힘으로써 스스로 패배를 자초하고 있다는 결론을 내려버린다. 그리고 유물론이 작동되는 방법론들을 이해시키기 위해 그는 유물론자들이 과학적 사회주의를 해명할 만한 충분한 지식이 없었음을 스스로 고백했다는 이야기를 만들어냈다. 마르크스와 엥겔스는 단지 경제사 전반에 대한 자신들의 지식이 부족하다는 걸 고백(1845~6년에)한 게 전부이며, 그들은 출판된 논문에서 자신들의 지식의 불충분함을 드러낸 적이 전혀 없음에도 말이다. 이렇게 전주곡이 펼쳐지자, 곧바로 비판 자체가 뒤를 이었다. 그는 『자본』은 단지 하나의 시기만을 다루었기 때문에 곧 소멸된 반면, 자신은 모든 시기를 다루길 원한다고 했다. 또한 『자본』은 경제적 유물론을 확인시켜준 게 아니라 단지 건드리기만 했을 뿐이라고도 했다. 이는 유물론이 절대 과학적으로 확증된 적이 없다는 인식을 자아낼 만큼 충분히 무게가 실린 진지한 주장들이었다. 뒤이어 완전히 다른 나라에서의 역사 이전 시기를 연구한 결과 역시 유물론적인 결론에 도달했음에도, 인간은 전적으로 유물론과 무관하다는 사실만이 인용되었다. 더욱이 생식을 유물론으로 이끌고 가는 게 완전히 잘못이라는 걸 보여주기 위해서, 그리고 그건 언어의 기만에 불과하다는 걸 보여주기 위해 그는 경제적 관계가 성과 가족관계에 기초한 상부구조라는 걸 증명하는 방향으로 나아갔다. 무게감 있는 이 비평가가 유물론자들을 교화시켜주기 위해 쏟아낸 서술들은 생식이 없으면 상속이 불가능하다는, 복잡한 심리작용이 이 생식의 산물들을 '수반한다'는, 아이들이 아버지의 정신을 물려받도록 길러진다는 심오한 진리로 우리를 풍부하게 해주었다. 지나가는 말로, 우리는 또한 민족이 씨족 유대의 연장이자 일반화라는 사실도 알게 되었다. 유물론에 대한 자신의 이론적 연구를 이어가면서 그는 마르크스주의자들의 주장 중 상당수가 부르주아 체제 아래서 대중들의 억압과 착취가 '필연적'이라는 주장과 그 체제는 '필연적으로' 사회주의 체제로 변화해야 한다는 주장에 있다고 지적했고, 그런 다음에 서둘러 필연성은 너무 일반적인 개념이며 따라서 마르크스주의자들은 신비주의자이자 형이상학자라고 선언한다. 또한 그는 이상주의자들에 맞선 마르크스의 격렬한 비판이 '한쪽으로 치우쳐져 있다'고도 단정지었지만, 주관적 방법론에 대한 이상주의자들의 견해와 그에 대한 마르크스의 변증법적 유물론과의 관계에 대해서는 한 마디도 꺼내지 않았다.

마르크스주의의 두 번째 기둥인 변증법적 방법론에 대해서는, 그 대담한 비판가가 가한 한 번의 공격만으로도 그것은 땅바닥에 내동댕이쳐지기에 충분했다. 그리고 그 공격은 방향을 아주 잘 잡은 것이었다. 그는 무엇이든 삼단논법으로 증명될 수 있다는 생각을 반박하기 위해 엄청난 노력을 들여 고군분투했고, 변증법적 방법론이 삼단논법으로 이뤄지는 게 아니라 정확히는 사회학의 이상주의와 주관적 방법론에 대한 거부에 있다는 사실은 애써 무시해버렸다. 그런 다음 특별히 마르크스를 겨냥한 또 다른 공격이 이어졌다. 용감한 뒤링 선생의 도움을 받아 그는 마르크스가 삼단논법이라는 수단을 이용해 자본주의 파멸의 필연성을 입증하려는 놀랄 만큼 터무니없는 시도를 했다고 뒤집어씌운 다음, 그런 터무니없는 시도에 맞서 싸워 승리를 거뒀다.

'우리의 저명한 사회학자'의 이 얼마나 멋진 '승리'의 서사시란 말인가! 그리고 그런 승리를 지켜볼 수 있었다는 건 또 얼마나 "교훈적"(부레닌)인가!

이 지점에서 우리는 마르크스주의 원리에 대한 비판과는 아무런 직접적인 관련이 없지만 저 비평가의 이상과 현실 인식을 이해하는 데 있어 아주 특징적인 또 다른 상황을 거론하지 않을 수 없겠다. 그것은 바로 서구 노동계급 운동에 대한 그의 태도다.

앞에서 우리는 유물론이 "과학적"으로(아마도 독일 '인민의 벗들'의 과학을 말하는 건가?) 스스로를 정당화시키지 못했다는 미하일롭스키 선생의 주장을 인용한 바 있다. 그러나 이러한 유물론이 "노동계급 사이에서 정말로 아주 급속하게 퍼지고 있다"고 미하일롭스키 선생은 주장한다. 그는 이 사실을 어떻게 설명하고 있을까? "경제적 유물론이 폭넓게 누려온 이른바 성공과 비판적으로 입증되지 않은 형태로 퍼져나가는 현상은 주로 미래에 대한 전망에 의해 확립된 일상의 관행 때문이지 과학 때문은 아니다"라는 것이었다. 미래에 대한 전망에 의해 "확립된" 관행이라. 이런 터무니없는 표현은 곧 유물론이 확산되는 이유가 현실을 정확히 해명하고 있기 때문이 아니라 현실에서 멀어진 채 전망에 기대고 있기 때문이라는 의미에 다름 아닐 것이다. 그리고 그는 계속 말을 이어간다. "이러한 전망들은 그것들을 받아들인 독일 노동계급이나, 이해 또는 비판적 사고의 노력 없이 미래에 대해 따뜻한 관심을 기울여온 사람들에게 요구되는 부분이다. 그것들은 그저 믿음을 요구할 뿐이다." 달리 말해, 유물론과 과학적 사회주의의 확산은 그 원리가 노동자들에게 더 나은 미래를 약속하고 있기 때문이라는 것이다! 그러나 사회주의와 서구 노동계급 운동의 역사에 대해 아주 초보적인 지식만 갖고 있어도 이런 설명의 완전한 어리석음과 잘못을 드러내기에 충분하다. 과학적 사회주의가 절대 미래를 향한 전망 같은 것으로 치장하지 않았으며, 현재의 부르주아 체제를 분석하고 자본주의 사회구성체의 발전 경향을 연구할 뿐이라는 사실은 누구나 알고 있다. 마르크스는 1843년에 이미 "우리는 시류에 대응하지 않는다"고 썼다. 그는 편지에 "우리는 '투쟁을 멈춰라, 당신들의 투쟁은 무의미하다'는 시류에 대응하지 않는다. 우리의 모든 역할은 진정한 투쟁의 구호를 제공하는 것이다. 우리는 이 세계가 무엇을 위해 투쟁하고 있는지를 세상에 보여줄 뿐이다. 그리고 의식이란 싫든 좋든 획득하지 않으면 안 되는 것임을 보여줄 뿐이다"[43]라고 자신의 구상을 마무리지었던 것이다. 예를 들어 과학적 사회주의가 자세히 설명된 핵심적이고 기본적인 저작물인『자본』은 미래에 대한 가장 일반적인 암시에 스스로를 국한시키고 있

---

43 1843년 9월에 마르크스가 A. 루게에게 쓴 편지에서 인용한 것이다.─원서 편집자

으며, 단지 미래 시스템이 성장하는 출발점인 현재의 요소들을 추적하고 있을 뿐이라는 것도 누구나 알고 있다. 미래에 대한 전망에 관한 한, 그 누구보다 미래 사회를 아주 구체적으로 묘사하고 사람들이 갈등 없이 서로 잘 어울려 사는 체제, 착취가 아닌 인간 본성의 조건에 일치하는 사회적 관계와 진보의 참된 원칙에 기초한 체제를 표현해 인류에게 영감을 불어넣고자 했던 이들은 초기 사회주의자들이었다. 그럼에도 불구하고, 즉 그러한 사상들을 상세히 밝힌 건 굉장히 재능 넘치는 사람들의 집단이자 가장 굳건한 확신을 가진 사회주의자들이었다는 사실에도 불구하고, 그들의 이론들은 삶과 거리를 두고 있었고, 그들의 프로그램들은 대규모 기계 공업이 프롤레타리아 노동자 대중들을 정치적 삶의 소용돌이 속으로 끌어당길 때까지, 그리고 그들의 투쟁의 진정한 슬로건이 발견될 때까지 민중들의 정치적인 운동과 연결되지 않았다. 이 슬로건을 발견한 것은 마르크스였다. "공상주의자가 아니라 엄밀하고 건조하기까지 했던 과학자"(미하일롭스키 선생은 아주 오래 전인 1872년에 그를 이렇게 불렀다) 마르크스 말이다. 그리고 그것은 전망이라는 수단에 의해 발견된 게 아니라, 현재의 부르주아 체제에 대한 과학적 분석과 자본주의 체제하에서의 착취의 **필연성**에 대한 해명, 그 발전 법칙에 대한 연구에 의해 발견된 것이었다. 물론 미하일롭스키 선생은 《루스코예 보가츠트보》 독자들에게 그러한 분석을 이해하기 위해 요구되는 것은 지식도, 사고의 노력도 아니라고 단언했지만, 우리는 이미 그가(그리고 그의 경제학 조력자[44]의 경우에는 한층 더) 그러한 분석이 확립한 초보적인 진실조차 이해하지 못했다는 사실을 지켜봐왔기에 그런 주장은 당연히 웃음만 자아낼 뿐이다. 대규모 자본주의 기계 공업이 발전하는 곳에서, 그 결과로 노동계급 운동이 확산되고 발전한다는 것은 논쟁의 여지가 없는 사실로 남아 있다. 사회주의 원리는 인간 본성에 일치하는 사회적 조건에 대한 논쟁이 중단되고 동시대 사회관계에 대한 유물론적 분석과 현재의 착취 체제의 필연성에 대한 해명이 시작되는 바로 그 시점에 꽃을 피우게 된다.

이러한 태도의 원리에다 진실과 정확하게 반대되는 방식으로 '전망'이라는 협의를 뒤집어씌움으로써 노동자들 사이에서 유물론이 성공을 거둔 진짜 이유를 외면하려 애썼던 미하일롭스키 선생은 서구 유럽 노동계급 운동의 사상과 전술에 대해 가장 저속하고 속물적인 방식으로 계속 조롱을 가하고 있다. 우리가 지켜봐왔듯이, 그는 자본주의 체제가 노동의 사회화의 결과로 사회주의 체제로 전환될 수밖에 없다는 필연성을 마르크스가 증명한 것에 대해 단 한 마디의 반박도 내놓을 수 없었다. 그럼에도 불구하고 그는 자본주의자들로부터 빼앗긴 걸

---

44 이 책의 2부에서 레닌이 그의 정치경제적 관점을 더욱 각별히 비판한 유자코프를 가리킨다. 2부는 원고와 복사본 모두 아직 발견되지 않았다.—원서 편집자

되찾을 준비를 하는 '프롤레타리아트 군대'에 의해 '모든 계급 갈등이 중단되고 지상의 평화와 인간들 간의 친선이 지배하게 될 것'이라는 발상을 가장 뻔뻔스러운 태도로 조롱하고 있다. 미하일롭스키 선생은 사회주의 달성의 길로 향하는 그보다 훨씬 더 간단하고 확실한 길을 알고 있었기 때문이다. 즉 '인민의 벗들'이 "바람직한 경제적 진화"의 "분명하고 되돌릴 수 없는" 길을 아주 구체적으로 제시할 것이며, 그러면 아마도 이들 인민의 벗들이 "실질적인 경제 문제들"을 해결하기 위해 "소환될" 것이기에[45], 노동자들이 그들을 기다리는 동안 인민의 벗들에 의지해야지 절대 "정당하지 못한 자기 확신"으로 착취자들에 맞선 독자적인 투쟁을 시작하면 안 된다는 것이었다. 그러한 "정당하지 못한 자기 확신"에 죽음의 펀치를 날릴 것을 소망하면서 그는 "포켓사전에나 어울릴 법한 이런 과학"에 노발대발하고 있다. 아, 이 얼마나 끔찍한 일인가! 주머니에나 들어가야 할 1페니짜리 사회민주주의 팸플릿이라니! 착취받는 사람들에게 그들의 해방을 위해 독자적인 투쟁을 벌이라고 가르치는 과학, 계급적대에 대해서는 얼버무리고 넘어가면서 자신들에게 모든 일을 맡겨주기를 바라는 모든 '인민의 벗들'을 멀리하라고 가르치는 과학에 가치를 부여하고 속물주의자들을 그렇게도 커다란 충격에 빠뜨린 1페니짜리 출판물들에서 그 과학

---

45 레닌 주 유자코프, 「러시아 경제 발전의 문제점들」,《루스코예 보가츠트보》, 11호.

을 소상히 설명한 사람들이 얼마나 확고한 자기 확신에 찬 사람들인지 이제 분명하지 않은가? 만약 노동자들이 자신들의 운명을 '인민의 벗들'의 손에 맡겨둔다면 사정이 얼마나 달라지겠는가! 그들은 노동자들에게 진정 아주 방대한 지식과 속물 과학이 뭔지를 보여줄 텐데 말이다. 그리고 그들은 인간 본성에 일치하는 사회구성체를 아주 구체적으로 노동자들에게 소개시켜줄 것이다. 물론 노동자계급이 그들을 기다리는 것에 동의하고, 정당하지 못한 자기 확신으로 투쟁을 시작하지만 않는다면 말이다.

2부로 넘어가기에 앞서……

 이번에는 전반적인 마르크스 이론이 아니라 특별히 러시아 사회민주주의자들을 겨냥한 미하일롭스키 선생의 '비판' 2부로 넘어가기에 앞서, 약간의 여담을 늘어놔봐야 할 것 같다. 마르크스를 비판하면서도 그의 이론을 정확하게 설명하려는 시도는 전혀 하지 않고 그것을 심각하게 왜곡하기만 했던 미하일롭스키 선생은, 뻔뻔스럽게도 이제 마찬가지의 방식으로 러시아 사회민주주의자들의 생각을 왜곡하고 있다. 진실은 회복되어야만 한다. 그리고 그 일은 초기 러시아 사회주의자들의 사상을 사회민주주의자들의 사상과 비교함으로써 아주 손쉽게 할 수 있다. 나는 1892년 《루스카야 미슬*Russkaya Mysl*》 6호에 실린 미하일롭스키 선생의 글로부터 초기 러시아 사회주의자들의 주장을 빌려올 텐데, 거기에서 그는 마르크스주의에 대해서도 이야기했고(검열을 거친 출판물에서 부레닌 식으로만 다뤄질 수 있는 문제들을 전혀 건드리지 않았으며, 마르크스주의자들을 온갖 부류의 인간쓰레기들과 혼동하지도 않은 채 품위 있는——그를 힐난하는 표현이다——어조로 말이다), 마르크스주의에 반대하는, 또는 반대까지는 아니더라도 마르크스주의와 평행선을 긋는 자신의 견해를 설명한 바 있다. 물론 나는 미하일롭스키 선생을 사회주의자들, 또는 러시아 사회주의자들 사이에 분류해놓음으로써, 그리고 그들과 동격으로 놓음으로써 그를 화나게 하고 싶은 마음은 전혀 없다. 그러나 나는 **논점의 방향**이 양자의 경우에 본질적으로 똑같고, 단지 단호함과 직설적인 면, 그리고 확신의 일관성 정도에만 차이가 있을 뿐이라 생각한다.

《조국 연보》의 관점들을 서술하면서 미하일롭스키 선생은 이렇게 적고 있다. "우리는 경작하는 사람이 땅을 소유하고 생산자가 노동의 수단을 소유하는 것을 도덕적이고 정치적인 이상으로 여겼다." 보다시피 시작은 좋은 의도에서 출발했고, 가장 바람직한 소망에서 비롯된 걸 알 수 있다. "우리나라에 여전히 존재하는 중세적 노동 형태[46]는 심각하게 흔들려왔지만, 우리는 자유주의든 비자유주의든 어떤 교리를 위해서 그것들을 완전히 종식시킬 이유를 전혀 찾지 못했다."

참 이상한 주장 아닌가! 분명 어떤 종류의 "노동 형태"든 그것이 다른 어떤 형태에 의해 대체된다면 흔들릴 수 있다. 그러나 우리의 필자는 이러한 새로운 형태를 분석하고 해명하

---

46 레닌주 필자는 또 다른 글에서 "중세적 노동 형태란 공동의 토지소유와 수공업, 협동조합 조직만을 뜻하는 것이 아니다. 그 모두는 틀림없이 중세적 형태들에 해당하지만, 노동자들에 의한 모든 형태의 토지나 생산도구의 소유도 거기에 덧붙여져야만 한다"고 설명한다.

거나 왜 낡은 형태가 대체되는지 확인하기 위한 어떠한 시도도 하지 않았다. "우리"(즉 사회주의자들)가 노동 형태를 "종식시킬", 즉 사회 구성원들 사이에 현존하는 생산관계를 재구성할 어떤 수단을 소유하고 있단 말인가? 교리에 따라 이러한 관계를 재구성한다는 발상은 터무니없지 않은가? 다음에 이어지는 말에 계속 귀 기울여보자. "우리의 임무는 원래부터 존재하던 문명을 우리의 민족적 심연으로부터 우뚝 세우는 것이 아니다. 그것을 갈가리 해체시키는 온갖 모순들과 더불어 서구 문명을 우리나라에 완전히 이식시키는 것도 아니다. 우리는 그것이 어디에서 온 것이건 간에 좋은 것을 취해야만 한다. 우리 것이냐 외국 것이냐는 원칙의 문제가 아니라 실용적인 편의의 문제다. 확실히 이는 아주 간단하고 명료하며 이해하기 쉬워서 논의할 것조차 없다." 정말 이렇게 간단할 수가! 어디에서 온 것이건 간에 좋은 것을 '취하라', 그러면 속임수가 완성될 것이다! 중세적 형태로부터 노동자의 생산수단 소유를 '취하고', 새로운(즉 자본주의) 형태로부터 자유, 평등, 계몽, 문화를 '취하라'. 그러면 논의할 것조차 없다는 것이다! 여기서 사회학의 주관인 방법론은 대낮만큼 명료하다. 사회학은 노동자의 토지 소유라는 유토피아에서 출발해, 여기저기서 좋은 것을 '취하라'는 소망을 실현시킬 조건을 알려주고 있다. 이 철학자는 사회적 관계를 다양한 제도의 기계적인 단순한 총합, 즉 다양한 현상들의 기계적인 단순한 연속처럼 보는 형이상학적 견해를 취하고 있다. 그는 이러한 현상들 중 하나——중세적 형태로서의 토지의 경작자 소유——를 불쑥 꺼내들며, 마치 하나의 건물에서 다른 건물로 벽돌을 옮겨놓듯 그것을 다른 모든 형태에 이식할 수 있다고 생각한다. 그러나 그것은 사회적 관계를 연구하지 않은 것이며, 검토할 소재를 훼손하는 것이다. 실제로는 당신이 받아들이는 것처럼 독립적으로 분리해서 존재하는 토지의 경작자 소유 따위는 없다. 그것은 당시에 존재하는 생산관계의 연결고리들 중 하나일 뿐이며, 대규모 토지소유주들, 즉 지주들에게 토지를 분할해주면 그들은 농민들을 착취하기 위해서 그 토지를 농민들에게 할당해 토지가 일종의 임금이 되는 구조일 뿐인 것이다. 그것은 농민에게 필요한 생산품을 제공해주고, 덕분에 그는 지주를 위해 잉여 생산물을 생산할 수 있게 된다. 또한 그것은 농민들이 지주에게 봉건적 노역을 제공할 수단을 안겨준다. 필자는 왜 이러한 생산관계 시스템을 추적하지 않고, 한 가지 현상만을 골라내 완전히 잘못된 방식으로 그걸 해석하는 함정에 스스로를 가두는 걸까? 그건 바로 필자가 사회적 문제를 다루는 방법을 모르기 때문이다. 그는(반복해서 말하건대, 나는 미하일롭스키 선생이 러시아 사회주의를 싸잡아 비판한 사례에 해당하는 주장들만 거론하고 있다) 당시에 존재하는 '노동의 형태'를 **설명**하고 그것들을 명확한 사회구성체이자 생산관계 시스템으로 제시하는 일은 전혀 시작하지 않고 있다. 마르크스의 표현을 빌리자면, 사회를 그 기능과 발전에 있어서 살아있는 유기체로 간주할 것을 요구하는 변증법적 방법론은 그에게 도저히 이해가 안 되는 것이었던 거다.

그는 새로운 형태를 논함에 있어서도 왜 노동의 낡은 형태들이 새로운 것으로 대체되는지 스스로에게 물어보지도 않고 정확히 같은 잘못을 반복한다. 그가 보기엔 그러한 새로운 형태가 토지의 경작자 소유를 '뒤흔든다'고 지적하고, 그것을 이상과 일치하지 않는다고 비난하는 것만으로도 충분하다고 여기는 것이다. 그리고 다시 그의 주장은 완전히 터무니없는 방향으로 흘러간다. 그는 한 가지 현상(토지 강탈)을 골라놓고는 그것을 **상품경제**에 기초한 완전히 다른 생산관계 시스템의 한 요소로 제시하려는 시도조차 하지 않는다. 상품경제는 필연적으로 상품 생산자들 사이의 경쟁과 불평등, 일부의 몰락과 다른 이의 부의 축적을 낳는다. 그는 대중의 몰락이라는 한 가지 사실에는 주목했지만 소수에 의한 부의 축적이라는 다른 측면을 무시했으며, 이는 그가 양쪽 모두를 이해하는 걸 불가능하게 만들었다.

그리고 그가 "구체적인 삶의 문제들에 대한 해답을 추구한다"《루스코예 보가츠트보》, 1894년, 1호)고 일컫는 그러한 방법론들은 실제로는 완전히 정반대다. 현실을 해명하고 그것을 정면으로 응시할 능력도, 의지도 없던 그는 무산계급을 상대로 한 유산계급의 분투와 함께 이러한 삶의 문제들로부터 도피해 순수한 유토피아의 영역으로 굴욕적으로 숨어들어간다. 그가

"뜨겁고도 복잡한 실제 현실을 이상적으로 다룸으로써 삶의 문제들에 대한 해답을 추구한다"고 일컫은 이러한 행동은 사실상 그가 실제 현실을 분석하고 해명하려는 시도조차 하지 않았음을 드러내줄 뿐이다.

대신 그는 우리에게 다양한 사회구성체들로부터 개별적 요소들을 분별없이 뽑아내는, 즉 중세의 형태에서 하나를 뽑아내고, '새로운' 형태로부터 또 다른 것을 뽑아내는 식으로 유토피아를 제시했다. 여기에 기초한 이론은 실제 사회 진화와는 완전히 판이할 수밖에 없는 운명임이 분명하다. 우리의 공상주의자들은 여기저기서 뽑아낸 요소들로부터 형성된 사회관계 아래서 살고 행동하는 것이 아니라, 농민과 쿨락(kulak) 간의 관계, 수공업자와 구매자 간의 관계, 노동자와 공장 소유주 간의 관계를 결정짓는 사회적 관계 아래서 살고 행동해야 했음에도 그들은 그걸 전혀 이해하지 못했다는 단순한 이유 때문에 그렇다. 이렇듯 이해조차 하지 못한 관계를 자신들의 이상에 따라 다시 끼워맞추려는 시도와 노력 들은 결국 실패로 귀결될 수밖에 없다.

그리고 아주 일반적으로 말하면, '러시아 마르크스주의자들이 무대에 등장했을' 당시에 사회주의라는 문제가 어떻게 러시아에서 정립됐는지에 대해서도 마찬가지였다.

러시아 마르크스주의자들의 출발점은 초기 사회주의자들의 주관적 방법론에 대한 비판이었다. 착취의 현실을 단지 지적하고 비난하는 데서 만족하지 못한 그들은 그것을 해명하기를 바랐다. 러시아의 개혁 이후 전반적인 역사가 대중의 몰락과 소수의 부의 축적으로 이루어져 있다는 사실을 주목하고, 보편적인 기술 진보와 더불어 소수 생산자들에 의한 막대한 부의 독점을 주목했으며, 그러한 양극화 경향이 어디에서나 발생하고 증가한다는 것을 주목한 그들은 상품경제가 발전하고 공고화된 결과로 자신들이 부르주아(자본주의) 사회·경제 조직과 맞닥뜨리고 있으며 이는 **필연적으로** 대중의 착취와 억압을 발생시키게 된다는 결론에 다다를 수밖에 없었다. 그리고 이러한 확신은 그들의 실질적인 계획을 직접적으로 결정짓는 구실을 했고, 그에 따라 그들은 저 멀리 떨어진 벽지 마을에서부터 최신식 공장에 이르기까지 부르주아에 맞선 프롤레타리아의 투쟁, 러시아 경제 현실의 주요한 알맹이를 구성하는 자산계급에 맞선 무산계급의 투쟁에 결합할 계획을 세웠다. 그럼 어떻게 그게 가능할까? 대답은 다시 현실이 제시하고 있었다. 자본주의는 산업의 주요 분야들을 대규모 기계 공업의 단계로 이끌었다. 이처럼 생산을 사회화함으로써 자본주의는 새로운 시스템을 위한 물질적 조건들을 창출해냈고, 동시에 새로운 사회적 동력을 만들어냈다. 다름 아닌 공장 노동자 계급, 도시 프롤레타리아가 그들이었다. 마찬가지로 부르주아 착취에 종속된──경제적 본질에 있어서 러시아의 노동인구 전체가 착취에 종속돼 있다──이 계급은 그러나, 그 해방에 있어 특별하고도 우호적인 위치에 서게 됐다. 그들은 더 이상 완전한 착취에 기초한 낡은 사회와 어떠한 연결고리도 갖지 않게 되었고, 그들의 노동 조건 자체와 삶의 환경이 그 계급을 구성해 그들로 하여금 정치투쟁의 장으로 발을 들여놓을 생각을 품을 수밖에 없게 하는 동시에 그것이 가능하도록 만들었다. 이런 점에서 볼 때 사회민주주의자들이 자신들의 모든 관심을 이 계급에게로 돌리고 모든 희망을 이 계급에 걸게 된 것, 자신들의 구상을 그들의 계급의식 발전으로 환원시킬 수밖에 없었던 것, 현 체제에 맞선 이 계급의 직접적인 정치투쟁을 돕고 전체 러시아 프롤레타리아를 그 투쟁에 이끌어내는 방향으로 자신들의 모든 활동들을 설정하게 된 것은 아주 당연한 일이었다.

미하일롭스키 선생이 싸우는 법

그럼 이제 미하일롭스키 선생이 사회민주주의자들에 맞서 어떻게 싸우는지를 살펴보도록 하자. 그는 사회민주주의자들들의 이론적 견해, 그들의 정치적·사회주의적 활동에 대해 어떤 주장들을 내놓고 있을까?

그는 마르크스주의자들의 이론적 견해를 다음과 같은 방식으로 표현하고 있다.

"진실은 (마르크스주의자들이 선언한 바에 따르면) 역사적 필연성의 내재적 법칙에 따라 러시아가 자체의 모든 고유한 모순들과 더불어 소수 자본가들이 막대한 몫을 빨아들이면서 스스로의 자본주의 생산을 발전시킬 것이라는 것, 그러는 사이 토지로부터 유리된 농민(muzik)들은 프롤레타리아로 변신해 통합되고 사회화될 것이라는 것, 그리고 모자가 다시 나타나 사람들의 머리에 씌워지는 마술이 일어나고 인류 모두가 행복해질 것이라는 것이다."

그래서 현재가 아닌 오직 "전망"만을 취급하는 것처럼 보이는 마르크스주의자들은 미래에 대한 생각에서만 다를 뿐,

어쨌든 간에 현실 인식에 있어서는 놀랍게도 '인민의 벗들'과 다르지 않다는 것이다. 이것이 미하일롭스키 선생의 생각이라는 데는 의심의 여지가 없다. 그는 마르크스주의자들이 '미래에 대한 자신들의 예측에서 유토피아적인 부분은 전혀 없고, 모든 것은 엄밀한 과학의 요구에 따라 저울질되고 측정된다는 걸 전적으로 확신하고 있다'고 말한다. 최종적으로, 그리고 훨씬 더 명백히 마르크스주의자들은 '추상적인 역사 도식의 불변성을 믿고 주장한다'는 것이다.

한마디로 말해 우리는 마르크스주의자들의 견해에 맞서 아무것도 구체적으로 내놓을 게 없는 사람들 모두가 오랫동안 동원해온 마르크스주의자들에 대한 가장 시시하고 저속한 비난을 눈앞에서 지켜보고 있는 것이다. '마르크스주의자들은 추상적인 역사 도식의 불변성을…… 주장한다'니 말이다!!

그러나 이건 새빨간 거짓말, 꾸며낸 이야기일 뿐이다!

서구에 자본주의가 존재하기 '때문에' 러시아에 자본주의가 '존재해야 한다'고는 그 어떤 마르크스주의자도 어디에서도 주장한 적이 없다. 그 어떤 마르크스주의자도 마르크스의 이론을 역사에 관한 보편적이고 필수적인 철학적 도식이라고, 특정한 경제적 사회구성체에 대한 설명 그 이상이라고 간주한 적이 없다. 오직 주관적 철학자인 미하일롭스키 선생만이 마르크스에 대한 이해 부족을 이런 식으로 드러내며, 보편적인 철학 이론이라 주장했다며 마르크스에게 책임을 떠넘기고 있을 뿐이다. 그리고 마르크스는 그에 대한 답변으로 미하일롭스키가 엉뚱한 문을 두들기고 있음을 아주 명쾌하게 해명해주었다. 그 어떤 마르크스주의자도 현실과 주어진 역사, 즉 러시아의 사회적·경제적 관계 외의 다른 것을 근거로 하여 사회민주주의적 견해를 품지 않았다. 그리고 그들은 그렇게 하려야 할 수가 없었는데, 왜냐하면 마르크스주의의 창시자인 마르크스가 직접 이론에 있어서의 그런 요구사항을 아주 분명하고 확실하게 선포한데다 그것을 전체적인 교리의 주춧돌로 삼았기 때문이다.

물론 미하일롭스키 선생은 자신이 '자신의 귀로 직접' 추상적인 역사 도식에 관한 고백을 들었다고 주장함으로써 마음껏 이런 주장을 반박할지 모른다. 그러나 미하일롭스키 선생이 직접 대화를 나눈 사람들로부터 그 모든 종류의 터무니없는 헛소리를 들을 기회를 얻었다는 사실이 우리 사회민주주의자들에게나 다른 그 누군가에게 있어 뭐가 그리 중요할까? 그건 그저 그가 자신이 대화할 사람들을 선택할 행운을 누렸다는 걸 보여줄 뿐, 그 이상도 이하도 아니지 않을까? 물론 그 재치 넘치는 철학자의 재치 넘치는 대화 상대자가 스스로를 마르크스주의자나 사회민주주의자 등으로 불렀을 가능성이 높다. 그러나 요즘은 (오래전에 밝혀졌듯이) 악당들이 저마다 '붉은' 옷으로 차려 입고 싶어한다는 걸 누가 모르나?[47] 그리고 만약 미하일롭스키 선생이 너무나 명민한 나머지 그런 '광대들'과 마르크스주의자들을 구별하지 못했다면, 또는 마르크스를 너무나 심오하게 이해한 나머지——마르크스가 아주 강력히 전개했던——교리 전체('우리 눈앞에서 벌어지는 일'의 공식화)의 이런 기준을 알아차리지 못했다면, 그것은 단지 미하일롭스키 선생이 영리하지 않다는 걸 다시 한 번 증명해줄 뿐이다.

어쨌든 미하일롭스키는 해당 매체에서 '사회민주주의자들'을 격렬하게 비판했던 사람으로서, 오랫동안 사회주의자로서의 명성을 홀로——그래서 다른 이들과 혼동되지 않는——유지하고 글자 그대로 대표해온 플레하노프와 그의 서클[48]이라 할 수 있는 사회주의자 그룹에 신경을 써야 했다. 그리고 그가 그렇게 했더라면——품위 있는 사람이라면 응당 했어야 하는 행동이다——만약 그가 최초의 사회민주주의 저작인 플레하노프의 「우리의 차이점들」을 참고 삼아 펴보기라도 했다면, 맨 처음 시작 부분에서 서클의 모든 구성원들을 대신해 플레하노프가 단호하게 천명했던 다음의 대목을 발견했을 것이다. "어떠한 경우에도 우리는 위대한 이름의 권위로(즉 마르크스의 권위로) 우리의 강령을 잠식하는 걸 원치 않는다."

미하일롭스키 선생, 당신 러시아어 알아들을 수 있을 거

---

47 레닌 주 이는 모두 미하일롭스키 선생이 추상적인 역사 도식에 대한 고백들을 실제로 들었고 꾸며낸 게 아니라는 가정을 전제로 했을 때의 이야기다. 그러나 나는 그와 관련한 사실판단을 유보하는 게 절대적으로 필요하다고 여겨 언급할 가치가 있는 부분만 거론하기로 한다.

아니오? 러시아의 정세를 판단할 때 추상적인 도식들을 주장
하는 것과 마르크스의 권위를 완전히 부인하는 것의 차이를

48 플레하노프가 1883년에 제네바에서 창설한 최초의 러시아 마르크스주
의 그룹인 노동해방그룹을 일컫는다. 플레하노프 말고도 P. B. 악셀로드
(Axelrod), L. G. 도이치(Deutsch), V. I. 자술리치(Zasulich), V. N. 이
그나토프(Ignatov)가 이 그룹에 속해 있었다.

　노동해방그룹은 러시아에서 마르크스주의를 전파하는 데 커다란 역
할을 했다. 그들은 마르크스와 엥겔스의 『공산당 선언』, 마르크스의
『임노동과 자본Lohnarbeit und Kapital』, 엥겔스의 『공상에서 과학으로
의 사회주의의 발전Die Entwicklung des Sozialismus von der Utopie zur
Wissenschaft』 등 마르크스주의 창시자들의 저작들을 러시아어로 번역
해 해외에서 출판하고 러시아에서 배포하였다. 플레하노프와 그의 그룹
은 인민주의에 심각한 타격을 입혔다. 1883년과 1885년에 플레하노프
는 러시아 사회민주주의자들을 위한 두 개의 강령 초안을 작성했고, 그
것은 노동해방그룹에 의해 출판되었다. 이는 러시아 사민당의 토대를 마
련하고 설립하는 중요한 발걸음이었다. 그리고 플레하노프의 「사회주의
와 정치투쟁」(1883년), 「우리의 차이점들」(1885년), 「일원론적 역사관의
발전」 같은 논문들은 러시아에서 마르크스주의적 관점들을 확산시키는
데 있어 중요한 역할을 담당하였다. 하지만 노동해방그룹은 심각한 실수
를 저질렀다. 그들은 인민주의적 관점의 찌꺼기들을 청산하지 않았으며,
농민들의 혁명 역량을 과소평가하고 자유주의 부르주아지의 역할을 과
대평가했다. 이러한 실수들은 플레하노프와 노동해방그룹의 다른 구성
원들이 장차 지니게 된 멘셰비키적 관점들의 싹으로 작용했다. 노동해
방그룹은 노동계급 운동과는 아무런 실질적 연계를 맺고 있지 않았다.
레닌은 노동해방그룹이 "이론적으로만 사회민주주의의 기초를 세우고
노동계급 운동을 향한 첫걸음을 내디뎠을 뿐"(「노동계급 운동에서의 이
념투쟁The Ideological Struggle in the Working-Class Movement」〔본
전집 56권에 수록—편집자〕)이었다고 지적했다.
　1903년 8월에 열린 러시아 사회민주노동당 2차 당 대회에서 노동해
방그룹은 그룹으로서의 활동 중단을 선언했다.—원서 편집자

이제 이해하겠소?

당신이 당신의 대화 상대에게 우연히 들은 첫 번째 견해를 마르크스주의자들을 대표하는 의견인 것처럼 말하고, 전체 사회민주주의 그룹을 대표해서 그 핵심 구성원 한 사람이 천명한 내용을 무시한 것이 얼마나 정직하지 못한 행동이었는지 깨달았소?

그런 다음 플레하노프의 선언은 훨씬 더 명확해진다.

그는 "되풀이하건대, 가장 일관성 있는 마르크스주의자들은 러시아의 현 상황에 대한 평가가 다를 수도 있겠지만" 우리의 정책은 "이런 특정한 과학 이론을 아주 복잡하고 서로 얽혀 있는 사회적 관계에 적용하려는 최초의 시도"라고 말한다.

과연 이보다 어떻게 더 명확하게 표현할 수 있을까. 마르크스주의자인 그들은 마르크스의 이론 가운데 매우 귀중한 방법론만을 주저 없이 빌려왔다. 만약 그렇지 않았더라면 사회적 관계를 해명하는 것은 불가능했을 것이다. 그 결과 그들은 사회적 관계에 대한 자신들의 판단 기준을 추상적인 도식 같은 허튼소리가 아니라 현실에 대한 마르크스 이론의 정확도와 일치에서 찾았다.

아마도 여러분들은 이러한 주장을 할 때 필자가 실제로 다른 무언가를 머릿속에 그리지 않았을까 하고 생각할 것이다. 그러나 그렇지 않다. 그가 상대했던 질문은 '러시아가 자본주의적 발전 단계를 거쳐야만 하는가?'라는 것이었다. 따라서 그런 식의 질문은 마르크스주의 공식에서는 전혀 제시된 적이 없었고, 당국의 정책이나 '사회'의 활동, 또는 '인간 본성에 조응하는' 사회의 이상 같은 헛소리에서 그러한 '~해야만 한다'의 기준을 발견하는 우리의 여러 다양한 토박이 철학자들의 주관적 방법론과 일치하는 것이었다. 그러므로 추상적인 도식을 믿는 인물이라면 그런 질문에 어떻게 대답했어야 하는가를 묻는 편이 공정할 것이다. 그리고 분명 그는 변증법적 과정의 명백함, 마르크스 이론의 전반적인 철학적 중요성, 모든 나라가 그 단계를 거쳐야 할 필연성 등에 대해 이야기했을 것이다.

그렇다면 플레하노프는 거기에 어떤 대답을 내놓았는가?

마르크스주의자가 할 수 있는 유일한 방법으로 대답했다.

플레하노프는 '~해야만 하는가'라는 질문은 완전히 제쳐두었다. 오직 주관론자들만 흥미를 느낄 법한 쓸데없는 질문이었기 때문이다. 대신 그는 오로지 현실 사회와 경제 관계와 그것들의 실제적 진화만을 다루었다. 그가 그런 잘못된 질문에 대해 직접적인 대답을 내놓기보다는 "러시아는 이미 자본주의의 길로 들어섰다"고 대답한 것이 바로 그런 이유 때문이었다.

그럼에도 미하일롭스키 선생은 추상적 역사 도식들에 대한 믿음에 대해, 내재적인 필연 법칙에 대해, 그리고 그와 유사한 믿기 힘든 허튼소리에 대해 전문가인 척 이야기한다. 그리고 그는 이것을 "사회민주주의자들에 대한 격렬한 비판"이라 부른다!!

만약 이것이 격렬한 비판이라면, 나는 떠버리란 대체 어떤 사람을 가리키는 건지 당최 이해할 수가 없다!

또한 앞에서 인용된 미하일롭스키 선생의 주장과 관련해 그가 사회민주주의자들의 관점을 다음과 같이 제시하고 있다는 점을 놓쳐서는 안 된다. "러시아는 스스로의 자본주의적 생산을 발전시키게 될 것이다." 이 철학자의 견해로는 러시아는 분명 "스스로의" 자본주의적 생산에 아직 도달하지 않았다. 그는 확실히 러시아 자본주의가 150만 노동자들에게 국한된다는 의견을 공유하고 있다. 우리는 나중에 뒷부분에서 우리 '인민의 벗들'의 이런 유치한 발상과 다시 마주치게 될 것이다. 맹세코 그들은 자유노동의 모든 다른 형태들을 다음의 주제 아래 분류하고 있다. "러시아는 스스로의 자본주의적 생산을 그 고유한 모순들 속에서 발전시킬 것이다. 그리고 다른 한편으로 토지로부터 분리된 농민들은 프롤레타리아로 전환될 것이다." 숲 속으로 더 깊이 들어갈수록 나무는 더 많은 법! 그래서 오늘날 러시아에는 아직 "고유한 모순들"이 존재하지 않는다고? 또는 단순히 말해, 소수 자본가들에 의한 다수 민중의 착취가 존재하지 않고, 인구의 절대 다수는 몰락하는 가운데 소수만 배를 불리는 현상이 아직 존재하지 않는다고? 농민들이 토지로부터 분리되는 과정이 여전히 남아 있다고? 농민에 대한 대규모 강탈이 없었다면 러시아의 개혁 이후 전체 역사가 어떻게 그렇게 비할 데 없는 강도로 전개될 수 있었을까? 실로 엄청난 용기를 지니고 있지 않고서야 저런 이야기를 공개적으로 할 수는 없을 것이다. 그리고 미하일롭스키 선생은 그렇게 용기 있는 사람이다. "마르크스는 이미 생성돼 있는 프롤레타리아와 자본주의를 다뤘지만, 우리는 아직 그것들을 창출해야만 한다." 러시아는 아직 프롤레타리아를 창출해야만 한다고? 러시아에서, 대중의 벗어날 길 없는 빈곤과 노동인민에 대한 후안무치한 착취가 목격되는 유일한 나라인 러시아에서? 러시아 빈곤층의 조건은 (아주 타당하게) 잉글랜드의 그것과 비교되어 왔다. 그리고 수백만 명이 영구적인 기아에 시달리는 나라에서 곡물 수출의 꾸준한 증가가 나란히 목격되고 있다. 이런 러시아에 아직 프롤레타리아가 존재하지 않는다니!

나는 미하일롭스키 선생의 살아생전에 그런 빼어난 주장들을 기리는 기념비를 세울 만한 가치가 있다고 생각한다![49]

말이 난 김에, 우리는 나중에 이것이 러시아 노동인민의 참

---

49 레닌 주 그러나 아마도 이 대목에서도 미하일롭스키 선생은 자신이 러시아에 프롤레타리아가 전혀 없다고 말하려던 게 아니라 단지 자본주의적 프롤레타리아가 존재하지 않는다고 말할 의도였다고 천명함으로써 교묘히 빠져나가려 애쓸지도 모른다. 과연 그런가? 그렇다면 왜 그렇게 말하지 않았는가? 전체적인 물음은 러시아의 프롤레타리아가 부르주아 특유의 프롤레타리아인가 아니면 어떤 다른 사회·경제적 구조의 특유한 프롤레타리아인가 하는 점이다. 두 편의 글 전체에서 이러한 진지하고 중요한 문제에 대해서는 한마디도 하지 않고 온갖 종류의 허튼소리만 늘어놓은 후 가장 정신 나간 결론에 도달해놓고는 누가 누구를 비난한단 말인가?

을 수 없는 환경에 위선적으로 눈을 감고 그런 환경을 단지 '흔들린다'는 표현으로만 묘사함으로써 모든 게 정상 궤도에 놓이려면 '문명화된 사회'와 정부의 노력들이 필요할 뿐이라는 걸 보여주기 위해 '인민의 벗들'이 시종일관 끊임없이 사용해온 전술의 일환이라는 걸 알게 될 것이다. 그들 기사 양반들은 노동인민들의 환경이 악화되는 것이 단지 '흔들려서'가 아니라 대중들이 후안무치한 소수 착취자들에 의해 수탈당하고 있기 때문이라는 사실에 자신들이 눈을 감는다면, 그러한 착취자들을 보지 않으려고 타조처럼 모래에 머리를 묻는다면, 착취자들은 사라질 거라고 생각한다. 그리고 사회민주주의자들이 그런 그들을 향해 당면한 현실을 보기를 두려워하는 것은 부끄러운 겁쟁이 짓이라고 말할 때, 착취라는 현실을 출발점으로 삼아 그에 대한 유일한 설명은 인민 대중을 프롤레타리아와 부르주아로 분리시키는 러시아 사회의 부르주아 구조와 부르주아 지배기구인 러시아 국가의 계급적 성격에 있다고 할 때, 따라서 **유일한 탈출구**는 부르주아에 맞선 프롤레타리아의 계급투쟁에 있다고 사회민주주의자들이 말할 때, 이들 '인민의 벗들'은 사회민주주의자들이 인민들을 그들의 땅에서 내쫓기를 원한다고, 사회민주주의자들은 우리 인민들의 경제구조를 파괴하기를 원한다고 으르렁대기 시작한다!!

이제 우리는 이 모든 점잖지 못한 행동 가운데서도 조금도 과장하지 않고 말해서 가장 괘씸한 부분, 즉 사회민주주의자들의 정치적 활동에 대한 미하일롭스키 선생의 '격렬한 비판'으로 이야기를 옮겨가보도록 하자. 사회주의자들과 선동가들이 노동자들 사이에서 수행한 활동들은 우리의 합법적 언론에서 정직하게 논의될 수 없고, 점잖게 검열을 거친 정기간행물이 이와 관련해 유일하게 할 수 있는 일이란 '요령껏 침묵을 유지하는' 것뿐이라는 사실은 모두가 알고 있다. 미하일롭스키 선생은 이러한 아주 초보적인 규칙을 망각했고, 독자 대중과의 접촉면을 독점한 자신의 상황을 사회주의자들의 얼굴을 더럽히는 데 활용하는 것에 전혀 양심의 거리낌이 없었다.

하지만 이런 비양심적인 비평가와 싸우는 수단들은 설사 합법적인 출판 영역의 바깥이라 할지라도 곧 발견될 것이다.

미하일롭스키 선생은 순진한 척 가장하며 이렇게 말한다. "내가 알고 있기로 러시아의 마르크스주의자들은 세 부류로 나뉠 수 있다. 마르크스주의적 방관자들(변화 과정에 무관심한 관찰자들), 소극적 마르크스주의자들(그들은 오직 '산고를 누그러뜨릴 뿐'이다. 그들은 '땅 위의 사람들에는 관심이 없고 이미 생산수단으로부터 분리된 사람들에게만 관심과 희망을 기울인다'), 그리고 적극적 마르크스주의자들(이들은 농촌이 더욱더 몰락해야 한다고 퉁명스럽게 주장한다)."

이게 뭐지? 이 비평가 선생은 우리가 처한 환경의 현실이 자본주의 사회이며, 그것에서 탈출할 유일한 방법은 부르주아에 맞선 프롤레타리아의 계급투쟁이라는 관점을 출발점으로 삼은 사회주의자들이 바로 러시아 마르크스주의자들이라는 사실을 틀림없이 잘 알고 있을 것이다. 그렇다면 무슨 근거로, 어떻게 그는 그들과 일종의 분별없는 속물들을 뒤섞을 수 있을까? 그는 무슨 권리로 마르크스주의자라는 단어를 마르크스주의의 가장 초보적이고 기초적인 신조들조차 받아들이지 않은 게 분명한 사람들, 결코 눈에 띄는 집단으로 행동한 적이 없고 어디에서도 자신들의 구상을 발표한 적이 없는 사람들에게까지 확장하는가?

미하일롭스키 선생은 그런 터무니없는 짓을 정당화하는 과정에서 수많은 허점을 남겼다.

그는 상류사회의 멋쟁이 분위기를 풍기면서 "자신이 마르크스주의자라고 생각하고 주장하는 사람들만 있을 뿐, 아마도 진정한 마르크스주의자들이란 존재하지 않는 듯하다"고 농담을 내뱉는다. 대체 누가 언제 어디에서 그렇게 주장했다는 건가? 자유주의자들과 급진주의자들이 모인 상트페테르부르크의 살롱에서? 사적인 편지에서? 좋다. 당신도 살롱이나 편지를 통해 그들과 실컷 이야기를 나눠보기 바란다. 하지만 당신은 언론에다 대고 어디에서도 공개적으로 모습을 드러낸 적이 없는 (마르크스주의 간판을 내건) 사람들에게 맞서는 주장을 펴고 있다. 그러면서 뻔뻔스럽게도 당신은 '사회민주주의자들'에 맞서 격렬한 논쟁을 벌이고 있다고 주장한다. 당신 역시 사회민주주의자라는 이름이 혁명적 사회주의자들 중 오직 한 그룹에

의해서만 사용된다는 사실과 그들을 다른 그 누구와도 혼동해서는 안 된다는 사실을 알면서도 말이다.[50]

이렇듯 미하일롭스키 선생은 나쁜 짓을 하다 현장에서 붙잡힌 학생처럼 사실을 비틀고 왜곡한다. "내가 여기서 비난을 하려는 생각은 조금도 없다——그는 독자들이 자신의 말을 믿게 하려 애쓰고 있다——. 나는 내 귀로 그것을 들었고 내 눈으로 그것을 보았다." 멋지군요! 당신의 눈에는 속물들과 비열한 악당들 말고는 아무도 보이지 않는다는 걸 기꺼이 믿어드리지요. 그러나 우리 사회민주주의자들이 그것과 무슨 상관이 있는가? 사회주의 활동뿐만 아니라 독립적이고 정직한 사회적 활동이라면 나로도볼리즘[51]이든 마르크스주의든 심지어 입

---

50 레닌 주 나는 미하일롭스키 선생의 글에 등장하는, 적어도 하나의 사실관계를 파헤쳐보도록 하겠다. 그 글을 읽은 사람이라면 누구나 그가 "마르크스주의자들" 중 한 명으로 스크보르초프(Skvortsov, 「기아의 경제적 원인들」의 필자)를 포함시키고 있다는 걸 부정하지 못할 것이다. 그러나 실제로 그 신사양반은 스스로를 마르크스주의자라 부르지 않으며, 사회민주주의자들의 저작들을 초보적으로나마 접해본 사람이라면 누구나 사회민주주의자들의 관점에서 볼 때 그가 속물 부르주아에 불과하다는 사실을 충분히 알 수 있을 것이다. 자신의 진보적 구상을 투영하는 사회적 환경이 부르주아적 환경이며, 따라서 농민 농업에서 실제로 목격되는 모든 "농업 개선안들"이 다수 대중을 프롤레타리아화하고 소수의 입지만 개선시켜주는 부르주아적 진보라는 사실을 이해하지 못하는 인물이 어떻게 마르크스주의자란 말인가! 자신의 계획을 펼칠 국가가 부르주아를 떠받치고 프롤레타리아를 억압할 뿐인 계급 국가라는 사실을 이해하지 못하는 인물이 무슨 마르크스주의자란 말인가!

헌주의든 간에 일정한 간판 아래 실질적인 활동을 벌이는 모든 이들이 언제든 정치적 탄압을 받을 수 있는 '현 시점에', 그

51 젬랴 이 볼랴(Zemlya i Volya, 땅과 자유)라는 비밀결사에서 갈라져 나와 1879년 8월에 생겨난 인민주의자들의 비밀 테러 정치조직인 나로드나야 볼랴(Narodnaya Volya, 인민의 의지) 단원들을 일컫는 나로도볼치의 신조(信條). 나로드나야 볼랴를 이끈 실행위원회에는 젤랴보프(Zhelyabov), 미하일로프(Mikhailov), 프롤렌코(Frolenko), 모로초프(Morozov), 피그너(Figner), 페롭스카야(Perovskaya), 크뱌트콥스키(Kvyatkovsky) 등이 있었다. 나로드나야 볼랴의 당면 목적은 차르 독재의 전복이었지만, 그들의 강령은 보통선거에 기초해 선출된 항구적인 민중대표 기구의 설치와 민주주의에 입각한 자유의 선포, 인민에 대한 토지 양도, 공장들을 노동자들의 수중에 넘기기 위한 면밀한 조치들을 허용하였다. 하지만 나로도볼치들은 인민 대중들에게 다가가는 방법을 찾지 못하고, 정치적인 음모와 개별적인 테러에 전력했다. 나로도볼치의 폭력적인 투쟁은 대중 혁명운동의 지지를 받지 못했으며, 따라서 정부는 극심한 박해와 사형 언도, 도발에 의지해 그들을 탄압할 수 있었다.

1881년 이후로 나로드나야 볼랴는 붕괴됐다. 1880년대에 조직을 부활시키려던 시도들이 거듭 일어났지만, 결국 실패로 끝났다. 1886년에 울랴노프(Ulyanov, 레닌의 형)와 셰비료프(Shevyryov)가 앞장서 조직했던 테러 그룹도 그 전통 속에 있었던 한 예다. 알렉산드르 3세를 암살하려던 시도가 수포로 돌아간 뒤, 그룹이 노출돼 적극적으로 가담한 단원들이 처형된 것이다.

레닌은 나로도볼치의 그릇된 공상적인 계획을 비판하긴 했지만, 그 단원들이 전제군주제에 맞서 벌였던 이타적인 투쟁에 대해서는 굉장한 존경심을 표현했다. 1899년 「러시아 사회민주주의자들의 투쟁A Protest by Russian Social-Democrats」(본 전집 10권에 수록—편집자)에서 그는 "옛 나로드나야 볼랴는 지극히 협소한 부류에게만 지지를 받았고 그 이론도 운동의 기치로서의 역할을 담당해줄 만한 혁명적 이론이 아니었지만, 거기서 활동한 소수의 영웅들만큼은 러시아 역사에서 엄청난 역할을 수행해냈다"고 평가했다.—원서 편집자

이름 아래 자신들의 자유주의적 비겁함을 감추고 미사여구나 늘어놓는 일부 사람들과 그에 빌붙어 자신의 둥지를 깃털로 감싸는 몇몇 철저한 악한들이 있다는 사실을 누가 모를까? 온갖 종류의 쓰레기에 의해 그 이름이 (개인적으로 비밀리에) 더럽혀진 사실에 대한 책임을 앞에서 언급한 사상적 경향들에 묻는 건 오직 천박한 속물들만이 가능한 행동이라는 게 분명하지 않은가? 미하일롭스키 선생의 전체적인 주장은 일련의 왜곡, 곡필, 조작이다. 앞에서 우리는 그가 사회민주주의자의 출발점인 '진실'들을 왜곡했고, 언제 어디에서든 그 어떤 마르크스주의자도 하지 않았고 또 할 수 없었던 방식으로 왜곡된 진실을 제시했다는 사실을 알았다. 그리고 만약 그가 러시아의 현실에 대한 사회민주주의자들의 실제적 인식을 설명했더라면, 그는 오직 한 가지 방식, 즉 프롤레타리아의 계급의식 발전을 돕고 현 체제에 맞선 정치투쟁을 위해 그들을 조직하고 단결시킴으로써 그런 견해들을 '따를 수' 있다는 사실을 깨달을 수밖에 없었을 것이다. 하지만 그는 또 다른 속임수 하나를 소매 속에 더 감추고 있었다. 상처 입은 무고한 피해자인 척 그는 위선적으로 눈을 치켜뜨며 능글맞게 이렇게 선언한다. "그 이야기를 들으니 매우 기쁘지만, 나는 당신이 반대하는 게 뭔지를 이해할 수가 없군요."(그는 《루스코예 보가츠트보》 2권에서 정확히 이렇게 이야기했다.) "소극적 마르크스주의자들에 대한 내 논평을 좀 더 주의 깊게 읽어보시오. 그러면 내가 말한 바를 알게 될 테고, 윤리적인 관점에서 아무런 반박도 할 수 없을 거요."

물론 이는 그가 예전에 썼던 형편없는 속임수의 재탕에 불과하다.

부탁하건대 (다른 형태의 인민주의는 아직 등장하지도 않은 시점에) 자신이 사회혁명적인 인민주의를 비판하고 있다고 선언하고는 다음과 같은 이야기로 넘어갔던 인물의 행동을 어떻게 특징지을 수 있을지 누가 좀 알려주기 바란다.

"내가 알고 있기로 인민주의자들은 세 부류로 나뉜다. 농민들의 생각을 완전히 받아들이고 그에 부응하여, 아내를 회초리로 구타하는 행위나 인민 대처 방침이라 불려온 정부의 혐오스러운 태형 정책에 대해 자신의 생각을 정확히 일치시킴으로써 그것들을 촉진시켜나가는 일관성 있는 인민주의자, 일관성 있고 용감한 인민주의자로 변신시켜주는 언덕길이 있어 어쩌다 운 좋게 거기로 미끄러지지 않는 한 농민의 의견 따위에는 도무지 관심이 없고 오직 결사와 같은 방식을 통해 외국의 혁명운동을 러시아에 이식하려 애쓸 뿐 그에 반하는 목소리는 전혀 낼 줄 모르는 겁쟁이 인민주의자, 부농으로서 정직하게 살아가기 위해 진취적인 농민이라는 민중적 이상향을 철저히 실행에 옮겨 땅에 정착한 용감한 인민주의자 말이다." 물론 지각 있는 사람이라면 누구나, 이 말이 절대 용납될 수 없는 저속한 조롱이라는 것을 알 것이다. 그리고 설령 인민주의자들이 저런 주장에 대해 같은 지면에서 반박을 하지 않는다해도, 여태까지 인민주의 사상이 불법화돼 있던 탓에 설령 많은 이들이 그들의 사상이 정확히 어떤 것인지도 모른 채 단지 전해 들은 이야기만 쉽게 믿어버린다 할지라도, 저런 사람이 어떤 인물일지에 대해서는 누구나 같은 의견일 것이다.

아마도 미하일롭스키 선생은 자신이 어떤 사람인지를 똑똑히 잘 알고 있으리라.

어쨌든 이만하면 이제 됐겠지! 미하일롭스키 선생이 앞의 이야기와 비슷한 내용을 암시한 대목들은 아직도 많이 남아 있지만, 그런 쓰레기 같은 글을 읽고 여기저기에 흩어진 내용들을 끌어모은 다음 그것들을 비교해 진지한 반박거리를 찾아내는 작업보다 더 피곤하고 생색 안 나고 구역질나는 일은 없을 것이다.

여기까지!

1894년 4월

발행자의 주석[52]

앞서 독자들은 일부 질문들에 대해 추가로 검토했다는 언급들을 보았을 텐데, 실제로는 그런 검토가 이뤄지지 않았다.

그 이유는 현재의 글이 《루스코예 보가츠트보》에 실린 마르크스주의에 대한 기사들에 대한 답변의 1부에 불과하기 때문이다. 극심한 시간 부족으로 인해 이 글을 때맞춰 발표하지 못했던 우리는 이미 두 달이나 늦어버린 상황에서 더 이상 미루는 건 불가능하다는 판단을 내렸고, 그래서 글 전체가 인쇄될 때까지 기다리기보다는 미하일롭스키 선생의 '비판'에 대한 고찰을 먼저 발행하기로 결정했다.

현재 준비 중인 2, 3부에서 독자들은 1부에서 제시된 검토에 덧붙여, 러시아의 경제 상황에 대한 글과 뒤이어 나온 「사회 민주주의자들의 사상과 전술」과 관련해 《루스코예 보가츠트보》의 다른 핵심 인물들인 유자코프와 크리벤코의 사회적·경제적 관점에 대해 검토한 글을 보게 될 것이다.

---

52 이 책의 1부 초판 후기다.—원서 편집자

현행 판에 대한 주석[53]

　현행 판은 초판을 정확히 복제한 것이다. 본문을 편집할 때 전혀 참여하지 못했기 때문에, 우리에게는 어떤 식으로든 수정할 권리가 없다고 생각했다. 그래서 우리는 오로지 출판에 관계된 일만 했다. 우리가 이 작업을 맡은 것은 이 소책자가 우리의 사회민주주의 정치선전을 부흥시키는 데 일정 정도 기여할 거라고 확신했기 때문이다.

　사회민주주의적 신념의 피할 수 없는 귀결 중 하나가 그런 정치선전을 촉진시킬 준비를 하는 것이어야 한다는 믿음 속에서, 우리는 이 소책자의 저자와 견해를 같이하는 모든 이에게, 무슨 수를 써서라도(물론 특히 재발행을 통해서도) 이 책자와 마르크스주의를 선전하는 모든 기관지들이 가능한 널리 배포될 수 있도록 지원해줄 것을 호소한다. 지금이 그 일을 하기에 특히나 적당한 때다. 《루스코예 보가츠트보》는 우리를 향해 점점 더 도발적인 논조를 취하고 있다. 사회민주주의 사상이 사

53　1894년 7월에 작성된 1부 2판 후기다.—원서 편집자

회에 확산되는 것을 막기 위한 노력의 일환으로 그 잡지는, 우리가 프롤레타리아트의 이익에는 관심이 없으며 대중의 파멸만 초래하고 있다고 노골적인 비난을 퍼붓는 지경에까지 이르렀다. 감히 생각건대 그런 방법은 오직 스스로에게만 상처를 입히고 우리의 승리를 향한 길을 닦아줄 뿐이다. 하지만 이런 중상모략꾼들이 자신들의 정치선전 모략을 아주 널리 퍼뜨릴 모든 물질적 수단을 장악하고 있다는 사실을 잊어서는 안 된다. 그들은 발행부수가 수천 부에 달하는 잡지를 소유하고 있고, 열람실과 도서관을 마음껏 활용하고 있다. 따라서 설사 특권적 위치의 이점을 갖고 있다 하더라도 그것이 언제나 성공을 보장해주는 것은 아니라는 사실을 적들에게 증명해 보이기 위해서 우리는 모든 노력을 다 기울여야 할 것이며, 그런 노력이 현실화되리라는 것을 전적으로 확신하는 바다.

1894년 7월

3부

결론에서는, 역시나 사회민주주의자들을 상대로 하여 공개
적인 전쟁에 돌입한 또 다른 '인민의 벗' 크리벤코 선생을 만나
보도록 하자.

  하지만 우리는 미하일롭스키나 유자코프의 글들에 했던
것과는 다른 방식으로 그의 글들(「우리의 문화 용병들」, 1893년, 12
호, 그리고 「여행 중에 보낸 편지」, 1894년, 1호)을 검토할 것이다. 그
글들을 완전히 분석하는 것은 첫째 유물론과 마르크스주의
일반에 대한 그들의 반론과, 둘째 그들의 정치경제 이론의 실
체를 분명히 이해하는 데 있어 필수적이다. 이제 우리는 '인민
의 벗들'의 사고를 완전히 이해하기 위해 그들의 전술, 실질적
목표, 그리고 정치 강령을 알아야만 할 것이다. 그들은 자신들
의 이론적 견해를 밝힐 때, 어디에서도 직접적으로 그 강령을
일관성 있고 완전하게 제시한 적이 없었다. 그래서 나는 여러
명의 기고자들이 서로 모순되지 않을 정도로 의견일치를 보인
한 잡지의 다양한 글들을 참조할 수밖에 없었다. 그 중에서도
나는 앞에서 언급한 크리벤코의 글들을 우선적으로 살펴볼 것

이다. 그 이유는 그의 글들에 많은 자료가 담겨 있는데다가, 미하일롭스키가 사회주의자고 유자코프가 경제학자인 것처럼 크리벤코는 해당 잡지에서 전형적으로 볼 수 있는 실용적인 인물이자 정치인이기 때문이다.

　그러나 그들의 강령으로 넘어가기 전에 우리가 정말 필수적으로 다루어야 한다고 여겨지는 이론적 핵심이 한 가지 더 있다. 우리는 유자코프 선생이 인민 경제를 떠받치고 있는 인민들의 토지 임차에 대해 의미 없는 문구들을 늘어놓는 것을, 자신이 우리 농민들의 경제적 삶을 이해하지 못한다는 사실을 감추기 위해 그 의미 없는 문구들로 문제들을 뭉치는 것을 지켜봐왔다. 그는 수공업에 대해서는 아예 거론하지도 않았고, 대규모 공장 산업의 성장에 관한 자료를 다루는 것으로만 국한했다. 그래 놓고는 수공업에 대해 정확히 똑같은 문구들을 반복해서 늘어놓는다. 그는 "우리 인민들의 산업", 즉 수공업을 자본주의적 산업에 똑같이 대비시키면서(12호, 180~1쪽) "인민들의 생산은"(원래의 표현 그대로다!) "대부분의 경우에 자연적으로 생겨나는" 반면, 자본주의적 산업은 "흔히 인위적으로 창출된다"고 말한다. 또 다른 단락에서도 그는 "소규모 인민 산업"을 "대규모 자본주의적 산업"과 대비시키고 있는데, 만약 여러분이 눈에 띄는 전자의 특징이 무엇이냐고 묻는다면, 여러분은 그저 전자는 "규모가 작고"[54] 노동 도구들이 생산자와 결합되어 있다는(이 두 번째 정의는 앞에서 언급한 미하일롭스키의 글에서 내가 빌려왔다) 대답만 듣게 될 것이다. 그러나 이는 그 경제구조를 정의내리는 것과는 확실히 거리가 먼데다, 전혀 사실이 아니다. 예를 들면 크리벤코 선생은 오늘날까지 "소규모 인민 산업"은 "대규모 자본주의적 산업"보다 총생산량도 훨씬 많고 더 많은 노동력을 고용하고 있다고 말한다. 그러면서 그는 수공업자들의 숫자가 400만 명에 달한다는 데이터를 거론하고 있는데, 또 다른 자료에서는 700만 명에 달한다고 추산하기도 한다. 그러나 우리 수공업을 지배하는 경제 형태가 대규모 가내생산 체계라는 걸 모르는 사람도 있는가? 대부분의 수공업자들이 생산에서 전혀 독립적이지 않고 완전히 종속되어 있다는 사실, 그들이 자신이 소유하고 있는 원료를 가공하는 것이 아니라 상인들이 대준 원료를 가공하고 그 대가로 임금을 지급받는다는 사실을 모르는 사람이 누가 있는가? 이러한 형태가 지배적이라는 데이터는 합법적인 출판물에서도 인용되어왔다. 예를 들어 유명한 통계학자인 S. 카리조메노프(Kharizomenov)의 글들 가운데 《법률 통신》[55](1883년, 11호

---

54 레닌주 여러분이 크리벤코 선생에게서 들을 수 있는 유일하게 다른 말은 이것이다. "그것으로부터 진정한"(원래의 표현 그대로다!) "인민의 산업이 발전하게 될 수도 있다." 현실을 정확하고 직접적으로 정의내리기보다는 한가하고 무의미한 문구들만 나열하는 게 '인민의 벗들'의 공통된 재주 아닐까 싶다.

55 1867년부터 1892년까지 모스크바에서 발행된 부르주아 자유주의 성향의 월간지.—원서 편집자

와 12호)에 실린 뛰어난 글을 인용해보자. 수공업이 가장 고도로 발달된 중부 지방 주들에서의 수공업에 관한 기존에 발표된 데이터를 요약하면서 카리조메노프는 대규모 가내생산 체계의 절대적인 우위, 즉 의문의 여지 없이 자본주의 형태의 산업이 존재한다는 결론에 도달했다. 그는 "소규모 독립적인 산업의 경제적 역할을 규정할 때, 우리는 다음의 결론에 이르게 된다. 모스크바 주에서는 연간 수공업 매출액의 86.5퍼센트가 대규모 가내생산 체계에 의해 발생하고, 소규모 독립적인 산업에 의한 것은 13.5퍼센트에 불과하다. 블라디미르 주의 알렉산드로프와 포크로브 군에서는 연간 수공업 매출액의 96퍼센트가 대규모 가내생산과 제조업 체계의 몫에 해당하고, 4퍼센트만이 소규모 독립적인 산업에서 비롯됐다"고 말한다.

우리가 아는 한 그 누구도 이러한 사실을 반박하려 하지 않았고, 반박할 수도 없다. 그렇다면 어떻게 이러한 사실들을 무시한 채 여기에 대해서는 아무 말도 안 하면서 그런 산업을 자본주의와 구별되는 "인민" 산업이라 부를 수 있으며, 진정한 산업으로의 발전 가능성을 논할 수 있단 말인가?

이렇게 사실관계를 대놓고 무시하는 행위에 대해서는 딱 한 가지 설명만이 가능하다. 즉 러시아의 자유주의자들이 다 그렇듯 '인민의 벗들' 역시도 이 모두를 단지 평범한 '결함들'이라 치부함으로써 러시아 노동인민의 착취와 계급적대를 얼버무리고 넘어가는 경향이 있다는 것이다. 그러나 어쩌면 또 다른 원인은, 예를 들어 크리벤코 선생이 "파블로보의 날붙이 사업"을 "반(半)장인 성격의 사업"이라 부른 데서 드러난 바와 같이, 이런 주제에 대한 그들의 지식이 너무나 깊은 데서 비롯된 것일지도 모른다. 이렇듯 '인민의 벗들'이 도달한 왜곡의 깊이는 가히 놀랍다는 말밖에는 덧붙일 말이 없겠다! 이 대목에서 어떻게 파블로보의 칼 장수들이 장인의 성격을 띠고 있다고 말할 수 있단 말인가? 혹시 어쩌면 크리벤코는 상인이 수공업자로부터 물건을 주문해 그것들을 니지니 노브고로드 장터로 보내는 시스템을 장인 산업이라 여기는 건 아닐까? 너무나 우습게도, 그런 것 같다. 실제로 칼 제조는 (외관상) 생산자들이 독립성을 지닌 소규모 수공업 형태로부터 (파블로보의 다른 산업들과 비교해볼 때) 가장 동떨어져 있다. N. F. 안넨스키(Annensky)는 "요리용과 공업용 칼 생산[56]은 이미 대부분 공장에 접근하고 있거나, 더 정확히는 공장제 수공업 형태에 도달하고 있다"고 말한다. 니지니 노브고로드 주에서 요리용 칼 제조에 종사하는 396명의 수공업자들 가운데 단 62명(16퍼센트)만이 시장을 위해 일하고, 273명(69퍼센트)은 주인[57]을 위해 일하며, 61명(15퍼센트)은 임금노동자들이다. 따라서 그들 중 고용주에게 직

---

56 레닌 주 파블로보 내의 업종 중 가장 큰 부분을 차지해, 275만 루블어치의 총생산량 가운데 90만 루블어치의 상품을 생산한다.

57 레닌 주 즉 수공업자에게 원료를 공급하고 그 노동의 대가로 통상적인 임금을 지불하는 상인.

접적으로 예속돼 있지 않은 비율은 6분의 1에 불과하다. 칼 산업의 다른 부문에 대해 같은 필자는 그것이 "테이블 나이프와 자물쇠의 중간 위치를 차지한다. 이 부문의 수공업자들 대부분은 주인을 위해 일하지만, 그들과 더불어 시장과 관계를 맺고 있는 수많은 독립적인 수공업자들이 여전히 아주 많다"고 말한다.

니지니 노브고로드 주에는 이런 종류의 칼을 생산하는 수공업자들이 총 2,552명 있는데, 그 중 48퍼센트(1,236명)는 시장을 위해 일하고, 42퍼센트(1,058명)는 주인을 위해 일하며, 10퍼센트(258명)는 임금노동자들이다. 결과적으로 여기에서도 독립적인(?) 수공업자들은 소수에 불과하다. 그리고 시장을 위해 일하는 사람들 또한 단지 겉으로만 독립적으로 보일 뿐이다. 실제로 그들은 구매자의 **자본**에 덜 예속돼 있는 게 아니다. 21,983명의 근로인민, 즉 일하는 **사람 전체의**[58] 84.5퍼센트가 공업에 종사하고 있는 니지니 노브고로드 주의 고르바토프 군 전체의 산업 통계를 불러온다면, 다음과 같은 결과(금속, 가죽제품, 마구류, 펠트 천, 삼 방적 등의 산업에 종사하는 10,808명의 노동자들에게만 해당하는 산업 경제에 관한 정확한 데이터)를 얻을 수 있

---

58 레닌 주 극히 이례적으로 공장 노동자들의 숫자를 갖고 러시아의 자본주의를 측정하는 러시아 경제학자들은 이런 노동자들과 그런 부류의 대중을 자본의 멍에가 아니라 "인민의 시스템"에 인위적으로 가해진 압력으로부터 고통받는 농업 인구의 일부로 인정사정 없이 분류하고 있다.

다. 즉 수공업자들의 35.6퍼센트는 시장을 위해 일하고, 46.7퍼센트는 주인을 위해 일하며, 17.7퍼센트는 임금노동자들이었던 것이다. 따라서 여기서도 우리는 대규모 가내생산 체계가 우위에 있고, 노동이 자본에 예속돼 있는 관계가 지배적임을 알게 된다.

'인민의 벗들'이 그토록 자유롭게 이런 종류의 사실들을 무시하는 또 다른 이유는, 자본주의에 대한 그들의 개념이 자본가는 거대한 기계 회사를 운영하는 부유하고 교육받은 고용주라는 일반적이고 통속적인 생각을 뛰어넘지 못했기 때문이다. 그런데도 그들은 그 용어의 과학적인 내용에 주의를 기울이기를 거부한다. 앞의 장에서 우리는 유자코프 선생이 자본주의의 출발을 정확히 기계 공업에서 시작하면서 단순 협업과 매뉴팩처를 생략했다는 사실을 알게 되었다. 이는 널리 만연돼 있는 실수로, 부수적으로는 이 나라 수공업의 자본주의적 구성이 무시되는 결과를 낳았다.

대규모 가내생산 체계가 자본주의적 산업 형태라는 것은 두말할 필요도 없다. 여기에는 이미 높은 발전 수준에 도달한 상품경제, 생산수단이 개인들의 손에 집중되는 현상, 수중에 생산수단을 지니고 있지 못해 자신의 노동을 타인 소유의 생산수단에 적용시키며 스스로를 위해 일하는 게 아니라 자본가를 위해 일하는 노동자 대중의 착취라는 그 모든 특징들이 담겨 있다. 분명 그 구성에 있어 수공업은 순전히 자본주의적이며, (주로 터무니없이 낮은 임금 때문에) 기술적으로 뒤떨어져 있고 노동자들이 여전히 소규모 농지를 계속 보유하고 있다는 사실에 비춰볼 때 대규모 기계 공업과는 다르다. 후자의 상황은 특히 '인민의 벗들'을 헷갈리게 만들었는데, 그들은 진정한 형이상학자들이라는 성격에 걸맞게 노골적이고 정반대로 사고하는 데 익숙해져 있다. "그래, 그래, 아니, 아니, 악마에게서는 그게 뭐든 간에 이보다 더한 게 생겨나는 법이야"라는 것이다.

만약 노동자들에게 땅이 없다면, 그건 자본주의가 존재한다는 뜻이다. 만약 그들에게 땅이 있다면, 그건 자본주의가 아니다. 이렇게 주장하는 그들은 경제의 전반적인 사회적 구조를 보지 않은 채 그런 철학을 위안 삼아 자기 자신을 그 속에 가둔다. 그리고 노동자들이 토지를 소유하고 있다고 해서 다른 뻔뻔한 '농민' 토지소유주들로부터 강탈당한 그들의 끔찍한 빈곤이 전혀 사라지는 건 아니라는 일반적으로 알려진 사실을 망각해버린다.

그들은 자본주의가──여전히 비교적 낮은 발전 수준이긴 하지만──어디에서도 노동자를 토지로부터 완전히 분리시킬 수 있다는 걸 모르는 듯하다. 서구 유럽의 경우 마르크스는 오직 대규모 기계 공업만이 노동자를 영원히 착취한다는 법칙을 확립했다. 따라서 '인민들이 토지를 소유하고 있기' 때문에 우리나라에는 자본주의가 존재하지 않는다는 상투적인 논법은 완전히 쓸모없다는 게 명백하다. 왜냐하면 단순 협업과 공장제 수공업의 자본주의는 노동자의 토지로부터의 완전한 분리와 어디에도 연결된 적이 없고, 그렇다 하더라도 그 때문에 자본주의이길 멈춘 적이 없기 때문이다.

러시아의 대규모 기계 산업——이 형태는 우리 산업의 가장 크고 중요한 부분을 떠맡고 있다——에 대해서는, 우리 삶의 모든 구체적 특징들에도 불구하고 이 역시 서구 자본주의 어디에서나와 마찬가지로 똑같은 속성을 지니고 있는데, 이는 다시 말해 노동자들이 토지와의 연결고리를 계속 유지하는 걸 절대 그냥 놔두지 않을 거라는 뜻이 된다. 말이 난 김에, 이러한 사실은 데멘티예프(Dementyev)에 의해 엄밀한 통계자료를 통해 입증된 바 있는데, 거기서 그는 (마르크스와는 아주 별개로) 기계를 이용한 생산이 노동자의 완전한 토지로부터의 분리와 불가분으로 연결되어 있다는 결론을 도출해냈다. 이러한 연구는 러시아가 자본주의 국가이며, 러시아 노동자들의 토지와의 연결고리는 아주 미약하고 실재하지 않는데다, 자산 소유자(화폐 소유자, 구매자, 부유한 농민, 공장제 수공업자 등)의 권력은 아주 굳건히 확립돼 있으며, 기술적 진전이 한 차례 더 일어나게 되면 (오랫동안 자신의 노동력을 팔아서 생활해왔던) '농민'이 그야말로 노동자로 변신하기에 충분할 거라는 걸 다시 한 번 입증했다.[59]

59 레닌 주 대규모로 상품을 생산하는 가내공업 체계는 자본주의적 시스템일 뿐만 아니라 자본주의적 시스템 중에서도 최악의 형태로, 이 체계에서의 노동인민들에 대한 극심한 착취는 노동자들이 스스로의 해방을 위한 투쟁 기회를 거의 갖지 못하는 것과도 결합되어 있다.

그러나 이 나라 수공업의 경제적 구조를 이해하지 못한 '인민의 벗들'의 잘못은 여기에만 국한되지 않는다. 노동이 '주인을 위해서' 행해지지 않는 산업들에 대해서조차 그들의 생각은 경작자에 대한 생각(이에 대해서는 우리가 이미 앞에서 살펴보았다)만큼이나 피상적이다. 어쨌든 그들이 아는 거라고는 세상에는 노동하는 인민과 결합'될 수도 있는' 생산수단 같은 것이 존재하고 그것은 아주 좋은 것인 반면, 그들과 분리'될 수도 있는' 생산수단은 아주 나쁜 거라는 점 말고는 없다. 그런 상황에서 주제넘게도 정치 경제에 관한 질문들에 의견을 늘어놓는 신사양반들의 생각이 피상적인 것은 아주 당연한 일이다.

자본주의화되어가는 산업과 그렇지 않은(소규모 생산이 자유로이 존재하는) 산업에 대해 이야기하면서 크리벤코 선생은 한편으로 특정 분야들에서 "기본적인 생산 비용"이 얼마 안 되고 따라서 소규모 생산이 가능하다고 말한다. 그는 한 예로 벽돌 산업을 거론하는데, 거기서는 비용이 벽돌공장 연간 매출액의 15분의 1에 불과하다는 것이다.

이는 필자가 사실관계를 언급한 거의 유일한 부분이기 때문에(되풀이하건대, 현실에 대한 직접적이고 정확한 묘사와 분석을 찢어버린 채 소부르주아적 '이상'의 영역으로 날아오르는 걸 선호하는 게 주관적 사회학의 가장 대표적인 특징이다), '인민의 벗들'이 현실에 대해 어떤 잘못된 인식을 가지고 있는지를 보여주기 위해 이걸 예로 들어 이야기해보도록 하자.

우리는 모스크바 젬스트보의 경제 통계(『보고서』, 7권, 2부)에서 벽돌 산업(백토로부터 벽돌을 만들어내는)에 대한 서술을 볼 수 있다. 해당 산업은 주로 보고로즈코예 군의 세 개 읍에 집중되어 있는데, 233개 시설에서 1,402명의 노동자들을 고용하면서(이중 41퍼센트를 차지하는 567명은 가족 노동자들이다. '가족' 노동자는 고용된 노동자가 아니라, 주인의 가족 가운데 노동에 참여하는 구성원을 뜻한다) 35만 7천 루블의 가치에 해당하는 연간 총생산량을 보유하고 있다. 이 산업은 오래된 산업이지만, 철도 건설로 인해 판매가 대폭 촉진된 덕분에 지난 15년 사이에 비약적인 발전을 이룩했다. 철도가 건설되기 전에는 가족 생산 형태가 지배적이었으나, 현재는 임금노동자의 착취가 그 자리를 대신하고 있다. 또한 이 산업은 판매를 위해 소규모 업자들이 대규모 업자들에 의존하는 현상에서도 예외가 아니다. '자금 부족' 때문에 소규모 업자는 대규모 업자에게 아주 형편없는 가격에 그 자리에서 벽돌을(때로는 굽지 않은 '미가공품'을) 내다 파는 것이다.

하지만 우리는 그러한 의존성과는 별개로 그 논문에 첨부된, 노동자들의 수와 각 시설 당 연간 총생산량이 표시된 수공업자 가구별 통계 조사 덕분에 해당 산업의 구조 역시도 익히 알 수 있었다.

상품경제가 곧 자본주의 경제라는, 즉 일정한 발전 단계에 이르면 상품경제가 필연적으로 자본주의 경제로 전환된다는 법칙이 이 산업에 적용되는지를 확인하기 위해, 우리는 시설들의 규모를 비교해봐야 한다. 문제는 정확히 생산량에서의 역할과 임금노동의 착취에 따른 소규모와 대규모 시설들 사이의 관계다. 노동자들의 숫자를 기초로 하여, 우리는 수공업자 시설들을 (Ⅰ)(가족 노동자와 고용 노동자를 모두 포함해) 1~5명의 노동자를 고용한 시설, (Ⅱ)6~10명의 노동자를 고용한 시설, (Ⅲ)10명이 넘는 노동자를 고용한 시설, 이렇게 세 집단으로 나눈다.

시설들의 규모, 노동자들의 전체 수, 각 집단별 생산량의 가치를 검토한 결과, 우리는 다음의 데이터를 얻을 수 있었다.

노동자 수에 따른 수공업자 그룹	시설당 평균 노동자 수	비율(%)		노동자당 연간 생산액	분배 비율(%)			절대수		
		임노동자 고용 시설	임노동자		시설	노동자	총생산	시설60	노동자	총생산 (루블)
Ⅰ. 1~5명 고용 시설	2,8	25	19	251	72	34	34	167/43	476/92	119,500
Ⅱ. 6~10명 고용 시설	7,3	90	58	249	18	23	22	43/39	317/186	79,000
Ⅲ. 10명 초과 고용 시설	26,4	100	91	260	10	43	44	23/23	609/557	158,500
총계	6,0	45	59	254	100	100	100	233/105	1,402/835	387,000

이 수치들을 살펴보면 부르주아 또는 그와 동일한 것, 산업

의 자본주의적 구조를 인지할 수 있을 것이다. 시설이 크면 클수록 노동생산성은 더 높아지고[61](중간 집단은 예외다), 임금노동자에 대한 착취는 더 심해지며[62], 생산의 집중도 역시 더 커지는 것이다.[63]

거의 전적으로 임금노동에 기초하고 있는 세 번째 집단은 전체 시설 수의 10퍼센트를 차지하지만, 총생산량은 44퍼센트에 달한다.

소수의 손에 생산수단이 이렇게 집중되는 현상, 다수(임금노동자들)의 착취와 연결되어 있는 이런 현상은 소생산자들의 원청(대규모 경영주들은 사실상 원청이다)에 대한 의존과 해당 산업에서의 노동의 억압을 설명해준다. 따라서 우리는 노동계급에 대한 강탈과 착취의 원인이 생산관계 자체에 있다는 사실을 알게 된다.

알다시피 러시아의 인민주의 경향 사회주의자들은 그와 반

60 레닌 주 분모는 각각 임금노동자들을 고용한 시설들의 수와 임금노동자들의 수를 가리킨다. 이는 다음 표에서도 동일하다.

61 레닌 주 I그룹의 노동자 한 명당 연간 생산량은 251루블, II그룹은 249루블, III그룹은 260루블이었다.

62 레닌 주 임금노동자를 고용한 시설의 비율은 I그룹은 25퍼센트, II그룹은 90퍼센트, III그룹은 100퍼센트였으며, 임금노동자의 비율은 각각 19퍼센트와 58퍼센트, 91퍼센트였다.

63 레닌 주 전체 시설의 72퍼센트를 차지하는 I그룹은 총생산량의 34퍼센트를 담당했으며, 전체 시설의 18퍼센트를 차지하는 II그룹은 22퍼센트, 10퍼센트를 차지하는 III그룹은 44퍼센트를 담당했다.

대되는 견해를 지녔고, 수공업에서의 노동의 억압의 원인이 생산관계에(그들은 생산관계가 착취를 불가능하게 만드는 원칙에 기초하고 있다고 선언했다) 있지 않고 다른 그 무언가, 즉 농업과 재정 정책 등에 있다고 여겼다. 그렇다면 그런 견해를 굽히지 않고 이제 거의 편견의 철옹성을 구축하게 된 근본 토대는 무엇이었고 또 무엇인가라는 질문이 제기될 수밖에 없다. 혹시 수공업에서의 생산관계에 대한 개념이 달라서일까? 전혀 그렇지 않다. 단지 **사실관계**, 즉 경제구조의 실제 형태들을 정확하고 명확하게 묘사하려는 시도가 전혀 이뤄지지 않았기 때문에 그런 현상이 지속되는 것이다. 한마디로 말해, 그것은 사회과학의 유일한 과학적 방법론, 즉 유물론적 방법론을 이해하지 못한 데서 비롯된 것이라 하겠다. 이제 우리는 나이든 사회주의자들의 사고의 흐름을 이해할 수 있을 것 같다. 수공업에 관한 한 그들은 착취의 원인을 생산관계 **외부로** 그 책임을 돌린다. 반면 대규모 공장 자본주의에 관한 한, 그들은 거기에서 착취의 원인이 정확히 생산관계에 있다는 걸 보지 않을 도리가 없었다. 결과는 화해할 수 없는 모순, 부조화였다. 수공업적 생산관계(이제껏 연구된 적이 없었다!)에서는 자본주의적인 것이 존재하지 않기 때문에 그들은 대규모 자본주의가 어디에서 비롯된 것인지를 알 수 없었다. 따라서 그들은 수공업과 자본주의적 산업 사이의 연관관계를 이해하지 못한 채 전자를 "인민의" 공업으로, 후자를 "인위적인" 산업으로 대비시켰다는 결론으로 자연스럽게 이어지게 된다. 이는 자본주의가 우리의 "인민의 시스템"과 모순된다는 발상인 듯하다. 이러한 사고는 오늘날 아주 광범위하게 퍼져 있고, 최근에는 니콜라이-온(Nikolai-on) 선생의 수정과 개선을 거쳐 러시아 대중들에게 제시된 바 있으며, 가히 경탄스러울 정도로 비논리적임에도 불구하고 관성적으로 지속되고 있다. 니콜라이-온에 따르면 공장 자본주의는 실제 현실에 기초해 판단되는 반면, 수공업은 '그럴지도 모른다'는 가정에 기초해 판단이 이뤄진다. 전자는 생산관계의 분석에 기초해 판단되지만, 후자는 생산관계를 따로 검토하려는 시도조차 없이 판단되며, 그 문제는 곧장 정치의 영역으로 옮겨간다. 우리가 생산관계의 분석에 시선을 돌리기만 한다면, "인민의 시스템"들이 아직 개발되어 있지 않고 맹아적인 상태이긴 하나 지극히 동일한 자본주의 생산관계로 구성되어 있다는 사실,——만약 우리가 모든 수공업자들이 동등하다는 안일한 편견을 거부하고 그들 사이의 차이들을 정확히 제시한다면——공장의 '자본가'와 '수공업자' 사이의 차이가 '수공업자' 서로 간의 차이보다 작다는 게 때때로 증명될 거라는 사실, 그리고 자본주의는 "인민의 시스템"과 모순되는 게 아니라 그것의 뒤를 잇는 직접적이고 당면한 연속이자 발전이라는 사실을 발견할 수 있을 것이다.

하지만 어쩌면 앞에서 인용한 사례가 적당하지 않다는 주장이 있을 수도 있겠다. 주어진 사례에서 임금노동자들의 비율이 대체로 너무 높다는 이야기도 나올 수 있을 것이다.[64] 그러나 실제로 여기서 중요한 것은 절대적인 수치가 아니라 그들이 드러내는 **관계**, 즉 그 관계는 본질적으로 부르주아적이고 그 부르주아적 성격이 강하게 드러나든 약하게 드러나든 간에 그런 상태가 중단되지는 않으리라는 점이다.

여러분이 원한다면 다른 사례를 하나 더 들어보겠다. 이번엔 의도적으로 부르주아적 성격이 약한 걸로 골라볼 텐데, (모스크바 주의 산업에 관한 이사예프[Isayev] 선생의 책에 등장하는) 도자기 공업이 그것이다. 이사예프의 표현을 빌리자면 "순수한 가내공업"인 도자기 공업은 당연히 소규모 농민 공업의 대표주자로 여겨질 수도 있다. 기술이 지극히 단순하고, 장비는 아주 작으며, 생산된 물건들이 보편적이고 필수적으로 사용되기 때문이다. 자, 앞선 사례에서처럼 동일한 세부사항들을 제시하는 도자기 장인들에 대한 가구별 통계조사 덕분에 우리는 그것의 경제구조도 연구할 수 있는 위치에 놓여 있다. 도자기 공업은 수많은 러시아 소규모 "인민" 공업의 아주 전형적인 사례다. 우리는 수공업자들을 (Ⅰ)(가족 노동자와 고용 노동자를 모두 포함해) 1~3명의 노동자를 고용한 수공업자, (Ⅱ)4~5명의 노동자를 고용한 수공업자, (Ⅲ)5명이 넘는 노동자를 고용한 수공업자, 이렇게 세 집단으로 나눈 다음 동일한 계산을 실시한다.

64 레닌 주 이는 모스크바 주의 산업들에는 거의 해당이 되지 않지만, 러시아 나머지 주들의 덜 발달된 산업들에서는 사실일 수 있다.

노동자 수에 따른 수공업자 그룹	시설당 평균 노동자 수	비율(%)		노동자당 연간생산액	분배 비율(%)			절대수		
		임노동자 고용 시설	임노동자		시설	노동자	총생산	시설	노동자	총생산(루블)
I. 1~3명 고용	2.4	39	19	468	60	38	36	72/28	174/33	81,500
II. 4~5명 고용	4.3	48	20	498	27	32	32	33/16	144/29	71,800
III. 5명 초과 고용	8.4	100	65	533	13	30	32	16/16	134/87	71,500
총계	3.7	49	33	497	100	100	100	121/60	452/149	224,800

명백히 이 공업 역시도——그리고 유사한 사례들이 무수히 인용될 수 있겠다——부르주아적 관계라 할 수 있다. 상품경제로부터 발생하는 동일한 분리, 특히 자본주의적 분리가 발견되고, 이는 맨 위의 집단에서 이미 주요한 역할을 차지하는 임금노동의 착취로 이어지기 때문이다. 맨 위의 집단은 전체 시설들의 8분의 1을 차지하고 전체 노동자의 30퍼센트가 총생산량의 약 3분의 1을 생산하며, 노동생산성은 평균보다 상당히 위에 있다. 이러한 생산관계만으로도 원청의 등장과 권력을 설명하기에 충분하다. 우리는 규모가 더 크고 이윤이 더 많이 나는 시설들을 소유하고 타인의 노동으로부터 '순'이익을 얻는(맨

위의 도공 집단에서는 시설당 평균 5.5명의 임금노동자들이 일한다) 소수가 어떻게 '절약된 돈'을 축적하는지, 왜 다수는 몰락하고 심지어 소(小)장인들은 생계조차 이을 수 없는지를 알 수 있다. 다수가 소수에게 예속되는 건 확실한 사실이며 필연적이다. 정확히 말하자면 주어진 생산관계의 자본주의적 성격 때문에 그렇다. 이러한 관계들은 상품경제에 의해 조직된 사회적 노동의 산물이 개인의 수중으로 넘어가 그들의 손에서 노동인민을 억압하고 노예화하는 수단, 대중의 착취를 통해 개인적인 부를 쌓는 수단으로 작용하는 관계다. 그리고 이러한 종류의 관계가 여전히 덜 발달되었기 때문에, 생산자들의 몰락에 부수적으로 따르는 자본의 축적이 무시해도 될 정도기 때문에 착취와 억압이 보다 덜 뚜렷하다고 생각해서는 안 된다. 실제로는 그와 정반대다. 그것은 오로지 노예의 형태를 띤 보다 더 조악한 착취로 이끌 뿐이다. 즉 아직은 노동자의 노동력을 가치 그대로 구입하기에 그를 직접적으로 종속시킬 수 없었던 자본이 노동자를 고리대금에 의한 착취의 진정한 그물에 얽어넣고 악랄한 방법으로 묶어놓음으로써 잉여가치뿐만 아니라 임금의 상당 부분을 강탈해가고, 더 나아가 그로 하여금 '주인'을 바꾸지 못하게 함으로써 고통을 가하며, 자본이 그에게 일거리를 '준다'는 사실을 혜택으로 여기도록 강요함으로써 그를 모욕하는 상황으로 이어지는 것이다. "진정한" "인민의" 산업이 존재한다면, 단 한 명의 노동자도 러시아의 '독립적인' 수공업자로서의 지위를 그런 지위와 맞바꾸는 데 동의하지 않을 것임이 분명하다. 마찬가지로 러시아의 급진주의자들이 가장 선호하는 조치들은 노동인민의 착취와 자본에 대한 노예화에 조금도 영향을 끼치지 못할 것이며, 여전히 고립된 실험에 머무르거나 노동인민의 상황을 더욱더 악화시키고, 주어진 자본주의적 관계를 세련되게 다듬고 발전시키며 강화시킬 뿐이라는 사실도 명백하다 하겠다.

하지만 '인민의 벗들'은 전체적인 비참한 상황과 상대적으로 작은 시설, 극도로 낮은 노동생산성, 원시적인 기술과 소수의 임금노동자들에도 불구하고 농민 산업이 **자본주의적이라**는 사실을 절대 이해할 수 없을 것이다. 그들은 **자본주의가 인**민들 사이의 특정한 관계이며, 그 관계는 비교 대상 범주가 더 높은 발전 수준에 있건 더 낮은 발전 수준에 있건 간에 똑같다는 점을 이해하지 못한다. 부르주아 경제학자들도 그걸 절대 이해하지 못해왔다. 그들은 언제나 자본의 그런 정의에 반대해왔다. 나는 그들 가운데 한 명이 (마르크스 이론에 관한) 시버 (Sieber)의 책에 대한 글을 《루스코예 보가츠트보》에 기고하면서 그러한 정의(자본은 관계다)를 인용하며 분개한 마음에 그 뒤에다 느낌표를 달아놓았던 사실을 기억한다.

부르주아 체제의 범주를 영원하고 당연한 것으로 간주하는 것은 부르주아 철학자들에게서 전형적으로 나타난다. 자본에 대해서도 그들이 추가 생산을 위해 쓸모가 있는 축적된 노동이라는 그런 정의를 받아들이는 것도 그 때문이다. 그들은 자본을 인간 사회의 영원한 범주로 묘사하고, 그런 행위를 통해 상품경제에 의해 조직된 '축적된 노동'이 일하지 않는 사람들의 수중으로 들어가 타인의 노동의 착취를 위해 기여하는 역사적으로 명확하고 특정한 경제 구성체의 본질을 흐린다. 그리고 그것이 생산관계의 명확한 시스템에 대한 분석과 연구 대신에 그들이 우리에게 어떤 체제에도 적용할 수 있는 일련의 시시한 말 따위를 제시하고 소부르주아 도덕의 감상적인 어린애 장난 같은 것과 뒤섞을 수 있었던 이유다.

그리고 이제 보라. '인민의 벗들'이 이 산업을 "인민의" 공업이라 부르고 그것을 자본주의 산업과 비교하는 이유는 무엇일까? 그것은 단지 이 신사양반들이 소부르주아 이념가들이며, 소생산자들이 상품경제 체제하에 살고 활동하면서(내가 그들을 소부르주아라 부르는 이유도 이 때문이다) 그들과 시장과의 관계가 반드시 그리고 필연적으로 그들을 부르주아와 프롤레타리아로 갈라놓는다는 것을 생각조차 하지 못하기 때문이다. 그들은 왜 이러한 현실 구조를 연구하려 하지 않는가? 그랬더라면 우리 "인민의" 산업들이 초래'할지도 모르는' 결과에 대해 미사여구를 늘어놓는 대신에, 자본주의 노선에 따라 조직되지 않고도 어쨌든 발전을 이룬 수공업 분야가 러시아에 존재하는지를 확인할 수 있었을 것이다.

그리고 만약 소수에 의한 생산수단의 독점, 다수로부터의 소외, 임금노동의 착취가(보다 일반적으로 말하자면, 자본주의의 본질은 상품경제에 의해 조직된 사회적 노동의 산물이 개인에 의해 점유되는 것이다) 이런 개념에 필연적이고 적당한 특징이라는 데 동의하지 않는다면, 아무쪼록 그들이 자본주의에 대한 '스스로의' 정의와 '스스로의' 역사를 제시해주기 바란다.

실제로 우리의 "인민" 수공업의 구조는 자본주의 발전의 전체적인 역사에 있어 훌륭한 실례를 제공해준다. 분명히 그것은 한 예로 단순 협업의 형태(도자기 공업에서 맨 위의 집단)에서 자본주의 발전의 기원과 시작을 나타내준다. 더 나아가——상품경제 덕분에——개별 개인들의 수중에 축적된 '저축'이 어떻게 자본이 되는지, 그래서 이들 저축 소유자들만이 대규모 처분에 필요한 자금을 소유하고 있다는 사실 때문에 일차적으로 판매를 독점하고 그들로 하여금 멀리 떨어진 시장에서 상품들이 팔려갈 때까지 기다리는 것을 가능하게 하는지, 이들 상인자본(Kaufmannskapital)이 생산자 대중을 어떻게 노예화하고 자본주의 기계제 수공업, 즉 대규모 생산의 자본주의 가내 시스템을 조직하는지, 그리고 마지막으로 시장의 확대와 늘어나는 경쟁이 어떻게 개선된 기술로 이어지고 이러한 상인자본이 산업자본이 되며 대규모 기계제 생산을 조직하는지 또한 보여준다. 그래서 강해진 힘을 바탕으로 수백만 노동인민과 지역 전체를 노예화한 자본이 공공연하고 뻔뻔하게 정부에 압력을 행사하기 시작하더니 마침내 정부를 자신의 하인으로 변모시키는 순간, 우리의 천재적인 '인민의 벗들'은 '자본주의 이식'과 그 '인위적인 생성'에 대해 비명을 질러댄다.

실로 적절한 발견 아닌가!

그러므로 크리벤코 선생이 인민의, 현실적인, 적합한 따위의 산업에 대해 이야기할 때, 그는 단지 우리 수공업이 다양한 발전 단계에 있는 자본주의일 뿐이라는 사실을 감추려 애쓰고 있었던 것이다. 우리는 이미 유자코프 선생의 경우를 통해 이런 식의 수법들을 익히 보아왔다. 그는 농민 개혁을 연구하는 대신에 기념비적인 선언[65]의 근본적인 목적에 대한 공허한 문구들을 활용했고, 토지 지대를 연구하는 대신에 그것을 인민의 지대라 이름 붙였으며, 국내 시장이 어떻게 자본주의를 위해 형성되고 있는지를 연구하는 대신에 시장의 부족으로 자본주의가 필연적으로 붕괴한다는 등의 철학적인 이야기를 늘어놓은 바 있다.

이 대목에서, '인민의 벗' 선생들이 사실을 얼마나 왜곡했는지를 보여주기 위해 나는 한 가지 예를 더 검토해볼까 한다.[66] 우리의 주관적인 철학자들은 자신들의 가장 정확한 언급 중 하나, 즉 크리벤코 선생이 보로네시 농민들의 예산에 대해 언급했던(1894년, 1호) 부분을 무시하는 것은 불공평하다며 드물게 자세를 낮춰 말한다. 그렇다면 그들 자신이 선택한 데이터

65 1861년 2월 19일 알렉산드르 2세 황제가 서명한 러시아 농노제 폐지 선언.—원서 편집자

를 기초로 삼아보면, 러시아 급진주의자들과 '인민의 벗들'의 사고와 러시아 사회민주주의자들의 사고 가운데 현실에서 어떤 생각이 더 정확한지를 확실히 할 수 있을 것이다.

보로네시 젬스트보 통계학자인 시체르비나(Shcherbina)는 오스트로고즈스크 군에서 농사를 짓는 농민들에 대해 서술하면서 전형적인 농가 24곳의 예산 항목들을 덧붙이며 본문에서 그것들을 분석했다.[67]

크리벤코 선생은 이러한 분석을 재현하면서도, 그 방법론이 우리 소농들의 경제를 알기 위한 목적에 완전히 들어맞지 않는다는 사실을 보지 못하거나 보기를 거부하고 있다. 실제로 이들 24곳의 예산은 크리벤코 선생 자신이 지적하듯이(159쪽) 완전히 서로 다른——잘살거나 중간이거나 가난한——가구들을 묘사하고 있다. 그러나 시체르비나와 마찬가지로 그도 전혀 다른 유형의 가구들을 한 덩이로 묶어 그 **평균** 수치들을

---

66 레닌 주 이 사례는 이미 많이 이야기한 바 있는 농민층의 붕괴와 관련이 있지만, 사회민주주의자들은 현실이 아닌 '미래의 예언'에 관심을 기울인다는 주장이 얼마나 오만한 거짓말인지, 그리고 '인민의 벗들'이 우리와 논쟁할 때 우리들 시각의 본질을 무시한 채 터무니없는 표현을 써가며 그것들을 일축하는 과정에서 동원했던 사기 수법들이 어떤 것이었는지를 명확히 보여주기 위해서는 그들 자신의 데이터를 분석해볼 필요가 있다고 느꼈다.

67 레닌 주 「보로네시 주 통계 보고서, 오스트로고즈스크 군에서의 농민 농업」, 보로네시, 1887년. 예산들은 부록 42~9쪽에 제시돼 있고, 분석 글은 18장 「농가의 구성과 예산」에 수록돼 있다.

활용하고 있고, 그렇게 해서 그들 간의 차이를 완전히 숨기고 있다. 그러나 우리 소규모 생산자들 내부의 분화는 아주 일반적이고 주요한 사실이라서(오랫동안 사회민주주의자들은 여기에 러시아 사회주의자들의 관심을 환기시켜왔다. 플레하노프의 저작들을 참조하기 바란다), 크리벤코 선생이 선택한 빈약한 데이터에 의해서조차 아주 뚜렷이 감지된다. 그러나 그는 농민들의 **농업**을 다룰 때 그들을 농장 규모와 농업 유형에 따른 범주로 나누는 대신, 시체르비나 선생이 그랬듯이 그들을 법적인 범주, 즉 과거의 국유지 농민과 과거 지주들 밑에 있던 농민으로 구분하고 자신의 모든 관심을 후자와 비교했을 때 전자의 번영에 돌리면서 같은 범주 내 농민들 간의 차이가 범주 간의 차이보다 훨씬 더 크다는 사실을 놓치고 있다.[68] 이를 증명하기 위해 나는 24명 농민들을 세 개의 집단으로 나눠 (a)6명의 잘사는 농민들, (b)11명의 평균적인 농민들, (c)7명의 가난한 농민들을 골라보기로 한다. 예를 들어 크리벤코 선생은 과거 국유지 농민의 농가당 지출이 541.3루블이고, 예전 지주들 밑에 있던 농민들

---

68 레닌 주 의심할 나위 없이, 오로지 농업으로 생계를 유지하고 한 명의 노동자를 고용한 농민의 농지는 농장 노동자로 살면서 자신의 수입 중 5분의 3을 농장에서의 노동으로 벌어들이는 농민의 농지와는 유형에 있어서 차이가 있다. 그리고 이들 24명의 농민들 중에는 두 가지 유형이 모두 존재한다. 우리가 농장 노동자들과 노동자들을 한 덩어리로 묶어 그 평균적인 수치를 활용한다면 도대체 어떤 종류의 '과학'이 탄생할지는 여러분 스스로 판단해보기 바란다.

의 지출은 417.7루블이라고 말한다. 그러나 그는 서로 다른 농민들의 지출이 동등함과는 거리가 멀다는 사실을 간과하고 있다. 한 예로 과거 국유지 농민들 중에는 지출이 84.7루블인 사람이 있는 반면 (설사 1,456.2루블을 지출하는 독일 이주민을 제외한다 하더라도) 또 다른 사람은 그 열 배에 해당하는 887.4루블이었다. 만약 이를 한데 묶어놓는다면 과연 평균은 무슨 의미가 있을까? 그러나 내가 제시하는 범주들로 분류를 할 경우, 잘사는 농민의 농가당 평균 지출은 855.86루블이고, 중간층 농민은 471.61루블, 가난한 농민은 223.78루블이라는 사실을 발견하게 된다.[69] 그리고 그 비율은 대략 4:2:1이다.

계속 이야기를 이어가보자. 시체르비나의 발자취를 따라 크리벤코 선생은 다양한 법적 범주의 농민들 사이의 개인적인 필요에 따른 경비를 제시한다. 예를 들어 과거의 국유지 농민들이 연간 채소 음식에 지출하는 일인당 경비는 13.4루블이고, 과거 지주들 밑에 있던 농민들은 12.2루블이었다. 그러나 경제적 범주에 따라 구분할 경우, 그 수치는 (a)17.7루블, (b)14.5루블, (c)13.1루블이었다. 과거 지주들 밑에 있던 농민들이 일인당 고기와 유제품에 지출하는 경비는 5.2루블이고, 과거의 국유지 농민들은 7.7루블이었다. 반면 경제적 범주에 따라 구분할 경우, 그 수치는 각각 11.7루블, 5.8루블, 3.6루블이었다. 이렇

69 레닌 주 평균적인 가구의 규모에 있어서의 변동은 이보다 훨씬 더 적어서 가구당 (a)7.83명, (b)8.36명, (c)5.28명이다.

듯 법적인 범주에 따른 계산은 이러한 커다란 차이를 덮어버리는 것에 불과하다는 사실이 명백하다. 따라서 정녕 아무런 도움이 되지 않는다. 크리벤코 선생은 과거의 국유지 농민들의 소득이 예전 지주 밑에 있던 농민들의 소득보다 53.7퍼센트 더 크다고 말한다. (24명 농민의) 전체적인 평균은 539루블이고, 두 범주로 나누면 각각 600루블 이상과 약 400루블이었던 것이다. 그러나 경제적인 능력에 따라 등급을 나눈다면, 소득은 (a)1,053.2루블, (b)473.8루블, (c)202.4루블로, 최대 10:2의 비율일 뿐 3:2가 아니었다.

또한 크리벤코 선생은 "과거 국유지 농민들의 농가당 자본가치는 1,060루블이고, 과거 지주 밑에 있던 농민들은 635루블"이라고 말한다. 그러나 경제적 범주에 따라 구분할 경우[70], 그 수치는 (a)1,737.91루블, (b)786.42루블, (c)363.38루블이었다. 다시 최대 비율은 10:2이지, 3:2가 아니다. 이렇게 '농민'을 법적인 범주로 구분함으로써 필자는 이와 같은 '농민'의 경제에 대한 정확한 판단으로부터 스스로 멀어져버린 것이다.

만약 우리가 경제적 능력에 따른 다양한 유형의 농가들을 검토한다면, 잘사는 농가는 평균 1,053.2루블의 소득을 올리

70 레닌주 소유한 농기구의 가치에 있어서 그 차이는 훨씬 더 크다. 가구당 평균은 54~82루블이지만, 부유한 농민들은 2배 가량 더 많은 111.80루블이었으며, 가난한 농민들은 3분의 1에 불과한 16.04루블, 중간층 농민들은 48.44루블이었다.

고 855.86루블의 경비를 지출해, 197.34루블의 순수익을 얻는다는 사실을 발견한다. 그에 비해 중간층 가구는 473.8루블의 소득을 올리고 471.61루블의 경비를 지출해, 농가당 2.19루블의 순수익을 거둔다(신용 부채와 체납금은 계산에 넣지 않았다). 분명 이는 생계를 잇기에는 부족한 금액으로, 농가 11곳 가운데 5곳이 적자였다. 반면 최하층 가난한 집단은 직접적인 손실을 보면서 농장을 운영하고 있었다. 소득이 202.4루블, 경비가 223.78루블로, 21.38루블의 적자를 기록한 것이다.[71] 만약 우리가 농가들을 한 덩어리로 묶어서 전체적인 평균(순수익 44.11루블)을 낸다면, 실제 그림이 완전히 왜곡될 수밖에 없다는 건 명백하다. 그럴 경우 순수익을 확보한 6명의 잘사는 농민들이 농업 노동자들(8명)을 고용한 사실을 간과하게 되는 것이다. 이는 그들의 농업의 성격을 드러내주는 동시에, 그들로 하여금 순수익을 거둬들여 '산업'에 의존할 필요성을 사실상 덜어주는 역할을 담당한다. 이들 부유한 농민들은 모두 합쳐 자신들 예산의 6.5퍼센트만 산업으로 충당한다(총 6,319.5루블 가운데 412루블). 게다가 이들 산업들은——시체르비나 선생이 언젠가 언급한 것처럼——'운반'이나 심지어 '양치기'와 같은 유형으로, 의

---

71 레닌 주 7명의 가난한 농민들 중에서 농장 노동자 2명의 예산이 가구당 99루블의 소득과 93.45루블의 지출로 적자가 아니었다는 사실이 흥미롭다. 농장 노동자들 중 한 명은 그의 주인이 먹여주고 입혀주고 재워주고 있었다.

존과는 거리가 멀고 타인의 착취를 미리 전제로 한다(바로 이 경우, 축적된 '저축'은 상인자본으로 전환된다). 이들 농민들은 4개의 산업 시설들을 소유하고, 거기서 320루블의 소득(전체의 5퍼센트)[72]을 거둬들이고 있었다.

중간층 농민들의 경제는 유형이 달랐다. 우리가 지켜봤듯이 그들은 거의 생계를 충족시킬 수가 없었다. 농사만으로는 그들이 필요로 하는 부분을 채울 수가 없어 소득의 19퍼센트를 이른바 산업으로부터 충당하고 있었다. 그것이 과연 어떤 종류의 산업인지는 시체르비나 선생의 글을 통해 알 수 있는데, 7명의 농민 가운데 오직 두 사람만이 독립적인 산업(양복업과 숯 제조)에 종사하고, 나머지 5명은 자신들의 노동력을 팔고 있었다("저지대에서 풀을 베거나"[73], "양조장에서 일한다든지", "추수철에 날품을 팔고", "양을 보살피며", "현지 주민의 사유지에서 일을 한다"). 그들은 이미 반만 농민이고 반은 노동자다. 부업을 함으로써 그들은 농사를 등한시하게 될 수밖에 없고 결국 그들 자신의 농사가 약화되는 결과로 이어진다.

가난한 농민들의 경우, 그들은 순전히 손해를 보면서 농사를 짓는다. 그들의 가계예산에서는 "산업"의 중요성이 훨씬 더 컸고(소득의 24퍼센트), 이때의 산업이란 거의 전적으로(농민 한

---

72 레닌주 부록 1을 참조할 것.

73 보로네시 주 출신의 농민들은 돈 저지대에서 부유한 카자크인들에게 고용돼 건초 만드는 일을 담당했다.—원서 편집자

명만 제외하고) 노동력의 판매였다. 그들 중 2명의 경우 "산업"(농장 노동)을 통해 얻는 소득이 전체 소득의 3분의 2를 차지했다.

여기서 우리가 알 수 있는 것이 소생산자들의 완전한 분화 과정이라는 사실은 아주 명백하다. 소생산자들 중 상위 집단은 부르주아로 변신했고, 하위 집단은 프롤레타리아가 되었다. 우리가 전체적인 평균을 택한다면 당연히 거기에서 아무것도 알 수 없게 되고, 시골 지역의 경제 상황에 대해서도 마찬가지일 것이다.

따라서 필자로 하여금 다음의 방법론을 채택하는 게 가능하게 만든 것은 그가 오로지 그러한 허구의 평균을 갖고 작업을 했기 때문이다. 해당 군 전체의 농민 농업에서 전형적인 농가들의 지위를 측정하기 위해 시체르비나 선생은 농민들을 분여지 크기에 따른 집단으로 나눴더니, 선택된 농가 24곳의 (전반적인 평균) 번영 수준이 군 내 평균보다 약 3분이 1 가량 더 높은 것으로 드러났다. 하지만 이런 계산법은 만족스럽다고 여겨질 수가 없는 것이었다. 왜냐하면 이들 24명 농민들 사이에는 커다란 차이가 존재하고 분여지 크기에 따른 분류는 농민층의 분화를 감춰버리기 때문이다. 따라서 "분여지가 번영의 주요한 원인"이라는 크리벤코 선생의 이론은 완전히 틀렸다. 마을공동체 내 토지를 "동등하게" 분배한다고 해서 말을 소유하지 않은 구성원들이 토지를 포기한 채 일자리를 찾아 떠나 프롤레타리아가 되는 것을 막아주지 못한다는 사실, 또는 다수의 말을 소유한 구성원들이 거대한 땅을 임차해 이윤이 발생하는 큰 농장을 운영하는 것 또한 막아주지 못한다는 사실은 누구나 알고 있다. 예를 들어 농가 24곳의 예산을 가지고 따져보면, 6데샤티나의 분여지를 보유한 한 명의 부유한 농민이 758.5루블의 총소득을 거둬들이고 있었고, 7.1데샤티나의 분여지를 보유한 중간층 농민은 391.5루블, 6.9데샤티나의 분여지를 보유한 가난한 농민은 109.5루블을 거둬들인다는 사실을 알게 될 것이다. 그리고 전체적으로 보면 다양한 집단 간의 소득 비율이 4:2:1인 반면 분여지 비율은 2.6:1.08:1이라는 걸 확인할 수 있었다. 이는 아주 당연한 것인데, 예를 들어 가구당 22.1데샤티나의 분여지를 보유한 부유한 농민들은 가가 8.8데샤티나를 추가로 더 빌리는 반면 분여지를 더 적게 보유한(9.2데샤티나) 중간층 농민들은 더 적은 규모의 분여지——7.7데샤티나——를 빌렸고, 훨씬 더 적은 분여지(8.5데샤티나)를 보유한 가난한 농민들은 불과 2.8데샤티나만 추가로 임차한다는 사실이 발견됐기 때문이다.[74] 그래서 크리벤코 선생이 "불행히도 시체르비나

---

74 레닌 주 물론 24곳 농가의 데이터만으로 분여지가 가장 중요하다는 이론을 반박하기에 충분하다는 말을 하려는 건 아니다. 그러나 앞에서 인용한 몇 개 군들의 데이터는 그것이 완전히 잘못됐음을 증명해준다(레닌이 언급한 농민층의 분화를 다룬 몇 개 군들의 데이터는 아직 발견되지 않은 이 책의 2부에 포함되어 있다. 『러시아에서의 자본주의 발전 Development of Capitalism in Russia』에서 레닌은 이 문제를 구체적으로 다루고 있는데, 특히 2장 「농민층의 분화」에 그 내용이 잘 나와 있다.—원서 편집자).

선생이 제시한 데이터는 주 단위는 말할 것도 없고 군 단위에서조차 전체적인 상황을 정확히 측정하는 데 도움이 되지 못한다"고 말할 때, 우리가 할 수 있는 말은 전체적인 평균을 계산하는 잘못된 방법론(크리벤코 선생이 절대 의지하지 말았어야 하는 방법론)에 의지하는 당신의 행동도 측정에 도움이 되지 않는다는 말밖에 없다. 일반적으로 말해 시체르비나 선생의 데이터는 아주 포괄적이고 귀중해서 우리로 하여금 정확한 결론에 도달하는 것을 가능하게 해주었고, 크리벤코 선생이 그러지 못했다면 비난받을 대상은 시체르비나 선생이 아니다.

예를 들어 시체르비나 선생은 197쪽에서 농사용 가축에 따른 농민들의 분류를 제시했을 뿐 분여지에 따른 분류를 제시하지는 않았다. 즉 법적인 구분이 아니라 경제적 구분에 따른 분류를 한 것이다. 그리고 이는 선택된 전형적인 24곳 농가의 다양한 범주들 사이의 비율이 해당 군을 통틀어 다양한 경제 집단들 사이의 비율과 정확히 일치한다고 주장할 수 있는 근거를 제공하고 있다. 그 분류는 다음과 같았다.[75]

---

75 레닌 주 전형적인 24가구와 군 전체의 농가 부문과의 비교 작업은 24가구의 평균을 분여지 크기에 기초한 집단들과 비교할 때 시체르비나 선생이 활용했던 것과 동일한 방법으로 행해졌다.

소유 축력수에 따른 세대주 분류	수		세대당			평균 가족수	가구별 퍼센트					
	세대주	퍼센트	가축수	토지(데샤티나)			농장 노동자 보유	상공업용 재산 보유	집 없는 가구	일할 사람 없는 가구	토지 경작 않는 가구	농기구 없는 가구
				분여지	임차지							
I. 축력 무소유	8,728	26	0.7	6.2	0.2	4.6	0.6	4	9.5	16.6	41.6	98.5
II. 한 마리 축력 소유	10,510	31.3	3	9.4	1.3	5.7	1.4	5.4	1.4	4.9	2.9	2.5
III. 2, 3마리 축력 소유	11,191	33.3	6.8	13.8	3.6	7.7	8.3	12.3	0.4	1.3	0.4	—
IV. 4마리 이상의 축력 소유	3,152	9.4	14.3	21.8	12.3	11.2	25.3	34.2	0.1	0.4	0.3	—
총계	33,581	100	4.4	11.2	2.5	6.7	5.7	10	3	6.3	11.9	23.4
전형적인 24개 가구 중[76] ┌ 노업노동자			0.5	7.2	0	4.5						
├ 가난한 농민			2.8	8.7	3.9	5.6						
├ 중간 농민			8.1	9.2	7.7	8.3						
└ 부유한 농민			13.5	22.1	8.8	7.8						
총계			7.2	12.2	6.6	7.3[77]						

76 레닌 주 여기서 두 명의 농장 노동자들(시체르비나 예산 항목의 14번과 15번)은 가난한 농민 집단에서 제외되었기 때문에 가난한 농민은 5명만 남는다.

77 레닌 주 이 표와 관련해, 여기서도 우리는 분여지의 증가에도 불구하고 부의 증가에 비례해 임차 토지의 양이 증가한다는 사실을 발견한다는 점을 지적하지 않을 수 없다. 따라서 하나의 군을 더 예로 들어 그와 관계된 사실을 들여다보면 분여지가 가장 중요하다는 생각의 오류를 확인할

수 있다. 반대로 특정 집단의 전체 소유지 대비 분여지의 비율은 그 집단의 부가 증가할수록 감소한다는 사실을 발견하게 된다. 임차 토지에 분여지를 더하고, 전체 대비 분여지의 비율을 계산하면, 집단별로 다음의 수치를 얻게 된다. (Ⅰ)96.8퍼센트, (Ⅱ)85.0퍼센트, (Ⅲ)79.3퍼센트, (Ⅳ)63.3퍼센트. 그리고 이는 아주 당연하다. 우리는 농노해방과 함께 러시아의 토지가 상품이 되었다는 사실을 알고 있다. 누구든 돈만 있으면 언제든 토지를 살 수 있게 되었고, 분여지 또한 마찬가지다. 부유한 농민들이 토지를 자신의 수중으로 끌어모으고, 중세시대 분여지 양도에 대한 제한 때문에 임차 토지의 경우 이러한 집중화 경향이 더욱 현저했다는 건 명백한 사실이다. 분여지 양도 제한에 우호적이었던 '인민의 벗들'은 그러한 분별없는 반동적 조치가 가난한 농민들의 상황을 악화시킬 뿐이라는 사실을 깨닫지 못한다. 농기구를 소유하지 못한 몰락한 농민들은 어떻든 간에 자신들의 토지를 임대해줄 수밖에 없고, 그런 임대 (또는 매각)를 금지할 경우 그 토지는 비밀리에 임대돼 결과적으로 그걸 임대해준 사람들의 조건을 더욱 악화시키거나, 가난한 농민들이 '마을공동체', 즉 쿨락에게 공짜로 토지를 넘기는 상황으로 귀결될 것이다. 그렇다면 이 지점에서 나는 그간 극구 칭찬받아온 이러한 '양도 금지'에 대한 호르비치(Hourwich)의 심오하고도 진실된 논평을 인용하지 않을 수 없겠다. "쟁점이 된 문제를 명확히 들여다보기 위해서 우리는 농민들이 매각한 토지의 구매자들이 누구인지를 확인해봐야 한다. 그러면 우리는 상인들이 구입하는 토지는 4등분된 부지의 극히 일부분에 불과하다는 사실을 알게 된다. 대체로 귀족이 매각한 소규모 부지를 획득하는 사람들도 농민들뿐이다. 따라서 당면 문제는 농민들 사이에서만 결정되어왔을 뿐, 귀족이나 자본가 계급의 이익에는 영향을 미치지 못한다. 그 경우 러시아 정부가 농민을 지지하는 이들(인민주의자들)에게 미끼를 던져주기를 원하는 것도 무리는 아니다. 하지만 동양적인 가부장주의와 전(全)국민적 사회주의적 금지론 간의 이런 어색한 동거는 혜택을 입을 거라 예상되는 당사자들의 반대에 부딪히기 쉽다. 해체의 과정이 명백히 마을 외부로부터가 아닌 내부에서부터 확산되면서, 농민 토지의 양도 불가능성은 공동체의 부유한 구성원들의 이익을 위해 가난한 이들의 재산을 무상으로 빼앗는 걸 의미할 뿐이다.""자신들의 토지를 양도할 권리를 누려온 부지 소유주들 가운데 이주민들의 비율이 농업 공동체에 사는 전직 국유지 농민들 가운데서의 비율보다 훨씬 더 높다는 사실에 주목할 필요가 있다. 다시 말해, 랴잔 주의 라넨부르크 지역에서 전자 중에서 이주민의 비율은 17퍼센트, 후자 중에서 이주민의 비율은 19.9퍼센트였다. 단코프 지역에서는 전자 중에서 그것은 12퍼센트였고, 후자에서는 5퍼센트였다."

"이러한 차이는 어디에서 비롯된 것일까? 구체적인 사실 하나가 그 의문을 풀어줄 것이다."

"1881년, 예전에 그리고로프의 농노들이었던 5가구로 구성된 작은 공동체가 단코프 지역의 비길디노 마을에서 이주해왔다. 그들이 보유했던 30데샤티나의 토지는 1,500루블의 금액에 한 부유한 농민에게 팔려나갔다. 고향에서 생계를 이어갈 수가 없었던 그들 대부분은 1년 단위로 고용된 노동자들이었다(『통계 보고』, 2부, 115쪽과 247쪽). 그리고리예프(Grigoryev) 선생에 따르면(「랴잔 주의 농민 이주」), 한 명의 농민이 평균적으로 소유한 6데샤티나의 가격은 남부 시베리아에서 한 농가가 농사를 시작하기에 충분한 금액이었다. 따라서 완전히 몰락한 농민도 공동으로 사용하는 토지에서 자신의 몫을 팔아 새로운 땅에서 농민의 지위로 올라가는 것이 가능했다. 정말로 자애로운 국가 권력의 도움이 없다면, 조상 대대로 내려오던 신성한 관습에 대한 헌신도 그런 유혹을 뛰어넘기란 힘들 것이다."

"물론 최근 농민 이주에 관한 나의 견해로 인해 (《세베르니 베스트니크Severy Vestnik》, 1892년, 5호에 실린 A. 보그다놉스키(Bogdanovsky)의 글에서) 그랬던 것처럼, 비관주의자라는 비난이 가해질 수도 있을 것이다. 그 통상적인 근거는 다음과 같은 경로를 따랐다: 실제로 그것이 사실에 가깝다 할지라도, (이주의) 나쁜 결과들은 현재 농민들이 처한 비정상적인 상황 때문이지 정상적인 환경 하에서라면 이주를 반대하는 의견은 '아무 쓸모없다'는 것이다. 하지만 바로 그 '비정상적인' 상황은 자연적으로 발생하고 있는 반면, '정상적인' 상황의 창출은 농민들의 성공을 비는 사람들의 권한을 벗어나고 있다."(앞의 책, 137쪽)

앞에서 볼 때, 전형적인 24곳 농가의 전체적인 평균이 해당 군 내 농가보다 전반적으로 운영 면에서 뛰어나다는 점은 의심할 나위가 없을 것이다. 그러나 이런 허구의 평균 대신에 경제적 범주를 택해보면, 제대로 된 비교가 가능해진다.

우리는 전형적인 농가들에서 일하는 농장 노동자들이 농사용 가축을 갖고 있지 못한 농민들보다 다소 아래에 위치해 있지만, 그들에 매우 근접해간다는 사실을 발견하게 된다. 그리고 가난한 농민들은 농사용 가축을 한 마리 보유한 농민들에 아주 가깝게 다가서고 있다(소의 숫자는 가난한 농민들이 2.8마리, 말을 한 마리 보유한 농민들이 3.0마리로, 0.2마리밖에 차이가 나지 않는다). 중간층 농민은 농사용 가축을 두세 마리 보유한 농민들보다 약간 위에 위치해 있다(그들은 소는 약간 더 많고 땅은 약간 더 적다). 반면 부유한 농민들은 농사용 가축을 네 마리 이상 보유한 농민들보다 약간 아래에 위치한 상태에서 그들에 근접해가고 있다. 따라서 우리는 군 전체에서 이윤이 나는 농사에 규칙적으로 종사하면서 외부 일자리를 찾을 필요가 없는 농민들이 10분의 1을 넘어선다는 결론을 도출해낼 수가 있다(그들의 소득은——중요하게 언급할 가치가 있다——화폐로 표현되며, 따라서 상업적 성격의 농업을 전제로 한다). 대체로 그들은 고용된 노동자들의 일손을 빌려 농사를 짓는다. 전체 가구의 4분의 1 이상이 정규 농업 노동자들을 고용하고, 일시적으로 일용직 노동자들을 고용하는 가구의 수는 알려져 있지 않다. 반면 군 내 농민의 절반 이상은 가난하고(말이 없는 농민 26퍼센트+한 마리가 있는 농민 31.3퍼센트=57.3퍼센트로, 60퍼센트에 가깝다) 순전히 적자 상태에서 농사를 짓고 있으며, 가차 없는 강탈에 꾸준히 시달린 끝에 서서히 몰락의 길을 걷고 있다. 그들은 어쩔 수 없이 자신들의 노동력을 팔 수밖에 없고, 농민들의 약 4분의 1은 이미 농업보다는 임금노동에 더 많이 생계를 의지한다. 나머지 중간층 농민들은 어쨌든 정기적인 손실을 보면서 농사를 짓는데, 외부 수입으로 그걸 보충하고, 따라서 어쨌든 경제적으로 안정되어 있지 않다.

나는 크리벤코 선생이 제시한 그림이 실제 상황을 얼마나 왜곡했는지를 보여주기 위해서 이들 데이터를 아주 구체적으로 꼼꼼하게 살펴보았다. 생각하고 말고 할 것도 없이 그는 전체적인 평균을 가지고 작업을 수행하고 있었고, 당연히 그 결과는 허구 정도가 아니라 완전히 거짓이었다. 예를 들어 우리는 (전형적인 24가구의 예산 중에서) 한 명의 잘사는 농민의 총소득(+197.34루블)이 가난한 아홉 농가의 적자를 메워주고(-21.38×9=-192.42), 그래서 해당 군 내 10퍼센트의 부유한 농민들이 57퍼센트의 가난한 농민들의 적자를 상쇄해줄 뿐만 아니라 일정 정도 잉여를 산출해낸다는 사실을 보았다. 그리고 24곳 농가의 평균예산으로부터 44.14루블의 잉여를 이끌어낸——또는 신용 부채와 체납금 15.97루블을 차감한——크리벤코 선생은 그저 중간층과 중하층 농민들의 '쇠퇴'를 이야기할 뿐이었다.

하지만 실제로는 아마도 중간층 농민들을 언급할 때만 쇠퇴를 이야기할 수 있는 반면[78], 가난한 농민 대중의 경우에는 직접적인 수탈, 즉 상대적으로 크고 튼튼하게 자리 잡은 농장을 소유한 소수의 손에 생산수단이 집중된 결과로 인한 강탈을 목격한다.

이러한 후자의 상황을 무시했기 때문에 크리벤코 선생은 농가 예산들의 또 다른 아주 흥미로운 특징, 다시 말해 농민층의 분화가 국내 시장을 창출하고 있다는 사실을 그것들이 마찬가지로 증명해준다는 것을 관찰하는 데 실패한 것이다. 한편으로 우리가 최상위에서 밑바닥까지 훑어보면, 산업, 곧 주로 노동력의 판매로부터 얻는 소득의 중요성이 점점 커진다는 것을 목격하게 된다(부유한 농민과 중간층 농민, 그리고 가난한 농민 각각의 총예산의 6.5퍼센트, 18.8퍼센트, 23.6퍼센트). 다른 한편으로 맨 밑바닥에서 최상위의 순서로 훑어보면, 농업의 상품적(이라기보다는 부르주아적이라고 하는 게 더 정확하겠다) 성격이 증가하고 처분되는 농산품의 비율이 늘어난다는 것을 목격한다. 각 범주별로 농업에서 거둬들이는 총소득은 a는 3,861.7/1,774.4, b는 3,163.8/899.9, c는 689.9/175.25다.

분모는 소득의 화폐 부문을 가리키는데,[79] 최상위 범주에

---

78 레닌 주 그리고 이조차도 거의 사실과 다르다. 왜냐하면 쇠퇴는 일시적이고 우연한 안정의 상실을 암시하는 데 비해, 우리가 본 바와 같이 중간층 농민들은 언제나 불안정 상태에 있고 몰락 직전이기 때문이다.

서 맨 밑바닥으로 가면서 각각 45.9퍼센트, 28.3퍼센트, 25.4퍼센트를 차지한다.

여기서 우리는 다시 강탈당한 농민들로부터 가져간 생산수단이 어떻게 **자본**으로 변화하는지를 똑똑히 보게 된다.

그러한 방식으로는 크리벤코 선생이 활용된 자료로부터 정확한 결론을 이끌어낼 수 없었음은 아주 분명하다. 철도로 같이 여행한 그 지역 한 농민으로부터 들은 것에 기초해 노브고로드 주 농민 농업의 화폐적 성격을 묘사한 뒤에야 그는 "가능한 저렴하게 풀을 베" "그것을 가능한 좋은 가격에 팔기 위한" "특별한 능력들"을 "배양하고"(156쪽)[80] 한 가지에 몰두하게끔 만드는 것이 바로 이러한 환경, 즉 상품경제라는 정확한 결론을 내지 않을 수 없었다. 상품경제는 "상업적인 재능을 일깨

---

[79] 레닌 주 농업에서 거둬들이는 화폐 소득을 산출해내려면(시체르비나는 이를 제시하지 않았다) 상당히 복잡한 계산이 필요하다. 작물에서 얻는 총소득으로부터 필자가 말하는 소 여물로 사용되는 짚과 겨에서 얻는 소득을 제하는 게 필요한데, 필자 자신은 18장에서 군 전체의 수치에 대해서만 그렇게 했을 뿐 24곳 농가에 대해서는 그렇게 하지 않았다. 그래서 나는 그가 제시한 전체 수치를 가지고 (곡물과 짚과 겨 모두로부터 얻는 총소득과 비교해) 곡물로부터 얻는 소득의 비율을 산정했으며, 그를 근거로 짚과 겨를 계산에서 제외했다. 그 비율은 호밀 78.98퍼센트, 밀 72.67퍼센트, 귀리와 보리 73.32퍼센트, 수수와 메밀 77.78퍼센트였다. 그리고 판매된 곡물의 양은 농장 자체에서 소비된 양을 제하고 난 다음에 정해졌다.

[80] 레닌 주 같은 단락에서 크리벤코는 "노동자가 싸게 고용되어야 하고, 그에게서 최대한 많은 것을 뽑아내야 한다"고 아주 정확히 언급하고 있다.

우고 세련되게 만드는 학교"로서 기능한다. "재능 있는 사람들이 전면에 나서 콜파예프(Kolpayev)와 데루노프(Derunov)[81], 그외 다른 유형의 피를 빨아먹는 착취자들이 되는[82] 반면, 우직하고 둔한 사람들은 뒤처지고 퇴화해 궁핍해진 끝에 농장 노동자 대열로 들어섰다."(156쪽)

전혀 다른 조건들이 지배적인 주——농업이 주산업인 주(보로네시)——의 데이터에서도 도달한 결론은 정확히 같았다. 이를 본 사람들은 상품경제 체제가 나라 전반의 경제 생활의 주된 배경이자 특히 "공동체" "농민층"의 가장 큰 바탕으로서 두드러지게 나타나는 상황이 아주 명확해졌다고 생각할 것이다. 그리고 이러한 상품경제만으로도 "인민들"과 "농민층"이 프롤레타리아(몰락해서 농장 노동자 대열에 들어선)와 부르주아지(피를 빨아먹는 착취자들)로 분화되고 있다는, 즉 자본주의 경제로 전환되고 있다는 사실 또한 두드러진다. 그러나 '인민의 벗들'은 현실을 직시하지 못하고 아버지를 아버지라 감히 말하지 못한다(그건 너무 "가혹한" 요구일지도 모르겠다)! 그리고 크리벤코 선생은 다음과 같이 주장한다.

81　러시아 풍자 작가 살티코프-시체드린의 작품들에 등장하는 자본주의 고리대금업자들의 유형.—원서 편집자

82　레닌 주 유자코프 선생, 어떻소! 당신의 동료조차 "재능 있는 사람들"이 "피를 빨아먹는 착취자들"이 된다고 말하는데, 당신은 그들이 "무비판적인 정신"을 가지고 있을 때만이 그렇게 된다고 장담했지 않소. 같은 매체에서 이렇게 서로 말이 달라서야 곤란합니다, 신사양반들!

"일부 사람들은 이러한 상태를 아주 자연스럽게 받아들이고"(그는 생산관계의 자본주의적 성격의 아주 자연스러운 결과라고 덧붙였어야만 했다. 그랬다면 "일부 사람들"의 관점에 대한 정확한 묘사가 이뤄졌을 테고, 그가 공허한 미사여구로 그들의 견해를 폐기처분하는 게 불가능했을 것이며, 그 역시 실질적인 문제의 분석을 할 수밖에 없었을 것이다. 자신이 그 "일부 사람들"과의 싸움에 의도적으로 나서지 않는 바람에 그는 스스로 화폐경제가 "재능 있는" 착취자들과 "우직한" 농장 노동자들을 만들어내는 "학교"라는 사실을 인정해야만 했다.) "그것을 자본주의의 저항할 수 없는 임무라 여긴다."(음, 물론이지! 이러한 "학교"와 그것을 지배하는 "착취자들"에 맞선 투쟁을 그들의 관료와 지식인 끄나풀들과 함께 벌어나가야만 한다고 믿는 것은 자본주의가 극복될 수 없다고 여기는 것이다! 그러나 자본주의 "학교"와 그 착취자들에게 완전한 면죄부를 부여하고 반쪽짜리 자유주의적인 조치들의 힘을 빌려 자본주의의 산물들을 제거하고자 하는 것은 '인민의 벗들'의 진정한 속성이다!) "우리는 문제를 다소 다르게 바라본다. 앞에서 지적한 대로 자본주의는 의심할 나위 없이 여기서 중요한 역할을 담당하지만"(이는 착취자들과 농장 노동자들의 학교에 대한 언급을 가리키는 대목이다) "그 역할이 모두를 아우르는데다 너무나 결정적이어서 그 외 다른 어떤 요인도 국민 경제에서 발생하는 변화에는 책임이 없고, 미래에 다른 어떤 해결책도 나타나지 않을 거라고는 말할 수 없다."(160쪽)

과연 그렇군! 현재의 시스템에 대한 정확하고 직설적인 묘사 대신에, '농민층'이 왜 착취자들과 농장 노동자들로 갈라지는가라는 질문에 명확한 대답을 내놓는 대신에, 크리벤코 선생은 "자본주의의 역할이 결정적이라고 말할 수 없다"는 알맹이 없는 문장으로 그 문제를 일축해버린다. 글쎄, 그렇다면 이제 남은 질문은 과연 그렇게 말할 수 있느냐 없느냐일 것이다.

자신의 견해를 뒷받침하려면 그는 다른 어떤 요인들이 '결정적'이며, 사회민주주의자들이 지적한 것 외에, 즉 착취자들에 맞선 프롤레타리아의 계급투쟁[83] 외에 다른 어떤 '해결책'이 있을 수 있는지를 보여줬어야만 했다. 그러나 그는 아무것도 보여주지 않았다. 그게 아니면 혹시 다음의 문장을 두고 자신이 보여주었다고 여기는 걸까? 우스울지 몰라도, '인민의 벗들'로부터 뭘 더 기대하겠는가.

"우리가 알다시피 맨 먼저 쇠락한 이들은 토지가 빈약한 취약 농가들이다." 즉 5데샤티나 미만의 분여지를 보유한 농가들을 말하는 것이다. "그러나 15.7데샤티나의 분여지를 확보한 전형적인 국유지 농민 농장들은 안정성 면에서 차이가 난다. …… 실제로 그 정도 소득(80루블의 순수익)을 확보하기 위해서

---

[83] 레닌 주 아직까지 도시 공장 노동자들만이 부르주아 계급에 맞선 프롤레타리아의 계급투쟁이라는 사고를 흡수할 수 있을 뿐, 시골의 "우직하고 둔한" 농장 노동자들, 즉 "예로부터 전해져오는 토대"와 "공동체 정신"이라는 자신들의 매력적인 자질을 사실상 잃어버린 사람들은 그렇지 못하다면, 그건 러시아 자본주의의 진보적이고 혁명적인 역할에 대한 사회민주주의 이론의 정확성을 입증해줄 뿐이다.

그들은 추가로 5데샤티나를 임차하지만, 그건 그저 그들이 필요로 하는 게 무엇인지를 보여줄 뿐이다."

악명 높은 '토지 빈곤'을 자본주의와 연결시키는 이런 '수정주의적 사고'는 과연 무엇에 해당하는가? 조금밖에 못 가진 사람들은 그마저도 잃어버리는 반면, 많이 가진(각각 15.7데샤티나씩) 사람들은 훨씬 더 많은 걸 얻게 된다는 의미에 지나지 않을 것이다.[84] 그러나 이는 일부 사람들은 몰락하고 다른 이들은 부유해진다는 말을 아무 의미 없이 바꿔 말한 것에 불과하다!! 이제 어떤 것도 해명해주지 못하는(농민들이 분여지를 공짜로 받는 게 아니라 그걸 구입해야 하기 때문이다) 토지 빈곤에 대한 의미 없는 이야기와 결별할 가장 좋은 시점이 다가왔다. 그것은 단지 과정만을 묘사해줄 뿐이며, 더군다나 부정확하기까지 하다. 그 이유는, 우리가 토지만을 가지고 이야기할 게 아니라 생산수단 전반에 대해 이야기해야 하며, 농민들이 토지를 "제대로 공급받지 못한다"고 이야기할 게 아니라 토지로부터 분리되고 있으며, 날로 성장하는 자본주의에 의해 수탈되고 있다고 말해야 하기 때문이다. 그러나 크리벤코 선생은 자신의 철학적인 담론을 마무리 지으며 "농업이 어떠한 상황 아래서도 '자연발생성'을 유지하며 제조업으로부터 분리되어 있어야 하고 또

---

84 레닌주 동일한 분여지를 가진 동민들은 동등한 위치에 있을 뿐, "착취자"와 "농장 노동자"로 갈라지지 않는다는 사고가 얼마나 어리석은 것인지는 말할 필요도 없다.

그럴 수 있다고 말할 의도는 없다"고 말한다(말이 또 바뀌는군! 화폐 경제라는 학교가 이미 존재하고, 그것은 교환을 전제로 하며, 그 결과 농업이 제조업으로부터 분리된다는 사실을 인정하지 않을 수 없다고 말한 건 당신이 아니었던가? 왜 또 뭐가 될 수 있고 되어야 한다는 식의 이야기를 걸핏하면 꺼내는가?). "우리가 말하고자 하는 건 인위적으로 분리된 산업을 창출하는 것이 비이성적이며"(킴리와 파블로보의 수공업이 "분리"되어 있는지, 누가 그것을 "인위적으로" "창출"했으며, 언제 어떻게 그렇게 했는지를 알아보는 것도 흥미로울 것이다), "노동자를 땅과 생산도구로부터 분리시키는 것은 자본주의에 의해서만 영향을 받는 것이 아니라 자본주의에 선행하고 그것을 증진시키는 다른 요인들에 의해서도 영향을 받는다는 것이 전부다."

여기서 그는 다시, 만약 노동자가 토지로부터 분리돼 착취자의 손아귀로 넘어간다면 이는 노동자가 '가난하기' 때문이며 착취자가 땅이 '많기' 때문이라는 심오한 사상을 염두에 두었을 가능성이 높다.

그리고 이러한 부류의 철학은, 사회민주주의자들이 자본주의를 결정적 요인으로 간주하는 '편협함'을 드러내고 있다고 비난을 해댄다! 나는 농민과 수공업자의 분화에 대해 아주 구체적으로 한 번 더 고찰해보았다. 왜냐하면 사회민주주의자들이 문제를 어떻게 묘사하고 설명하는지를 분명히 해둘 필요가 있기 때문이었다. 주관적 사회학자가 보기엔 농민들은 '가난해지는' 반면 '돈을 좇는 이들'과 '착취자들'은 '자신들에게 유리하도록 이윤을 이끌어낸다'는 걸 의미하는 사실관계들이, 유물론자에게 있어서는 상품 생산 자체의 필요에 따른 상품 생산자들의 부르주아적 분화를 의미한다는 걸 보여줄 필요가 있었다. 자산계급과 무산계급 사이의 투쟁이 공장에서 뿐만 아니라 머나먼 오지 마을에서도 진행되고 있다는 논지, 모든 곳에서 이러한 투쟁은 상품경제의 결과로 등장하는 부르주아와 프롤레타리아 사이의 투쟁이라는 (앞서 1부에서 인용[85]한) 논지의 근거로 작용하는 사실관계들이 어떠한 것들인지를 보여줄 필요가 있었다. 젬스트보 통계가 제공한 존경스러운 자료 덕분에 정확히 서술될 수 있었던 농민들과 수공업자들의 해체와 탈농빈화는 러시아의 현실을 바라보는 사회민주주의적 인식, 다시 말해 농민과 수공업자가 그 단어의 '단정적인' 의미에서 소생산자, 곧 소부르주아라는 인식의 정확성의 실질적 증거를 제공해준다. 이러한 논지는 소생산자들이 살아가는 상품경제의 환경이나 그러한 환경 때문에 그들이 자본주의적으로 분화되는 것을 이해하지 못한 옛 농민사회주의에 맞서는 것으로서의 노동계급 사회주의 이론의 핵심이라 불릴 수 있다. 따라서 사회민주주의를 진지하게 비판하고자 하는 사람이라면 누구든지 간에 자신의 주장을 여기에 집중시켜야 했을 뿐더러, 정치경제학의 시각에서 봤을 때 러시아가 상품경제 체제가 아

---

85 111~2쪽 참조.—편집자

니며 그래서 농민층의 해체가 상품경제 체제 때문에 비롯된 것이 아닐 뿐 아니라 인민 대중의 강탈과 노동인민의 착취는 이 나라 사회(농민을 포함한) 경제의 자본주의적 구조인 부르주아가 아닌 다른 무언가로 설명될 수 있다는 것을 보여주었어야 했다.

자, 그럼 어디 한번 해보시게나, 신사양반들!

내가 사회민주주의 이론의 실증적 증거로 택하기를 선호하는 것이 농민과 수공업 경제에 관한 데이터인 데에는 또 다른 이유가 있다. 만약 '인민의 벗들'의 관점을 비판하면서 내가 그들의 사고를 마르크스주의 사상과 대조하는 데 그쳤더라면, 그건 유물론적 방법론으로부터 멀어지는 결과를 가져왔을 것이다. 우리는 거기에 덧붙여 '인민주의적' 사고에 대해 설명하고, 이 나라의 현재 사회적·경제적 현실에서 그들의 물질적 토대를 증명해야만 한다. 이 나라 농민과 수공업자의 경제에 관한 예증과 사례 들은 '농민'의 신망을 받는 사람이 되고 싶어하는 '인민의 벗들'이 농민을 어떻게 생각하는지를 보여준다. 그것들은 이 나라 농촌 경제의 부르주아적 성격을 증명해주고, 따라서 '인민의 벗들'을 소부르주아의 이념가들로 분류하는게 적합하다는 것을 확인시켜준다. 그러나 이게 전부는 아니다. 그것들은 이 나라 급진주의자들의 사상과 계획 들이 소부르주아들의 이해관계와 밀접하게 관계를 맺고 있다는 사실도 드러내준다. 그들의 계획들을 구체적으로 검토해보면 훨씬 더 분명해질 이런 연관관계는 도대체 급진적인 사상들이 왜 그토록 우리 '사회'에 널리 퍼져 있는지를 설명해준다. 또한 그것은 '인민의 벗들'의 정치적 노예근성과, 기꺼이 타협할 준비가 되어 있는 그들의 태도 역시도 훌륭하게 설명해주고 있다.

마지막으로, 자본주의가 아직 채 발달하지 않은 우리 사회의 그와 같은 경제학적 측면들에 대해 아주 구체적으로 고찰해야 할 또 다른 이유가 하나 더 있다. 인민주의자들이 보통 자신들의 이론을 위한 자료를 끌어오곤 하는 그런 경제학에 대한 연구와 서술은 사회민주주의 경향에 대해 이곳 인민들 사이에 아주 만연해 있는 반발의식에 실질적으로 대답하는 가장 간단한 방법이다. 자본주의가 "인민의 시스템"과 모순된다는 일반적인 생각으로부터 더 나아가, 그리고 대규모 자본주의를 진보적인 것으로 간주하는 사회민주주의자들이 강도 같은 현 체제에 맞서 싸우는 토대로 삼고 싶어하는 것이 다름 아닌 대규모 자본주의라고 주장하는 이 나라 급진주의자들은 사회민주주의자들이 농민 대중의 이익을 무시한 채 "모든 농민을 공장의 용광로로 밀어넣기를" 바란다는 등의 비난을 한다.

이 모든 주장들은 자본주의에 대해서는 실제 있는 그대로 판단하면서도 시골 지역의 경우에는 '그럴지도 모른다'고 판단하는, 놀라우리만치 비논리적이고 이상한 과정에 근거를 두고 있다. 당연히, 그들에게 실제 농촌과 그곳의 실제 경제 상태를 보여주는 것보다 더 좋은 답변은 있을 수 없다.

농촌의 경제 환경을 감정에 좌우되지 않고 과학적으로 연구하는 사람이라면 누구나 러시아 농촌이 따로 떨어진 작은 지역들의 사회적·경제적 생활을 규정하는 작고 흩어진 시장들의(또는 중앙 시장의 작은 부문들의) 체계로 구성되어 있다는 것을 인정할 것이다. 그리고 각각의 지역에서 우리는 시장이 규제하는 사회적·경제적 구조에 대체로 특징적인 모든 현상을 발견한다. 한때 동등하고 가부장적이었던 직접생산자들이 부자와 가난한 이들로 분화되는 것을 발견할 것이며, 노동인민 주위에 그물을 치고 그들에게서 생명소를 빨아가는 **자본**, 특히 상인 자본의 부상을 발견하게 될 것이다. 그리고 우리의 급진주의자들이 제시한 농민 경제에 관한 묘사를 농촌의 경제 생활에 관한 정확한 1차 데이터와 비교해보면, 그들의 비판적 사고 체계에서는 각 지역의 시장에 떼 지어 모여 있는 영세한 장사치들과 행상, 흥정꾼들, 시장을 장악한 채 노동인민들을 가차 없이 억압하는 소착취자 무리들을 위한 자리는 없다는 사실에 놀라게 된다. 그들은 대개 "더 이상 농민들은 없고 장사치들만 있다"는 언급 정도만으로 관심권 밖으로 밀려나는 것이다. 그래, 그 말은 아주 옳다. '더 이상 농민은 없었다.' 그러나 그런 '상인들' 모두를 뚜렷이 구별되는 집단, 즉 정확한 정치경제학 용어로 말하자면 영리 기업에 종사하고 그 정도가 어떻든 간에 타인의 노동을 점취하는 사람들로 취급하려고 시도해보기 바란다. 그리고 이 집단의 경제적 힘과 그들이 지역 전체의 경제 생활에서 차지하는 역할을 정확히 수치로 표현하려 노력해보라. 그런 다음 자신의 노동력을 시장에 내다 팔고 자신이 아닌 타인을 위해서 일하기 때문에 '더 이상 농민이 아니게 된' 사람들을 정반대 집단으로 설정해보라. 감정에 휘둘리지 않고 진지한 조사를 위한 기초적인 요구조건들을 충족시켜나가려 애쓰다 보면, 부르주아적 분화라는 아주 생생한 그림을 얻게 될 테고 더 이상 "인민의 시스템"이라는 신화는 흔적조차 남지 않게 될 테니 말이다. 이런 소규모 시골 착취자들 무리는 끔찍한 세력을 대표한다. 특히 고립된 채 혼자 일하는 임금노동자를 억압하고, 그를 자신들에게 얽어매 일말의 구제받을 희망조차 앗아가기 때문에 끔찍하다. 그리고 앞서 묘사된 그 시스템의 특징인 낮은 노동생산성과 의사소통 수단의 부재에서 기인한 시골의 야만적인 환경에 비춰볼 때 그들에 의한 착취는 노동의 강탈일 뿐만 아니라 농촌에서 끊임없이 맞닥뜨리는 인간 존엄의 아시아적 침해에 해당하기 때문에 더더욱 그렇다. 이제 이 실제의 시골을 우리의 자본주의와 비교해본다면, 사회민주주의자들이 이 나라 자본주의의 역할을 진보적이라 여기는 이유를 이해할 수 있을 것이다. 자본주의는 작고 흩어진 시장들을 전국적인 차원의 단일 시장으로 한데 끌어모으고, 선의를 가진 소규모 착취자 무리들을 대신해서 한 줌의 커다란 '조국의 대들보들'을 창조해내며, 노동을 사회화하고 그 생산성을 끌어올리는 한편, 지역 착취자들에 의한 노동인민의 예속을 박살내고 그들을 대규모 **자본**에 종속시킨다. 그리고 이때의 종속은 노동의 억압과 점진적인 소멸, 야만성, 신체를 손상당한 여성과 아이들 등 그 모든 공포에도 불구하고 과거의 예속과 비교해볼 때 진보적이다. 그 이유는 그것이 노동자계급의 의식을 각성시키고, 침묵하거나 일관성 없던 불만을 의식적인 투쟁으로 전환시키며, 뿔뿔이 흩어진 채 벌어지던 사소하고 무분별한 반란을 모든 노동인민의 해방을 위한 조직화된 계급투쟁으로 변화시키기 때문이다. 이러한 투쟁은 대규모 자본주의의 존재라는 바로 그 조건 자체로부터 동력이 생겨나며, 따라서 의심할 나위 없이 일정한 성공을 확신할 수 있다.

아무튼 농민 대중을 무시한다는 비난에 대한 응답으로서 사회민주주의자들은 카를 마르크스의 다음과 같은 말들을 인용함으로써 전적으로 정당화될 수 있을 것이다.

비판은 사슬을 장식하고 있던 가공의 꽃들을 뽑아버렸는데, 그것은 인간이 상상 속의 장식물이 벗겨진 족쇄를 그대로 차고 있어야 한다는 뜻이 아니라 그 사슬을 벗어던져버리고 살아있는 꽃을 향해 손을 뻗어야 한다는 뜻이다.[86]

86 레닌이 인용하고 있는 이 부분은 마르크스의 『헤겔 법철학 비판』의 구절이다(마르크스·엥겔스, 『선집』, 1권, 1장, 에르스터 홀밴드, 608쪽 각주 2 참조).—원서 편집자

오늘날 러시아의 사회민주주의자들은 농촌을 장식한 가공의 꽃들을 뽑아버리고, 이상화와 환상에 맞서 싸우며 그것을 파괴하기 위한 작업을 수행해나가고 있다. 농민 대중을 현재의 억압과 점진적인 소멸, 노예화 상태에 머무르지 않게 하고, 어디서나 노동인민을 속박하는 사슬의 정체가 무엇이며 그 사슬이 어떻게 생겨났는지를 프롤레타리아가 이해할 수 있게 하기 위해, 그래서 그들이 그에 맞서 떨쳐일어나 사슬을 벗어던지고 현실의 꽃을 향해 손을 뻗을 수 있게 하기 위해서 말이다. '인민의 벗들'이 사회민주주의자들을 그토록 극도로 혐오하는 이유가 바로 여기에 있다.

그럼에도 자신들이 처한 위치 덕분에 스스로 계급의식을 획득하고 계급투쟁을 시작할 수 있게 된 노동인민의 대표들에게 사회민주주의자들이 그와 같은 사상을 펼쳐놓는 순간, 그들은 농민들을 공장의 용광로로 밀어넣기를 원한다는 비난에 처하게 되었다.

그렇다면 사회민주주의자들을 비난하는 그들은 과연 어떤 이들인가?

'정부'와 '사회', 즉 도처에서 노동인민을 속박해온 부르주아 기관들에, 노동인민의 해방을 향한 희망을 거는 사람들이다!

그러고도 이런 줏대 없는 인종들이 건방지게도 사회민주주의자들은 이상을 갖고 있지 못하다는 둥의 이야기를 늘어놓고 있다니!

인민의 벗들의 정치 강령을 들여다보면

지금까지 '인민의 벗들'의 이론적 견해에 너무 많은 시간을 할애한 듯하니, 이제부터는 그들의 정치 강령을 한번 살펴보도록 하자. 그들은 무슨 수로 자기들이 '불을 끄겠다'고 나서는 걸까? 그들이 틀렸다고 주장하는 사회민주주의자들의 제안 대신에 어떤 활로를 제시하고 있을까?

유자코프 선생은 「농업부」라는 제목의 글(《루스코예 보가츠트보》, 10호)에서 "농민은행의 개편, 식민화 부서의 설립, 인민 농업을 위한 국유지 토지 임대차의 규제 …… 토지 임대의 연구와 규제 등이 인민 농업을 회복시키고 막 생겨나는 금권정치의 경제적 폭력으로부터 인민 농업을 보호하기 위한 계획"이라고 말한다. 그리고 「경제 발전의 문제점들」이란 글에서는 "인민 농업의 회복"을 위한 이러한 계획들이 뒤이은 "최초의, 그러나 필수적인 조치들"에 의해 보완된다고 밝혔는데, "마을 공동체에 당장 지장을 주는 모든 규제의 제거, 보호감독의 면제, 공동 경작의 채택(농업의 사회화), 땅에서 얻는 원료의 공동체 가공 개발" 같은 조치들이 그것들이다. 그리고 크리벤코 선생과 카리셰프(Karyshev) 선생은 여기에다 "저금리 신용, 집단 농장 형태의 농업, 보장된 시장, 고용주들의 이윤을 없앨 가능성"(이는 나중에 따로 다루게 될 것이다), "값싼 엔진을 비롯한 기술 혁신의 창안", 마지막으로 "박물관, 창고, 대리점"을 덧붙이고 있다.

이와 같은 강령을 검토해보면, 이 신사양반들이 현대 사회의 입장을(즉 자신도 깨닫지 못하는 채로 자본주의 체제의 입장을) 전적으로 받아들이고 있고 그것을 고치고 끼워맞춰서 문제들을 해결하고 싶어하지만, 그들이 내놓은 모든 진보적인 조치들——저금리 신용, 기계 개량, 은행 등——은 부르주아를 강화하고 발전시키는 데 기여할 뿐이라는 사실을 발견하게 될 것이다.

물론 현재의 시스템에서는 어떠한 개혁도 쓸모가 없고, 신용, 이민, 세금 개혁, 모든 토지의 농민에게로의 이전은 어느 것 하나 눈에 띄게 바꾸지 못할 것이며, 오히려 반대로 지금처럼 과도한 '보호감독'과 봉건적 부과금의 존속, 농민의 토지 예속 등에 의해 지체된 자본주의 경제를 강화하고 발전시키는 방향으로 갈 거라던 니콜라이-온의 말은——이는 그의 가장 귀중한 이론들 중 하나로, '인민의 벗들'은 이에 저항하지 않을 수 없었다——지극히 옳았다. 그는 바실치코프 왕자(Prince Vasilchikov, 사상적으로 의심의 여지 없는 '인민의 벗'인)처럼 신용의 확대, 발전을 소망하는 경제학자들은 부르주아 같은 "자유주의적인 것"을 바라면서 "자본주의 관계의 발전과 강화를 위해 고군분투하고 있다"고 말한다. 그들은 우리 ('농민층 내의') 생산 관계의 적대적 성격을 이해하지 못하고, 이러한 적대를 공개적인 장으로 끌어내려 애쓰거나 적대의 결과로 예속화된 사람들 편에 합류해 그들이 투쟁에 나서는 것을 도우려 하기보다는 모든 이를 만족시킬 만한 조치들로 투쟁을 멈추게 함으로써 화해와 통합을 이루기를 꿈꾼다. 이런 모든 조치들의 결과물은 당연히 처음부터 결론이 정해져 있을 수밖에 없다. 모든 종류의 신용[87], 개량, 은행 그리고 유사한 '진보적' 조치들이 오로지 적절히 운영되고 틀이 잡힌 농장을 소유하고 있으면서 확실한 '저축'을 보유한 사람들, 즉 극소수 소부르주아 계급을 대표하는 사람들에게만 활용 가능할 것이라는 사실을 납득하려면 앞서 제시된 분화의 사례들을 떠올리기만 하면 된다. 그리고 농민은행과 유사 기관들을 아무리 개편한다 할지라도, 그동안 빼앗겨왔고 또 계속 빼앗기고 있는 인민 대중 입장에서는 적절한 농업 수단은 물론이고 생계를 이을 수단조차 부족하다는 근본적이고 가장 중요한 사실을 조금도 바꿔놓지 못할 것이다.

[87] 레닌주 "인민의 농업", 즉 자본주의적 관계가 존재하는 소생산자들의 농업을 촉진하기 위해 신용을 활용한다는 아무런 의미 없는 발상은 정치경제학 이론의 초보적인 사실조차 이해할 능력이 없음을 드러내주며, 양쪽 의자에 양다리를 걸치고 앉으려는 그들 신사양반들의 이론이 얼마나 저속한 것인지를 확실히 보여준다.

'집단 농장'과 '공동 경작'도 마찬가지다. 유자코프 선생은 공동 경작을 가리켜 "농업의 사회화"라고 불렀다. 물론 이는 아주 웃기는 이야기로, 사회화는 단일 마을의 경계보다 더 넓은 범위에서 생산이 조직되는 걸 요구하고, 생산수단을 독점해 현재 러시아의 사회 경제를 주도하고 있는 '착취자들'의 재산 몰수를 필요로 하기 때문이다. 그리고 이는 시시한 속물적인 훈계가 아닌 투쟁과 투쟁, 또 투쟁을 요구하는 일이다.

그들의 그런 조치들이 온건하고 리버럴한 반쪽짜리 조치들로 변모해 인정 많은 부르주아의 관대함에 근근이 연명해가는 동안, 피착취자들로 하여금 투쟁보다는 몇몇 개인들 차원에서 가능한 개량적 조치를 통해 이득을 얻으려는 쪽으로 방향을 틀게 함으로써 훨씬 더 많은 해악을 끼치는 것도 바로 그런 이유에서다. 그들 신사양반들이 러시아인의 삶에서의 적대를 숨기기 위해 얼마나 터무니없는 시도를 하는지는——물론 현재의 투쟁을 끝내려는 최선의 의도를 가지고 그러는 걸 텐데, 지옥으로 가는 길을 닦는 거나 다름 없다——크리벤코 선생의 다음 주장에서도 그대로 드러난다.

"인텔리겐차가 공장주들의 기업을 지휘하자, 그들은 대중 산업을 지휘할 수 있게 되었다."

그들의 철학 전체는, 투쟁과 착취가 존재하지만 만약······만약 착취자들이 없다면 그것들은 존재하지 않'을지도 모른다'고 징징대는 것과 마찬가지다. 과연 필자인 크리벤코 선생은 이런 쓸데없는 문구로 무슨 뜻을 전달하려던 것이었을까? 해를 거듭할수록 러시아의 대학과 기타 교육기관들은 오로지 자신들을 먹여 살려줄 누군가를 찾는 데만 관심을 기울이는 '인텔리겐차'라는 상표를 찍어내고 있다는 사실을 부인할 수 있을까? 오늘날 러시아에서 이러한 '인텔리겐차'를 지탱할 수단을 소유한 건 오직 소수 부르주아뿐이란 현실을 부인할 수 있을까? '인민의 벗들'이 부르주아 계급이 아닌 다른 누군가를 위해 봉사할 '수도 있다'고 주장하는 까닭에 러시아의 부르주아 지식인계급이 사라지게 될 거라 기대할 수 있을까? 그래, 만약 그들이 부르주아 지식인계급이 아니라면 '그럴지도 모른다.' 그들은 부르주아 지식인계급이 아닐 '지도 모른다.' '만약' 러시아에 부르주아 계급도, 자본주의도 없다면 말이다! 그래서 그들은 '만약'과 '그리고'라는 말을 되풀이하면서 일생을 보내는 데 만족하고 있다. 더욱이 이들 신사양반들은 자본주의에 결정적인 중요성을 보태는 걸 거부할 뿐만 아니라, 그 안에 담겨 있는 잘못된 무언가를 들여다보기를 철저히 거부하고 있다. 만약 일정한 '결함들'이 제거된다면, 그들로서는 자본주의하에서 살아가는 게 어쩌면 그렇게 나쁜 것만은 아닐 것이다. 그렇다면 크리벤코 선생의 다음과 같은 발언은 또 어떤가.

"자본주의 생산과 산업의 자본주의화는 공장제 수공업이 인민들로부터 오로지 결별만 하는 출구가 결코 아니다. 물론 그럴 수도 있겠지만, 또한 인민들의 삶으로 들어와 농업과 원료 산업으로 더 가깝게 접근할 수도 있다. 이는 다양한 방식으로 성사될 수 있고, 그런 목적에 기여할 수 있다."(161쪽)

크리벤코 선생은 미하일롭스키 선생과 비교해봤을 때, 예를 들어 솔직함과 단도직입적인 면 같은 수많은 장점들을 지니고 있는 인물이다. 미하일롭스키 선생이 주제를 제대로 건드리지도 않고 꼼지락대기만 하다가 부드럽고 미려한 문장들로 지면을 채운다면, 사업가 스타일의 실용적 인물인 크리벤코 선생은 직설적으로 비판을 하고, 양심의 가책도 없이 자신의 터무니없는 견해 일체를 거리낌 없이 독자 앞에 펼쳐놓는다. "자본주의는 인민의 삶으로 들어올 수 있다." 세상에나! 말인즉슨, 노동인민이 생산수단과 결별하지 않고서도 자본주의가 가능하다는 것이다! 이건 확실히 마음에 드는 상황이다. 적어도 지금 '인민의 벗들'이 무엇을 원하는지가 아주 명확해졌으니 말이다. 그들은 자본주의 없는 상품경제, 강탈도 착취도 없이 인간적인 지주와 자유주의적인 관료들의 팔 아래서 평화롭게 무위도식하는 소부르주아 계급만이 있는 자본주의를 원한다. 러시아에 혜택을 줄 의도를 지닌 부서 관료들의 진지한 태도에 힘입은 그들은 늑대가 욕심을 감추고 양이 가죽을 감추듯 자신들의 속셈을 어떻게 감출지 궁리를 시작한다. 그래서 그 속셈의 성격을 조금이나마 알기 위해서는 동일한 필자의 글(「우리의 문화 용병들」, 《루스코예 보가츠트보》, 12호)로 눈을 돌려야 한다. 그 글에서 크리벤코 선생은 "집단농장과 국유 형태의 산업은 현 상황에서 그다지 품어볼 만한 상상이라고는 절대 볼 수 없다. 예를 들어, 다음의 구상은 가능하겠다"라고 주장하며——확실히 그에게 '실질적인 경제 문제들을 해결'해달라는 '요청이 있었다'는 인상이 느껴진다——, 소액(100루블을 넘지 않는)의 지분으로 한 합자회사를 통해 돈 강 지역을 기술 개발할 계획을 가지고 《루스코예 보가츠트보》 사무실을 방문한 어느 엔지니어의 이야기를 꺼낸다. 필자는 그에게 다음과 같은 권유를 받게 된다. "지분은 사적인 개인들이 아니라 마을공동체 소유가 될 겁니다. 회사에 고용된 마을 주민의 일부는 통상적인 임금을 받게 되고, 마을공동체는 토지와의 연결고리를 유지시켜준다는 보장을 해주는 거죠."

정말 경영의 귀재 아닌가? 인민의 삶에 자본주의가 존경스러우리만치 단순하고 쉽게 도입되고, 그 파멸적인 특성들이 모두 제거되는 셈이니 말이다! 단지 요구되는 거라곤 시골 부자들이 공동체를 통해 지분[88]을 사들이고 기업으로부터 배당금을 받는 것이 전부며, 그 속에서 공동체 "주민의 일부"는 일자리를 얻고 토지와의 유대관계를 보장받는다. 그런 유대관계는 토지로부터 생계를 보장받기에는 불충분하지만(아니면 누가 '통상적인 임금'을 위해 일하러 가겠는가?), 주민들을 지역에 묶어둔 채 지역 자본주의 기업의 노예로 만들고 그들이 주인도 바꾸지 못하게 하기에는 충분하다. 여기서 주인이란 곧 자본가를 말하는 것으로, 노동자에게 임금을 지급하는 사람을 달리 부를 방도가 없기 때문에 아주 타당한 표현이라 하겠다.

독자들은 일고의 관심도 기울일 가치가 없어 보이는 이런 헛소리에 이미 이토록 많은 지면을 할애한 나에게 짜증을 낼지도 모르겠다. 그러나 헛소리일지라도 그것을 연구할 가치와 필요는 있다는 지적을 하지 않을 수 없다. 왜냐하면 그것은 러시아에 실제로 존재하는 사회적·경제적 관계들을 반영하고 있고, 그 결과 이 나라에 아주 널리 퍼져 있는 사회 통념들 가운데 하나이기에 사회민주주의자들이 앞으로 오랫동안 생각해봐야 할 문제기 때문이다. 핵심은 러시아에서 봉건적 생산양식으로부터 자본주의 생산양식으로의 전환이 토지를 통해 생계를 꾸려나가지 못하고 지주에게 소작료를 지불할 수 없게

88 레닌 주 요컨대 공동체가 지분을 소유하게 될 거라고 필자는 못박았지만, 부자들이 그 지분을 사들이게 될 것이란 거다. 그 이유는, 돈으로 지분을 사들인다고 그가 이야기할 때 결국 그 돈을 가진 사람들은 부자들뿐이기 때문이다. 그러므로 사업이 공동체의 대리 활동을 통해 이뤄지든 아니든 간에 부자들만이 대금을 지불할 수 있을 것이고, 공동체에 의한 토지의 구입이나 임차도 부자들이 해당 토지를 독점하는 걸 절대 막지 못할 것이다. 배당금 또한 대금을 지불한 사람들에게 돌아갈 게 틀림없다. 그렇지 않다면 그 지분은 지분이 아닌 셈이 되기 때문이다. 그리고 나는 '노동자들에게 토지와 그들 간의 연결고리를 보장해주기 위해' 이윤의 일정한 부분이 배정될 거라는 뜻으로 필자의 제안을 이해한다. 만약 필자가 의도하는 바가 이게 아니라(그의 말에 따르면 필연적으로 그렇게 되겠지만) 부자가 지분의 대가를 치르고서 배당금을 받지 않을 거라는 뜻이라면, 그건 전적으로 부자가 가난한 사람과 이익을 공유할 거라는 생각과 마찬가지다. 이는 "파리를 잡아서 음식에 빠뜨리세요. 그럼 바로 죽을 겁니다"라고 했다던 사람의 일화를 떠올리게 한다.

된(바로 이 순간까지도 농민은 소작료를 지불하고 있다) 농민으로 하여금 예전의 좋았던 시절에는 독립적인 형태를 띠었거나(예를 들어 수레꾼 같은) 독립적이지는 않더라도 그런 유형의 고용이 제대로 발달하지 않은 덕분에 상대적으로 좋은 대가를 받을 수 있는 노동이라 여겨졌던 '외부 고용'에 어쩔 수 없이 의존할 수밖에 없는 상황을 초래했고, 또 계속 초래하고 있다는 점이다. 과거에 농민들은 오늘날과 비교해볼 때 일정 정도 안녕을 보장받았었다. 십만 명에 달하는 귀족경찰들과 러시아의 토지를 끌어모으던 초창기 부르주아들의 보호 아래서 평온하고도 무기력하게 살아가던 농노로서의 안녕이긴 했지만 말이다.

그래서 '인민의 벗들'은 그러한 시스템의 그늘을 간단히 무시한 채 이상화하고, 환상을 품는다. 여기서 내가 '환상'이라고 표현한 건, 그 시스템이 오래전에 작동을 멈춰버렸을 뿐만 아니라 농민들의 대규모 재산 강탈을 불러온, 그리고 과거의 '고용'을 족쇄에서 풀려난 '일손들'에 대한 착취로 변화시킨 자본주의에 의해 이미 오래전에 파괴된 상황이기 때문이다.

우리의 소부르주아 기사들은 농민과 토지와의 '연결고리'를 유지하길 원한다. 그러나 그들은 그러한 연결고리를 단독으로 보장해주는 농노제를 원하지는 않는다. 그리고 농노제는 그 연결고리를 불가능하게 만드는 상품생산과 자본주의에 의해서 이미 붕괴되었다. 그들은 농민을 토지로부터 멀리 내쫓지 않는 외부 고용,——노동이 시장을 위해 이뤄지는 반면——경쟁을 불러일으키지 않고 **자본**을 창출하지 않으며 인민 대중을 자본의 노예로 만들지 않는 외부 고용을 바란다. 사회학의 주관적 방법론에나 들어맞을 법한 이런 주장에 대해, 그들은 여기저기서 좋은 것을 '취하고' 싶어한다. 그러나 물론 실제로는 이러한 유치한 바람은 오직 현실을 무시하는 반동적인 환상, 새로운 시스템의 정말로 진보적이고 혁명적인 측면들을 이해하고 활용하지 못하는 무능력, 반은 농노, 반은 자유로운 노동이라는 과거의 훌륭한 시스템, 즉 착취와 억압의 공포로 가득차고 벗어날 가능성이 없는 시스템을 영속화하는 조치들에 대한 공감으로 이어질 뿐이다.

반동들 사이에서 '인민의 벗들'을 구분해주는 이런 설명이 얼마나 정확한지를 증명하기 위해, 두 가지 사례들을 인용해보겠다.

모스크바 젬스트보 통계에서 우리는 (포돌스크 군에 사는) K 여사라는 사람의 농장에 대한 묘사를 읽을 수 있는데, 내 기억이 정확하다면 그것은(묘사 자체가 아니라 농장이) 모스크바의 통계학자들과 V. V. 선생 모두에게 존경을 받았다(V. V. 선생이 어느 잡지 기고문에서 그에 대해 언급한 적이 있다).

V. 오를로프(Orlov) 선생은 이 유명한 K 여사의 농장을 '농업이 건강한 상태에 있고, 개인 토지소유주들의 농장들도 더 잘 운영되고 있다'는 자신이 가장 좋아하는 논지의 '확실한 실제 확인 사례'로 여겼다. 그 여인의 농장에 대한 오를로프의 주

장에 비춰볼 때, 그녀는 겨울에 밀가루를 꿔주는 대가로 자신의 땅을 경작하는 지역 농민들의 노동으로 농장을 운영하고 있는 듯했다. 여인은 농민들에게 특히나 친절하게 굴며 도움을 주었고, 그래서 농민들은 읍에서 가장 잘사는 축에 속할 뿐 아니라 "거의 새로운 추수철이 돌아올 때까지 버틸 수(예전에는 성 니콜라스 날까지도 버티지 못했다)" 있을 만큼 충분한 곡식을 얻을 수 있었다.

의문은 바로 이 대목에서 고개를 든다. N. 카블루코프(Kablukov)(5권, 175쪽)와 오를로프 선생(2권, 55~9쪽 등)이 생각하는 것처럼 '그런 방식'이 '농민과 지주 간의 적대적 이해관계'를 불가능하게 만드는 걸까? 당연히 아니다. 왜냐하면 K 여사는 농민들의 노동으로 살아가기 때문이다. 따라서 착취는 전혀 사라지지 않았다. K 여사는 착취받는 사람들을 향한 자신의 친절함 뒤에 감춰진 착취를 보지 못한 데 대해 용서받을 수 있을지 몰라도, 경제학자이자 통계학자인 오를로프는 그렇지 않다. 그는 자본가가 노동자에게 보이는 친절함에 황홀해 하며 공장 소유주가 자신의 노동자들에게 관심을 기울여 그들에게 잡화점과 주거 등을 제공해주는 사례들을 열광적으로 들려주는 서구의 박애주의자들과 정확히 같은 입장을 취하고 있다. 적대적 이해관계가 존재하지 않는다는 그런 '사실들'의 존재로부터 결론을 끌어오는 것은 나무를 보고 숲은 보지 못하는 것이다. 그것이 첫 번째 핵심이다.

두 번째 핵심은 우리가 오를로프 선생의 설명을 통해 K 여사의 농민들이 '뛰어난 수확고 덕분에(그 여주인은 좋은 씨앗을 제공했다) 가축을 확보'했고 '유복한' 농장을 소유하게 되었다는 사실을 알게 됐다는 점이다. 이들 '유복한 농민들'이 "거의"가 아니라 완전히 번창하게 되었고, '다수'가 아닌 그들 모두가 새로운 추수가 "거의" 되돌아올 때까지가 아니라 정확히 그 시기까지 충분한 곡식을 보유하게 되었다고 가정해보자. 그리고 이제 이들 농민들이 충분한 토지와 '목장 및 목초지'를 소유하고 있다고도 가정해보자. 물론 현실은 그렇지 못하고, 농민들은 K 여사에게 토지를 임차한 뒤 노동으로 그 대가를 지급한다(이것이 번창 아닌가!). 그럴 경우——즉 농민 농업이 정말로 번영을 구가하고 있을 경우——오를로프 선생은 정말로 이 농민들이 스스로 동의해서 지금 하고 있는 것처럼 'K 여사의 사유지에서 하는 모든 일들을 철저히, 정확히, 그리고 신속히 수행'할 거라고 믿는 걸까? 또는 어쩌면 그런 어머니 같은 보살핌으로 이들 농민들에게서 피땀을 뽑아내는 이 친절한 여인에 대한 감사의 마음이 결국 목초지와 목장을 처분할 수밖에 없는 농민들의 절망적인 현재 상황보다 더 강력한 동기부여가 된다고 믿는 걸까?

분명 '인민의 벗들'의 생각은 본질적으로 동일하다. 진정한 소부르주아 관념론자들로서 그들은 착취를 없애기보다는 완화시키기를 바라고, 결속보다는 회유를 원한다. 편협한 사회민주주의자들을 맹렬히 비판하는 관점에서부터 시작된 그들의 드넓은 이상은 지주와 자본가 들이 공정하게 대해주기만 한다면 '번영을 구가하는' 농민들이 그들에 대한 자신의 '의무'를 충실히 수행할 거라는 생각에서 한 발짝도 더 나아가지 않는다.

예를 하나 더 들어보자. 유자코프 선생은 「러시아 인민의 토지소유 할당량」(《루스코예 보가츠트보》, 1885년, 9호)이라는 자신의 유명한 글에서 "인민들의" 토지소유, 즉 우리 자유주의자들의 용어로는 자본주의와 착취를 배제하는 토지소유의 규모가 어떠해야 하는지에 대한 자신의 견해를 상세히 설명했다. 자, 크리벤코 선생의 탁월한 설명이 있은 뒤, 우리는 그 역시도 "자본주의를 인민의 삶에 도입하는" 관점에서 문제를 바라보았다는 사실을 알고 있다. 지주의 신분으로서 그는 분여지를 통해 "식량과 지불금"을 충당하는[89] 반면 나머지는 "일자리"를 통해 얻어질 수 있다고 보았다…… 달리 말해, 그는 농민이 토지와의 연관성을 유지함으로써 한편으로는 '분여지'에서 지주에 의

---

89 레닌주 이러한 지출과 나머지 농가 예산 사이의 관계를 드러내주기 위해 다시 오스트로고즈스크 군 농가 24곳의 예산을 다시 인용해보겠다. 가구당 평균 지출은 495.39루블(현물과 현금)이다. 이 중 109.10루블은 가축 유지비로 들어가고, 135.80루블은 채소 음식과 세금에 지출되며, 나머지 250.49루블은 기타 비용——채소가 아닌 음식, 옷, 농기구, 지대 등——으로 들어간다. 유자코프 선생은 건초지와 그 밖의 땅이 가축 유지비에 해당한다고 잡고 있다.

해, 다른 한편으로는 '일자리'에서 자본가에 의해 이중의 착취에 놓일 수밖에 없는 상황을 단지 운명이라고 체념해버린 것이다. 이중 착취에 시달리는 소생산자들의 이러한 상태와 그 생활조건은 더구나 필연적으로 주눅 들고 짓밟힌 심리를 낳아 피억압계급의 승리는 고사하고 투쟁에 대한 모든 희망을 앗아가버렸다. 이와 같은 반(半)중세적 상황은 '인민의 벗들'의 전망과 이상의 극치라 할 수 있다. 그래서 러시아 개혁 이후 역사 전체를 통틀어 엄청나게 빠른 속도로 발전한 자본주의가 옛 러시아를 떠받치던 기둥──가부장적인 반(半)농노 상태의 농민층──을 뿌리째 뽑아 그들을 중세와 반(半)봉건적 상황에서 끌어내고 현대의 순수한 자본주의적인 환경에 가져다놓고는 그들로 하여금 자신의 오랜 고향을 포기하고 일자리를 찾아 러시아 곳곳을 헤매다 노예의 사슬을 끊고 지역의 '일자리 제공자'에게로 갈 수밖에 없게 만듦으로써 전체적인 계급 착취의 토대가 독사 같은 특정 인물의 약탈과는 거리가 먼 계급 착취라는 사실을 드러내자, 자본주의가 가축의 수준으로 주눅 들고 굴복한 나머지 농민 인구를 한꺼번에 점점 더 복잡한 사회적·정치적 삶의 소용돌이로 끌어들이기 시작하자, 우리 기사님들은 옛 기둥들의 몰락과 파괴에 대해 울부짖기 시작했다. 그리고 그들은 비록 지금은 눈이 멀어 이러한 새로운 삶의 양식의 혁명적 측면을 보지 못할 뿐 아니라, 예전의 착취 체제에 전혀 묶여 있지 않으면서 자본주의에 맞서 싸우는 위치에 있는 새로운 사회 세력을 자본주의가 어떻게 창출해내는지를 전혀 보지 못함에도 불구하고, 예전의 좋았던 시절에 대해 울부짖는 모습을 오늘날까지 계속 보여주고 있다.

하지만 '인민의 벗들'은 현 시스템에서의 어떠한 급진적 변화도 바라는 기미를 보여주지 않고 있다. 그들은 현존하는 토대에서의 자유주의적인 조치들에 전적으로 만족하고 있으며, 실제로 크리벤코 선생은 그런 조치들을 고안함에 있어 거드름 피우는 토착 하급관리 같은 행정 능력들을 과시하고 있다.

그는 "대체로 우리 인민 산업에 관한 구체적인 연구와 급진적인 변화"의 필요성을 주장한다. "이 문제는 특별한 조사와, 산업을 인민의 삶에 적용할 수 있는 것들과 적용 과정에서 심각한 장애물에 부딪힐 수 있는 것들로 나눌 것이 요구된다"는 것이다.

크리벤코 선생은 다양한 산업들을 자본주의화되지 않은 것과 이미 자본주의화가 발생한 것, 그리고 "대규모 산업과 생존을 놓고 경쟁할" 수 있는 것들로 나누면서 그런 분할의 사례를 우리에게 직접 제시한다.

또한 이 행정가는 이렇게 결론을 내린다. "첫 번째 경우에 소생산은 자유롭게 존재할 수 있다." 그러나 변동으로 인해 소생산자들이 부르주아와 프롤레타리아로 갈라지는 시장으로부터 그것이 자유로울 수 있을까? 그것이 지역 시장의 팽창과 보다 더 큰 시장으로의 합병에서 자유로울 수 있을까? 기술 진보로부터도 그럴 수 있을까? 또는 그 기술 진보——상품 생산에서의——가 자본주의적일 필요는 없는 걸까? 마지막의 경우에 필자는 '대규모 생산 조직 역시' 요구한다. "명백히 여기서 필요한 것은 대규모 생산 조직이고, 고정자본과 유동자본, 기계 등이나 또는 이러한 조건과 균형을 맞출 다른 무언가, 즉 값싼 신용, 불필요한 중간상인들의 제거, 집단 농장 형태 농업과 고용주들의 이윤을 처분할 가능성, 시장의 확보, 값싼 엔진의 개발과 그 외 기술적 개선, 또는 다른 혜택들에 의해 보상받는다는 전제하에서의 임금의 일부 삭감이 필요하다"는 것이다.

이러한 종류의 논리는 말로는 드넓은 이상을 이야기하면서도 행동으로는 틀에 박힌 자유주의를 드러내는 '인민의 벗들'에게는 아주 특징적이다. 살펴본 바와 같이 우리의 철학자는 고용주들의 이윤을 처분할 가능성과 대규모 농업의 조직화를 다름 아닌 그 출발점으로 삼고 있다. 아주 훌륭하다. 이것이야말로 사회민주주의자들이 원하는 것이기도 하니까. 그러나 '인민의 벗들'은 어떻게 그것을 달성하기를 원하는가? 고용주 없이 대규모 생산을 조직하기 위해서는 우선 사회적 경제의 상품 구조를 철폐하고 그것을 공동체, 공산주의 구조로 대체하는 것이 필요하다. 그 아래서는 현재와 같이 생산이 시장에 의해 규율되는 게 아니라 생산자 자신, 노동자 조직 자체에 의해 규율되고, 생산수단은 사적 개인이 아닌 사회 전체에 의해 소유된다. 사적 전유로부터 공동체적 전유로의 변화는 명백히 우선 생산 형태의 변화를 필요로 하고, 소생산자들의 분리되어 있고 규모가 작으며 고립된 생산 과정이 단일한 **사회적 생산 과정**으로 합쳐지는 것을 필요로 한다. 한마디로 말해 그것은 자본주의가 창출해낸 바로 그 물질적 조건들을 필요로 하는 것이다. 그러나 '인민의 벗들'은 스스로 자본주의를 토대로 삼을 의향이 전혀 없다. 그렇다면 그들은 어떤 행동을 제안하는가? 그들은 말을 하지 않는다. 그들은 상품경제의 철폐에 대해서는 언급조차 하지 않는다. 분명히 그들의 드넓은 이상은 이 사회적 생산 시스템의 경계를 절대 초월할 수 없다. 더구나 고용주의 이윤을 철폐하기 위해서는 생산수단을 독점하고 있다는 이유로 '이윤'을 획득하는 고용주들에게서 그것을 빼앗아 오는 게 필요할 것이다. 그리고 우리 조국을 떠받치는 이러한 기둥들을 빼앗아오기 위해서는 부르주아 체제에 맞선 대중적 혁명 운동이 필요하다. 이 체제와는 전혀 유대관계가 없는 프롤레타리아 노동계급만이 가능한 운동 말이다. 그러나 '인민의 벗들'은 머릿속에 투쟁을 전혀 그리고 있지 않고, 고용주들 스스로의 관리 기관들 말고도 다른 유형의 공적인 인물들이 가능하고 필요하다는 사실을 아예 생각조차 하지 못한다. 분명 그들은 '고용주의 이윤'에 맞선 어떠한 진지한 조치들을 취할 의향을 조금도 지니고 있지 않다. 크리벤코 선생은 단지 자신의 혀가 자신을 압도하는 걸 허락했을 뿐이다. 그러고서 그는 즉시 자신의 견해를 수정했다. '고용주의 이윤을 처분할 가능성'

같은 그런 것이 '다른 무언가', 즉 신용과 조직된 마케팅, 기술적 개선에 의해 '균형이 맞춰질 수' 있다는 것이다. 따라서 모든 것은 아주 만족스럽게 정리된다. '이윤'을 얻을 신성한 권리를 철폐하는 대신에, 다시 말해 고용주 양반들을 아주 화나게 할 절차 대신에 자본주의에 싸움을 위한 더 나은 무기를 제공하고 우리 '인민의' 소부르주아들을 강화하고 굳건히 하며 발전시킬 뿐인 아주 온건하고 자유주의적인 조처들이 등장한다. 그리고 '인민의 벗들'이 이러한 소부르주아만의 이익을 옹호한다는 의심을 전혀 남기지 않기 위해서, 크리벤코 선생은 다음과 같이 인상적인 설명을 덧붙인다. 고용주 이윤의 철폐는 '임금의 삭감을 통해 균형이 맞춰질 수도' 있다는 것이다!!! 얼핏 듣기에는 완전히 횡설수설처럼 들린다. 그러나 아니다. 그것은 소부르주아 사상을 일관되게 적용한 표현이었다. 필자는 거대 자본과 소자본 사이의 투쟁 같은 사실을 관찰하며 진정한 '인민의 벗'으로서 당연히 소…… 자본가의 편에 선다. 더 나아가 그는 소자본가의 가장 강력한 무기 중 하나가 임금 삭감이라는 사실을 들은 바 있었다. 이는 노동일의 연장과 함께 러시아의 수많은 산업들에서 아주 정확하게 관찰되고 확인된 사실이었다. 따라서 어떠한 대가를 치르고라도 소자본가들을 구하기를 바랐던 그는 '다른 혜택들에 의해 보상받는다는 전제하에서의 임금의 일부 삭감'을 제안한다! 이제 고용주 양반들은 자신들의 '이윤'에 대해 전혀 걱정할 필요가 없다는 이상한 이야기가 들려오는 듯하다. 내 생각에 그들은 고용주들에 맞서 임금 삭감 투쟁을 계획하는 이런 훌륭한 행정가를 기꺼이 재무 장관 자리에 앉히려 들 것이다.

순수한 혈통의 부르주아들이 실질적인 문제를 다뤄야 하는 바로 그 순간,《루스코예 보가츠트보》의 자비롭고 자유주의적인 행정가들을 슬쩍 쳐다보는 사례는 이것 말고도 또 있다.《루스코예 보가츠트보》12호에 실린 「국내 문제 연대기」라는, 독점 문제를 다룬 글이 그것이다.

그 글에서 필자는 "독점과 신디케이트 같은 것들은 발전된 산업의 이상"이라고 말한다. 그리고 계속해서 이러한 제도들이 "자본가들 사이의 경쟁이 치열하지" 않은 러시아에서도 나타나는 것에 대해 놀라움을 표현하고 있다. "설탕이나 석유 산업은 아직까지 제대로 발전하지 못했다. 설탕과 등유의 소비는 여전히 사실상 태동기에 머무르고 있고, 다른 나라들과 비교해볼 때 해당 상품들의 일인당 소비는 미미한 것으로 판단된다. 이러한 산업 분야들은 발전할 여지가 여전히 아주 크고, 지금도 상당한 액수의 자본을 흡수할 수 있을 것으로 보인다."

실질적인 문제에 접근하는 순간, 필자가 국내 시장의 위축에 대해《루스코예 보가츠트보》가 가장 선호하는 발상이 뭐였는지를 잊어버렸다는 사실은 특징적이다. 그는 국내 시장이 여전히 상당한 발전 전망을 갖고 있고, 위축되지 않을 거라는 걸 인정할 수밖에 없었다. 그가 그런 결론에 도달한 건, 소비 규모가 더 큰 서구와의 비교를 통해서였다. 이유는 뭘까? 서구의 문화수준이 더 높기 때문이다. 그러나 사람들을 서로 간의 더욱 빈번한 교류로 이끌고 각각의 지역들이 중세식으로 고립되어 있던 상황을 무너뜨린 자본주의 기술의 발전, 상품경제와 교환의 성장까지는 아니더라도, 이러한 문화의 물질적 토대는 무엇일까? 예를 들어 반(牛)중세적 농민층이 아직 여전히 농촌 부르주아와 프롤레타리아로 쪼개져 있지 않았던 대혁명 이전만 해도 프랑스의 문화는 우리와 비슷한 수준이 아니었던가? 그래서 만약 필자가 러시아의 생활상을 좀 더 면밀히 검토했더라면, 그는 예를 들어 자본주의가 발전한 지역에서 농민 인구가 필요로 하는 수준들이 순수한 농업 지역보다 훨씬 더 높다는 사실을 알아차리지 않을 수 없었을 것이다. 이는 주민들의 삶 전체에 산업으로서 그 영향을 끼칠 정도까지 발전한 우리 수공업을 연구했던 이들 모두가 한결같이 거론하는 부분이다.90

'인민의 벗들'은 그런 '하찮은 것들'에는 아무런 관심도 기울이지 않는데, 왜냐하면 그들에게 있어 가능한 해명이란 '단지' 문화나 전반적으로 삶이 점점 복잡해진다든지 하는 것뿐

---

90 레닌주 이에 대해선 하나의 예, 즉 파블로보의 수공업자들을 주변 마을 농민들과 비교한 사례를 들 수 있겠다. 그리고리예프(Grigoryev)와 아넨스키(Annensky)의 글을 참고하기 바란다. 나는 특정한 "인민의 시스템"이 이른바 존재하는 농촌의 사례를 다시 한 번 의도적으로 제시한다.

이며, 이런 문화와 복잡성의 물질적 토대에 대해서는 연구조차 해보지 않기 때문이다. 그러나 그들이 적어도 우리 농촌의 경제 상황을 검토라도 해봤더라면, 국내 시장을 창출하는 게 바로 부르주아와 프롤레타리아로의 농민층의 분화라는 사실을 인정하지 않을 수 없었을 것이다.

결국 그들은 시장의 성장이 결코 부르주아 계급의 성장을 의미하지는 않는다고 생각했음이 틀림없다. 앞에서 언급한 「국내 문제 연대기」라는 글에서는 계속해서 "전반적으로 생산 발전 수준이 낮고 진취성과 자발성이 부족하다는 점에 비춰볼 때, 독점은 국가 경쟁력의 발전을 훨씬 더 지연시킬 것"이라고 주장한다. 그리고 담배 독점을 거론하며, 그것이 "인민 유통 가운데 1억 5,400만 루블을 앗아갈 것"이라고 추산하고 있다. 이는 우리 경제 시스템의 토대가 상품경제이며, 그걸 선도하는 세력은 다른 모든 곳에서 그렇듯 부르주아 계급이라는 사실을 완전히 망각한 것이다. 그리고 글의 필자는 부르주아 계급이 독점의 방해를 받고 있다는 이야기 대신에 "국가"를 거론하고, 상품과 부르주아 유통을 이야기하는 대신에 "인민" 유통[91]을 들먹인다. 부르주아라면 두 용어 사이의 커다란 차이를 결코 알아차릴 수 없다. 나는 그 차이가 정말 얼마나 극명한지를 보여

---

91 레닌 주 《루스코예 보가츠트보》도 부르주아에 반대되는 의미로서의 "인민"이라는 단어를 애호하기 때문에, 글쓴이는 이러한 단어를 사용한 것에 대해 더욱더 비난받아 마땅하다.

주기 위해 '인민의 벗들'의 시각에서는 권위 있는 잡지인 《조국 연보》 2호(1872년)에 실린 「금권정치와 그 토대」라는 글의 일부 를 인용해보고자 한다.

"마를로(Marlo)에 따르면, 금권정치의 가장 중요한 특징은 자유주의적 정부 형태에 대한 사랑, 아니면 취득의 자유라는 원칙에 대한 사랑이다. 이런 특징을 받아들여 8년 또는 10년 전의 입장이 어땠는지를 돌이켜보면, 자유주의 측면에 있어서 우리가 엄청난 발걸음을 내디뎌왔다는 사실을 발견하게 될 것 이다. …… 어떤 신문이나 잡지를 봐도, 그들 모두 일정 정도 민주주의 원칙을 대표하는 것으로 느껴지고, 인민의 이익을 위해 전력투구하고 있다. 하지만 이러한 민주주의적 견해들과 나란히, 그리고 심지어 그것들을 빙자하여(이것에 주목하라) 의 도적이든 의도하지 않았든 간에 누누이 금권정치적 야망들이 추구된다."

필자는 상트페테르부르크와 모스크바 상인들이 재무장관 에게 했던 인사말을 예시로 인용하고 있는데, 거기에서 그들은 "금융에 관한 러시아의 입장을 사기업의 아주 폭넓은 확대 가 능성에다 바탕을 둠으로써 좋은 결실을 맺게 된 데 대해" 러시 아 부르주아 계급의 가장 신망 있는 조직이 보내는 감사를 표 현했다. 그리고 필자는 이렇게 결론 내린다. "금권주의 요소들 과 성향들은 의심의 여지 없이 우리 사회에, 그것도 많이 존재 한다."

여기서 보다시피, 위대한 해방을 위한 개혁(유자코프 선생이 간파했듯이 "인민의" 생산을 위한 발전의 평화적이고 합당한 길을 열었어야 했지만, 실제로는 금권정치를 위한 발전의 길만을 열었을 뿐인)의 감동들이 여전히 생생하고 새롭던 머나먼 과거의 여러분 선조들은 스스로 금권정치, 즉 러시아 사기업의 부르주아적 성격을 인정하지 않을 수 없었던 것이다.

그렇다면 그들은 어떻게 이러한 사실을 잊어버릴 수가 있단 말인가? 그들은 "진취성과 자발성"의 발달에 힘입은 "인민"의 유통과 "국가 경쟁력"의 발전을 이야기하면서도, 왜 그러한 발전의 적대적 성격, 진취성과 자발성의 착취적 성격은 언급하지 않는가? 물론 독점이나 그와 유사한 제도들에 대한 반대 의견을 피력할 수 있고 또 그래야 한다. 그것들은 의심할 나위 없이 노동인민의 상황을 악화시키기 때문이다. 그러나 노동인민은 그 모든 중세적 속박 위에 그보다 훨씬 더 강력한 현대 부르주아적인 속박에 의해 족쇄가 채워져 있다는 사실을 잊어서는 안 된다. 독점의 폐지가 전체 "인민"에게 이익이 될 거라는 건 의심의 여지가 없다. 왜냐하면 부르주아 경제가 나라의 경제적 삶의 토대가 된 상황에서 중세적 시스템의 생존은 자본주의의 비참한 현실에다 훨씬 더 가혹한 중세적 고통을 더할 뿐이기 때문이다. 따라서 그것들이 완전히 폐지되어야만 한다는 사실에도——이는 더 빠르고 더 급진적일수록 좋다——의심의 여지가 있을 수 없다. 부르주아 사회가 물려받은 반(半)봉건적 속박들을 제거함으로써 노동자계급의 손발을 풀어주고 부르주아 계급에 대항하는 그들의 투쟁을 촉진하기 위해서 말이다.

사실을 숨김 없이 말하려면 바로 이런 이야기를 꺼냈어야만 했다. 부르주아 체제에 맞서는 노동계급의 투쟁을 촉진하기 위해서는 독점과 그 밖의 모든 종류의 중세적 제약들(러시아에는 그 종류가 차고 넘친다)을 폐지하는 것이 절대적으로 필수적이라고 말이다. 딱 거기까지다. 부르주아를 제외하고는 그 누구도 중세와 봉건제도에 맞서 전체 "인민들"의 이해관계가 서로 연대할 수 있을 거라는 생각은 품을 수 없었고, 이 "인민들" 내의 부르주아와 프롤레타리아 사이의 깊고 화해할 수 없는 적대를 망각할 수 없었다.

그건 그렇고, 이것으로 '인민의 벗들'이 곤혹스러워할 거라 생각한다면 그건 어리석은 일이 될 것이다. 예를 들어 그들은 농촌의 요구에 대해 다음과 같은 이야기를 끄집어내고 있는데, 특히 크리벤코 선생은 "몇 년 전 몇몇 신문들이 시골에서 필요로 하는 직업들과 지식인들의 유형을 논하는 과정에서 그 목록이 아주 길고 다양하며, 남녀 의사들과 보조의사들, 변호사, 교사, 도서관 사서, 서점주인, 농경제학자, 삼림 전문가와 농업 전문가, 아주 다양한 분야의 기술자들, 신용기관의 모집인과 관리자, 창고지기 등 거의 모든 직업군을 포괄한다는 게 증명되었다"고 말한 바 있다.

여기서 이야기를 멈추고, 활동이 경제 영역과 직접적으로 관련이 있는 "지식인들"(??)과 삼림 및 농업 전문가, 기술자 등에 대해 잠시 생각해보자. 그리고 농촌에서 그들을 어떤 식으로 필요로 하는지도 말이다. 그런데 여기서 농촌이란 과연 어떤 농촌을 말하는 걸까? '저축한 돈'이 있어서 크리벤코 선생이 기꺼이 '지식인'들이라 부르는 그 '전문가'들 모두에게 각자 기여한 대가를 지불할 수 있는 지주들과 기업형 농민들의 농촌을 말한다는 건 두말할 필요도 없다. 이때의 농촌은 실제로 오랫동안 전문가들과 신용, 창고에 목말라왔고, 이 나라 모든 경제 문헌에서도 그걸 증언해주고 있다. 그러나 훨씬 더 방대한 또 다른 농촌이 존재하고, 그런 사실을 좀 더 자주 떠올려보는 것도 '인민의 벗들'에게는 아무런 해가 되지 않을 것이다. 여기서 말하는 또 다른 농촌이란, 몰락하고 갈취당하고 만신창이가 된 농민들의 농촌이다. 그들은 '저축한 돈'이라고는 전혀 없어 '지식인들'의 노동에 대가를 지불할 수 없을뿐더러 굶어죽지 않을 만큼의 빵조차 살 수 없는 사람들이다. 당신들이 창고를 지어서 돕고자 하는 농촌은 바로 그런 곳이다!! 말(馬)도 없고 있어도 고작 한 마리뿐인 농민들이 거기에다 뭘 보관한단 말인가? 옷가지? 그들은 과거 1891년에 당신들이 인간미 넘치고 자유주의적인 처방을 완수할 무렵 집이나 여관, 가게에다 일상적인 '창고'를 설치했던 시골과 도시의 부농들에게 말을 몽땅 저당 잡힌 사람들이다. 이제 그들에게 남은 건 자신의 '노

동력'뿐이다. 그러나 이런 종류의 상품을 보관할 '창고'는 아직까지 러시아의 관료들도 만들어내지 못했다.

이들 '민주주의자들'의 주장이 얼마나 진부한지에 대해서는 '농민층' 내의 기술적 진보에 대한 이러한 감상적인 사고와 바로 그 '농민층'에 대한 대규모 착취에 눈을 감는 행위보다 더 두드러진 증거를 찾아보기 어렵다. 예를 들어 《루스코예 보가츠트보》 2호에서 백치 자유주의자의 열정을 지닌 카리셰프 선생은 아메리카귀리, 바라호밀, 말먹이 귀리 등의 "개량종 씨앗이 농장에서 확산되는" 것과 같은, 농민 농업에서 "완벽함과 개선"을 이룬 사례들을 이야기한다. "일부 지역에서 농민들은 종자를 키울 특수한 땅을 별도로 떼어놓고 조심스럽게 간 뒤, 거기에다 미리 선별한 곡물 샘플들을 손으로 심는다." 그리고 경운기, 가벼운 쟁기, 탈곡기, 키질 기계, 종자 분류기 같은 "개량 농기구와 기계 영역[92]에서의 많은 다양한 혁신들이" 관찰된다. 카리셰프는 인산비료, 아교 반죽, 비둘기 배설물 같은 "아주 다양한 종류의 비료들"에 대해서도 언급한다. "지방 주재원들이 인산비료의 판매를 위해 마을에 젬스트보 상점들을 설치할 필요가 있다고 주장하고 있다"는 것이다. V. V. 선생의

[92] 레닌 주 이런 개량 농기구들이 노보젠스크 군에 어떻게 분포되어 있는지를 상기시켜줄 필요가 있겠다. 2만 8천 가구 중 37퍼센트에 해당하는 1만 가구의 (가난한) 농가들은 전체 농기구의 0.2퍼센트에도 못 미치는 7점의 농기구만을 보유하고 있었다! 그리고 농기구의 80퍼센트는 전체 가구의 25퍼센트만을 차지하는 부자들이 독점하고 있었다.

『농민 농업의 진보적 경향』(크리벤코 선생도 이 책에 대해 언급한 바 있다)에서 자료를 인용한 카리셰프 선생의 글은 이 모든 감동적인 진보에 감화받은 나머지 거의 열정의 수준으로까지 치닫고 있다.

"우리가 간략하게만 제시할 수 있었던 이러한 보고서들은 우리에게 용기를 주는 동시에 애처로움도 느끼게 한다. …… 여기서 용기를 준다는 건, 이 사람들이 비록 가난하고 빚에 시달리며 상당수는 말 한 마리 갖고 있지 못한 상황이지만 혼신의 힘을 다해 일하고, 절망에 굴하지 않으며, 자신의 직업을 바꾸지 않은 채 여전히 땅에 대한 진정성을 잃지 않고 그것을 적절히 일구는 일에 자신들의 미래와 힘과 부가 달려 있다는 사실을 깨닫고 있기 때문이다."(물론이지! 인산비료와 종자 분류기, 탈곡기, 말먹이 귀리를 구입하는 이들이 가난하고 말 한 마리 없는 농민들이라는 건 말할 필요도 없다! 오, 성스러우리만치 단순한 자들이여! 어느 여대생이 아니라 정치경제학 박사 학위 소지자인 교수가 쓴 글이 이 정도라니! 아니, 동의 못 할지 몰라도 이건 그저 그들의 단순함 때문만은 아니다.) "그들은 적절한 관리를 가능케 할 방법을 열정적으로 탐구하고, 경작과 씨 뿌리기, 농기구, 비료 등에 있어 새로운 방식들을 연구하며, 자신들을 먹여 살릴 토양을 비옥하게 만들어 조만간 백 배의 보상을 안겨줄 모든 방안을 찾아나서고 있다.[93] …… 그리고 애처롭다는 건"(어쩌면 여러분은 이 대목에서 최소한 '인민의 벗들'이 기업형 농민들의 손에 땅이 집중되는 현상을 낳는 농민층에 대한 대규모 강탈과 그것이 자본과 농업 개선의 토대로 전환되는 현실을 언급할 거라고 생각할지 모르겠다. 강탈을 통해 탈곡기와 종자 분류기, 키질 기계 따위들을 활용하는 토착 '기업의' 성공에 기여할 '자유롭고' '값싼' '일손들을' 시장에 던져놓는 행위에 대한 설명? 그런 내용은 전혀 없었다!) "각성해야 할 사람들이 바로 우리 자신이기 때문이다. 과학과 문학, 박물관, 창고, 위원회 같은 기구들을 마음대로 활용할 수 있는 우리들이 농업을 개선하기 위해 분투하는 농민에게 과연 어떤 도움을 주고 있는가?"(맞는 말이오, 신사양반들, 이렇듯 당신네는 "과학"을 "위원회 같은 기구들"과 나란히 놓는군요……. '인민의 벗들'을 연구해야 할 시기는 그들이 사회민주주의자들과 싸울 무렵이 아니다. 그때는 그들이 '선조들의 이상'이라는 누더기로 기운 제복을 걸쳐 입는 시기기 때문이다. 반면 그들은 평상복을 입고 있을 때는 일상생활에서 벌어지는 일들을 구체적으로 논한다. 이 때가 바로 그들을 연구할 적

93 레닌 주 존경하옵는 교수 선생, 농업의 개선이 "절망에 굴하지"않고 "여전히 땅에 대한 진정성을 잃지 않고" 있는 그 '인민들'에게 백 배의 보상을 안겨줄 거라는 당신의 말은 심히 지당하오. 그러나 오, 위대한 정치경제학 박사님, 인산비료 같은 모든 것들을 손에 넣으려면 그 '소작농'이 굶주림에 처한 가난한 대중들 중에서도 돈을 아껴 모을 수 있을 만큼 비범한 농민이어야 한다는 사실을 당신도 목격하지 않았소? 결국 화폐는 개인의 수중으로 들어간 사회적 노동의 산물이라는 것을, 농업의 개선을 통한 "보상"을 가져간다는 건 타인의 노동을 가져가는 걸 의미한다는 것을, 그리고 부르주아 계급의 주위를 어슬렁거리는 가장 비열한 자들만이 "혼신의 힘을 다해 일하고" "자신들을 먹여 살릴 토양을 비옥하게 만"드는 농부의 개인적인 노력에서 생겨난 풍성한 대가의 원천이 무엇인지를 알 수 있다는 사실을 당신도 지켜보지 않았소?

기다. 이들 소부르주아 관념론자들의 제대로 된 특색과 취향을 알 수 있을 테니 말이다.) "그 농민이 마음대로 활용할 수 있는 게 과연 있을까? 물론 아주 초보적인 형태의 것들이 있긴 하지만, 어쨌든 그 발달은 몹시 느리다. 농민은 모범을 필요로 하지만, 우리가 실험용으로 조성한 밭과 모범 농장 들은 대체 어디에 있단 말인가? 농민은 활자로 된 정보를 갈구하지만, 대중을 상대로 한 우리의 농경 문헌들은 또 어디에 있는가? …… 농민은 비료와 농기구, 종자를 얻으려 애쓰지만, 그것들을 도매로 구입할 수 있도록 편의를 제공해야 할 우리의 젬스트보 상점들은 어디에 있는가? …… 실무진들과 개인, 젬스트보, 당신들은 어디에 있는가? 나서서 일을 하라, 오랫동안 무르익어왔던 그 시기가 다가왔다.

    러시아 인민들의 진심 어린 감사가
    당신들에게 보상으로 주어질지니!94" (《루스코예 보가츠트보》, 2호, 19쪽)

이렇듯 '인민의' 소부르주아 계급 벗들은 소부르주아 식 진보의 잔치를 즐기고 있는 것이다!

이 글을 읽는 여러분은 우리 농촌 경제에 대한 분석과 완전히 동떨어진, 오늘날의 경제학 역사에서 이토록 놀라운 사

---

94 러시아 시인 N. A. 네크라소프(Nekrasov)의 「씨 뿌리는 자들에게」 중에서.—원서 편집자

실――즉 '농민층'의 엄청난 강탈과 농민 농업에서의 전반적인 진보가 나란히 병행할 수 있다는 사실――을 목격하는 동시에, '농민층'을 조화롭고 동질적인 하나의 전체로 묘사하는 행위가 얼마나 어리석은지와 이 모든 진보의 부르주아적 성격을 납득하게 된 것으로도 충분하다고 생각할 것이다! 그러나 '인민의 벗들'은 여전히 이 모든 것에 귀를 닫고 있다. 옛 러시아의 사회혁명적 인민주의의 훌륭한 장점들을 잃어버린 그들은 인민주의의 커다란 실수 중 하나, 즉 농민층 내의 계급적대를 이해하지 못한 실수를 절대 바로잡지 않고 있다.

이와 관련해 호르비치[95]는 "'70년대'의 농민주의자들〔인민주의자들〕은 농민층 내에 자연스레 존재하는 계급적대를 몰랐기에, 그것을 '착취자'――쿨락 또는 **기생자**――와 그 희생자인 공산주의 정신에 물든 농민의 적대로만 국한해 파악했다"고 적절히 말한다.[96] 글렙 우스펜스키(Gleb Uspensky)[97]만이 회의주의적 입장에서 역설적 미소로 보편적 환상을 거부했다. 농민층에 대한 완벽한 지식과 현상의 본질 그 자체를 꿰뚫는 비범한

---

95 러시아 태생의 유대계 미국인 경제학자이자 통계학자.―옮긴이

96 레닌 주 다른 글에서 호르비치는 "마을공동체 내에서 정반대의 사회 계급들이 부상하고 있다"고 말한 바 있는데, 여기서는 앞서 제시된 사실들을 보충할 목적으로만 그의 말을 인용할 것이다.

97 한때 급진적 인민주의자들을 추종했으나 이후 그들의 낭만적 견해를 거부하고 농촌의 현실을 사실적으로 묘사하는 글들을 발표했던 러시아의 작가.―옮긴이

예술적 재능을 지닌 그는 개인주의가 고리대금업자와 채무자 사이뿐만 아니라 대체로 농민들 사이에서도 경제적 관계의 기초가 되었다는 점을 놓치지 않았다. 그의 글 「판박이」(《루스카야 미슬》, 1882년, 1호)를 참조하기 바란다.

농촌 경제에 대한 비교적 정확한 정보가 아주 부족했고, 농민층의 분화가 아직 그렇게 뚜렷하지 않았던 1860년대와 70년대에 그러한 환상에 굴복한 것은 용서할 수 있고 어쩌면 당연하기까지 하다. 그러나 오늘날은 이러한 분화를 모른 체하려면 의도적으로 눈을 감아야만 한다. 농민층의 몰락이 정점에 달해 있고 사방에서 농민 농업에서의 진보적 경향에 대한 수많은 이야기가 들려오는 최근에는 특히 더 그렇다. V. V. 선생(역시 의심의 여지 없는 '인민의 벗'이라 할)도 전적으로 그 주제만을 다루는 책 한 권을 썼는데, 사실관계의 부정확성에 관해서는 그다지 비난거리가 되지 않는다. 오히려 기술적인 측면에서나 농경법적인 측면에서의 농민층의 진보는 의심할 여지가 없는 사실이었지만, 그건 농민층에 대한 대규모 강탈이 이뤄지고 있다는 사실에 있어서도 마찬가지였다. 그리고 '인민의 벗들'은 '농민'이 스스로를 먹여 살려줄 땅을 비옥하게 만드는 데 도움이 될 새로운 경작법을 간절하게 찾아 헤매고 있다는 사실에 자신들의 모든 관심을 집중시켰다. 동전의 이면, 즉 바로 그 농민이 땅으로부터 심하게 분리되고 있다는 사실은 보지 못한 채 말이다. 그들은 농민으로부터 분리된 토지가 자본으로 전환되고 국내 시장이 창출되는 과정 같은 눈앞의 사실들을 보지 않으려고 타조처럼 모래에 머리를 묻는다.[98] 이 나라 공동체 농민들 사이에 실재하는 이러한 양 갈래의 정반대 과정들을 부정하고, 우리 사회의 부르주아적 성격 말고 다른 어떤 방식으로든 그것들을 설명해보려고 애써보라. 분명 쉽지 않을 것이다! 할렐루야를 외치면서 인도주의적이고 자비로운 문구들을 연호하는 것은 그들의 과학, 그들의 정치 '활동' 전체의 가장 중요한 특징이다.

게다가 그들은 현질서의 가장 온건하고 자유주의적인 땜질식 처방을 정규 철학으로까지 끌어올린다. 크리벤코 선생은 심오한 어조를 띤 채 이렇게 말한다. "사소하지만 진심 어린 활동을 하는 것이 크게 일을 벌여놓고 행동하지 않는 것보다는 훨씬 낫다." 이 얼마나 참신하고 영리한가! 더 나아가 그는 "사소한 활동이란 게 결코 목적이 사소하다는 말과 동의어는 아니다"라고 말을 잇는다. 그리고 사소한 활동이 "적절하고 훌륭한" 결과로 이어진 "활동의 확장"의 사례로서, 어느 부인이 학교를 세운 일, 농민들 사이에서 협잡꾼들을 몰아내는가 하면 피고에게 자문을 해주기 위해 지방 순회법원에 동행하기로 한

---

98 레닌 주 새로운 경작법을 그토록 '간절하게' 찾아나서는 이유는 더 큰 농장을 운영해야 하는 기업형 농민이 옛날 방식으로는 그걸 감당할 수 없기 때문이다. 농업이 점점 부르주아적인 상품의 성격을 획득해가는 한 새로운 방식을 향한 경쟁에 내몰릴 수밖에 없는 것이다.

변호사들의 일화, 앞서 살펴본 대로 "젬스트보의 노력과 결합돼 가장 번화한 중심지에" 수공업자들의 창고를 설립한 경우들을 든다.

물론 이 모두는 아주 숭고하고 인간적이며 자유주의적이다. 여기서 자유주의적이란 건, 부르주아 경제 시스템을 모든 중세적 제약으로부터 자유롭게 하고 따라서 노동자가 그런 조치들에 의해 손상당하기보다는 오히려 강화될 시스템 자체와 맞서 싸우기 쉽게 만들어줄 것이기 때문이다. 그리고 우리는 오랫동안 러시아의 자유주의 출판물들을 통해 이 모든 주장들을 접해왔다. 만약 《루스코예 보가츠트보》의 신사양반들이 우리를 그럴 수밖에 없는 상황으로 몰아가지 않았더라면, 이는 반대할 가치조차 없는 주장이었을 것이다. 그들은 사회민주주의자들에 맞선 "자유주의의 온건한 출발"을 알리기 시작했고, 동시에 "우리 선조들의 이상"을 비난했다며 사회민주주의자들을 나무랐다. 만약 그들의 말이 사실이라면, 적어도 우리는 그런 온건하고 세심한 **자유주의적**(즉 부르주아에게 봉사하는) 활동을 먼저 제안하고, 사회민주주의자들에 반대하는 목소리에 기꺼이 호응했을 것이다. 선조들과 그들의 이상에 관한 이야기가 나왔으니 말인데, 그들의 이론은 그릇되며 유토피아적이었지만 어쨌든 옛 러시아 인민주의자들은 그러한 "자유주의의 온건한 출발"99을 절대적으로 반대한다는 입장을 밝혔던 바 있다.

그러나 그건 아주 오래 전 일이었다. 하도 시간이 많이 지난 일인지라 '인민의 벗들'은 그런 과거를 모조리 잊어버릴 수 있었나 보다. 그리고 그들은 정치제도에 대한 유물론적 비판이 사라지고 현대 국가의 계급적 성격이 이해되지 않는 순간 유일하게 남은 수순은 정치적 급진주의에서 기회주의로 옮겨가는 것뿐이라는 사실을 자신들의 전술을 통해 분명히 입증했다.

여기에 그런 기회주의의 몇 가지 사례들이 있다.

유자코프 선생은 "국유재산부를 농업부로 전환하는 조치는 우리 경제 발전 과정에 중대한 영향을 끼칠 수도 있지만, 관리들의 자리를 바꾸는 것에 불과할 수도 있다"(《루스코예 보가츠트보》, 10호)고 단언한다.

결국 모든 건 '요청을 받는' 존재가 누구냐에 달려 있다. 인민의 벗들이냐 아니면 지주와 자본가 들의 이해를 대변하는 자들이냐가 문제지, 이해관계 그 자체는 건드릴 필요가 없다는 것이다.

같은 글에서 유자코프는 계속하여 "경제적 강자로부터 경제적 약자를 보호하는 것이 국가 개입의 첫 번째 본연의 임무"

---

99 레닌 주 미하일롭스키의 「마르크스 저작의 러시아판 출간에 관하여」에서 따온 표현이다. (오늘날 그의 글들과 비교해볼 때) 아주 생기 넘치고 발랄한 스타일로 씌어진 그 글은 자유주의 청년층의 심기를 건드리지 않으려는 구애 행보에 강하게 반발하고 있다.

라고 말한다. 《루스코예 보가츠트보》 12호에 실린 「국내 문제 연대기」의 필자 또한 같은 표현을 사용해 유자코프의 주장을 지원하고 있다. 유자코프는 이런 박애주의적인 헛소리[100]에 대한 설명이 그의 훌륭한 동료들인 서구 유럽의 자유주의적이고 급진적인 소부르주아 관념론자들의 그것과 똑같다는 사실에 한 점 의혹도 남기지 않기 위해 동시에 이렇게 덧붙인다.

"글래드스톤(Gladston)의 토지 법안들[101], 비스마르크(Bismarck)의 노동자보험, 공장 감독, 러시아의 농민은행 발상, 이주의 조직화, 쿨락의 이익에 반하는 조치들, 이 모두는 동일하게 경제적 약자를 보호하기 위한 국가 개입이라는 원칙을 적용한 시도들이다."

그래도 이 말은 솔직함이라는 미덕은 지니고 있다. 필자는 글래드스톤과 비스마르크처럼 자신도 현재의 사회적 관계를

---

100 레닌 주 "경제적 강자"의 힘은 무엇보다 정치권력의 소유에 있기 때문에 헛소리라는 것이다. 그것이 없다면 경제적 지배권을 유지할 수 없을 것이다.

101 1870년대와 1880년대 영국 글래드스톤의 자유주의 내각이 채택한 토지 법률들. 소작농들과 지주 사이의 다툼을 누그러뜨리고 소작농들의 투표권을 보장할 목적으로 글래드스톤 정부는 소작인들을 토지에서 쫓아낸 지주의 횡포를 제한하는 몇 가지 가벼운 조치들을 도입했다. 또한 정부는 소작인들의 체납금 문제를 규제하고, "공정한" 지대 등을 확립할 특별 토지 재판소를 설립하겠다고 약속했다. 글래드스톤 토지 법안들은 자유주의 부르주아 계급에 의한 사회적 선전선동의 전형이라 할 수 있다.—원서 편집자

고수하기를 원하며, 그들과 마찬가지로 현재의 사회(부르주아 사회. 그는 서구 유럽의 글래드스톤과 비스마르크 추종자들만큼이나 그것을 제대로 이해하지 못한다)를 수습하고 봉합하길 바랄 뿐 그것과 맞서 싸우기는 원치 않는다고 직설적으로 밝히고 있다. 그들의 근본적인 이론적 신념은 그들이 현재의 사회에 기초해 지배계급의 이익을 보호해주는 기구, 즉 국가를 개혁의 도구로 여긴다는 사실과 완벽하게 조화를 이룬다. 그들은 모든 계급에 우선하는 전지전능한 국가를 긍정적으로 받아들이며, 국가가 노동계급을 '지원해줄' 뿐만 아니라 (크리벤코 선생이 말했듯이) 현실적이고 적합한 시스템을 만들어낼 거라 기대한다. 그렇다면 당연히 그들 골수 소부르주아 관념론자들에게서 기대할 건 아무것도 없다. 생산 조건 자체에 의해 해체되고 고립돼 있으며 한정된 공간과 착취자에게 묶여 있는 소생산자들은 간혹 프롤레타리아만큼이나 고통을 겪는 자신들의 착취와 억압의 계급적 성격을 이해할 수가 없다는 점이 바로 소부르주아 계급의 근본적이고 두드러진 특징 중 하나——그들을 반동적인 계급으로 만드는 특징이기도 하다——이기 때문에 그렇다. 그들은 부르주아 사회에서 국가 역시도 계급적 성격을 띨 수밖에 없다는 사실을 이해하지 못한다.[102]

위대한 '인민의 벗들'이여, 그렇다면 왜 우리 정부가 지금까지——그리고 해방적 개혁 이래로 특히 정력적으로——부르주아 계급과 자본주의만을 '지원하고 보호하며 창출'했겠는가?

나라 안 살림살이가 상품경제와 상업, 공업의 발전으로 특징 지어지는 이 역사적 시기에, 절대적이고 이른바 초계급적인 정부가 그런 볼성사나운 행동을 하는 이유가 뭘까? 나라 안 살림살이에서의 그러한 변화들이 워낙 사회 깊숙이 정착돼 정부는 그걸 인식조차 하지 못하고 그 중간에 무수한 장애물을 가져다 놓았다는 사실, 바로 그 '절대적인' 정부가 내부적인 삶의 다른 조건에서는 또 다른 계급을 '지원하고 보호하며 창출'해냈다는 사실에도 불구하고 당신들은 그러한 변화들을 정부 정책이 불러온 효과라 여기는 이유는 무엇인가?

오, '인민의 벗들'은 그런 질문들에는 전혀 신경 쓰지 않는다! 보다시피 이 모든 것이 유물론, 변증법, '헤겔주의', '신비주의와 형이상학'이다. '인민의 벗들'은 이 정부에게 친절해지라고, 겸손해지라고 간청하면 모든 게 정상적으로 바로잡힐 거라고 단순하게 생각할 뿐이다. 겸손함에 대한 이야기가 나왔으니

102 레닌 주 경제적 약자를 보호하는 것이 국가의 당연한 임무라고 말할 때 (지극히 평범한 자기네 나이든 아내들의 도덕성에 따르면 그래야 한다는 거다) '인민의 벗들'이 최고의 반동인 이유가 바로 거기에 있다. 그에 비해 러시아의 전체 역사와 국내 정책은 국가의 임무가 오직 봉건지주들과 거대자본가 계급만을 보호하고, 자신들의 권리를 위해 떨쳐 일어선 **"경제적 약자들"**의 모든 시도를 최대한 잔인하게 처벌하는 것이라는 점을 입증해준다. 그리고 당연히 이것이 그것의 **본연**의 임무다. 왜냐하면 절대왕정과 관료들은 봉건적 부르주아 정신에 흠뻑 젖어 있고, 부르주아 계급이 경제영역을 전적으로 지배하며 노동자들을 "양처럼 순하게" 길들이고 있기 때문이다.

말인데, 그 점에 관한 한《루스코예 보가츠트보》를 인정해주어야 마땅하다. 실로 이 매체는 독립성이라고는 눈곱만큼도 보여주지 못한다는 점에서 러시아 자유주의 언론들 가운데서도 단연 돋보인다고 하겠다. 다음을 보고 여러분이 직접 판단해보기 바란다.

"염세[103]와 인두세의 폐지, 토지상환금의 감축은 인민 농업에 상당한 위안이다"라고 유자코프 선생은 설명한다. 그래, 물론이지! 그러나 염세를 폐지하는 대신 수많은 간접세들을 새로이 부과하고 기존 세금들을 인상하는 조치를 취하지 않았나? 인두세의 폐지와 함께 예전의 국유지 농민들을 회복시켜준다는 명분으로 그들이 지급하는 대금을 인상시킨 건 어쩔 텐가? 그리고 익히 알려진 상환금(정부는 환수 활동으로 벌어들인 수익을 농민들에게 되돌려주지도 않았다) 감축이 이뤄진 뒤 지불 대금과 토지로부터 얻는 수입 사이의 불균형, 즉 봉건적 면역지대[104]가 직접적으로 부활한 건 지금도 유효하지 않은가? 그래도 괜찮아! 중요한 건 '첫걸음'과 '원칙'이니까. 나머지는…… 나중에 우리가 간청하면 될 거야!

하지만 이것들은 꽃에 불과할 뿐, 이제 과실을 들여다보도록 하자.

"1880년대는 인민들의 부담을 덜어주었고"(앞에서 말한 조치

103 소금을 만들어 파는 사람들에게 부과하던 세금.—편집자
104 봉건시대에 병역이나 부역을 대신하는 조건으로 부과한 지대.—옮긴이

들에 의해서!) "인민들이 철저히 몰락하지 않도록 구해주었다."

이는 부끄러움을 모르는 노예근성을 보여주는 또 다른 고전적인 문구로, 앞서 인용한 우리가 여전히 프롤레타리아를 만들어내야 한다는 미하일롭스키의 주장과 어깨를 나란히 할 만하다. 이와 관련해 러시아 자유주의의 진화에 대한 시체드린의 예리한 묘사를 떠올리지 않을 수 없다. 자유주의자인 그는 정부 당국에 '가급적' 개혁을 해달라고 간청하는 것으로 시작해, 다음에는 '적어도 뭐라도' 달라고 구걸하다가, '아무리 보잘 것없더라도 아무거나 달라고' 애원하는 지겹도록 일관된 입장을 고수하는 것으로 마무리한다. 그래서 '인민의 벗들'이 이러한 지겹도록 흔들리지 않는 입장을 받아들였다는 것 말고 달리 뭐라 말할 수 있겠는가. 당시는 기근이 수백만 명의 인민들을 막 덮쳤던 시기로, 그에 대한 정부의 태도가 장사꾼의 인색함으로 시작해 소심함으로 옮겨간 걸 알고도 그들은 정부가 인민들을 철저한 몰락으로부터 구해주었다는 주장을 버젓이 활자로 옮겨 담을 수 있었던 것이다! 몇 년이 더 지나면 농민층에 대한 강탈이 훨씬 더 가속화될 것이고, 정부는 농업부를 창설한 데 이어 한두 가지 직접세를 폐지하는 대신 간접세 대여섯 가지를 새로이 부과할 것이며, 그러면 기근은 4천만 인민에게 영향을 끼칠 테고, 이들 신사양반들은 똑같이 낡은 방식의 글을 써댈 것이다. 굶주린 인구가 5천만 명이 아니라 4천만 명에 불과한데, 그건 정부가 인민들의 부담을 덜어주고 그들을 철저한 몰락으로부터 구해준 덕분이라고, 정부가 '인민의 벗들'의 말을 경청하고 농업부를 창설했기 때문이라고 말이다!

이 밖에 다른 사례도 있다.

《루스코예 보가트스트보》 2호에서 러시아가 "다행히도"(원문의 표현 그대로다!) 후진국이며 "자신의 경제 시스템을 연대의 원칙[105]에 기초할 수 있게끔 해준 요소들을 유지해왔다"고 주장한 「국내 문제 연대기」의 필자는, 따라서 러시아가 "국제 문제에 있어서 경제적 결속의 주창자"로 행동할 수 있고, 러시아에게 주어진 이런 기회는 부인할 수 없는 "정치적 힘"에 의해 강화되고 있다고 말한다!!

그러나 모든 반동적 행위의 변치 않는 가장 확실한 방어벽이 바로 유럽의 경찰관인 러시아였다. 러시아 정부는 국내에서 억압받는 러시아 인민들로 하여금 서구의 인민들을 억압하기 위한 도구로서 종사하는 치욕스러운 입장에 서도록 했다. 그것이 경제적 결속의 주창자로 묘사된 경찰관 러시아의 본모습인 것이다!

따라서 앞의 주장은 실로 모든 한계를 뛰어넘는 것이다! '인민의 벗' 선생들은 그 어떤 자유주의자도 능가할 것이다. 그

---

105 레닌 주 누구와 누구 사이의 연대를 말하는 건가? 지주와 농민, 기업형 농민과 떠돌이, 공장주와 노동자 간의 연대? 이런 고전적인 "연대의 원칙"이 무엇을 의미하는지를 이해하려면 우리는 고용주와 노동자 사이의 연대가 '임금의 삭감'을 통해 이루어진다는 사실을 기억해야만 한다.

들은 정부에 간청하고, 정부를 칭송하며, 엄청난 존경과 열정을 다해 기도를 바친다. 그들이 머리를 조아리며 판석 위에 이마를 찧는 소리는 지나가던 이조차 으스스한 기분을 느끼게 할 정도다.

여러분은 속물의 독일식 정의를 기억하는가?

속물이란 무엇인가?
텅 빈 속을
두려움과 신의 자비를 바라는 마음으로 가득 채운 자여.

—괴테

이런 식의 정의는 우리 실정과는 맞지 않다. 신…… 신은 우리에게 부차적인 존재다. 그러나 정부 당국은…… 다른 문제다. 만약 위의 정의에서 "신"이란 단어를 "정부 당국"으로 대체한다면, 인간적이고 자유주의적인 러시아 '인민의 벗들'의 이념적 상투성과 도덕 수준, 시민으로서의 용기를 정확히 표현한 셈이 될 것이다.

정부를 바라보는 시각이 이토록 터무니없는 '인민의 벗들'은 이른바 '인텔리겐차'에 대해서도 유사한 태도를 보인다. 크리벤코 선생은 이렇게 적고 있다. "문학은 …… 현상들을 사회적인 의미에 따라 평가하고, 모든 능동적 노력이 효과를 발휘하도록 장려해야 한다. 문학은 교사와 의사, 전문가가 부족하고 인민들은 가난과 병마와 문맹에서 벗어나지 못하고 있는 현실에 대해 발언해왔고, 그 발언은 계속 이어지고 있다. 탁자에 앉아 카드놀이를 하거나 연극 공연을 보러 다니거나 귀족 대표가 주최한 파티에서 철갑상어를 뜯는 게 지겨워진 사람들이 보기 드문 자기희생 정신을 갖추고"(카드놀이와 연극과 철갑상어를 희생했다는 얘기다!) "수많은 장벽을 뚫고 앞으로 선뜻 나설 때, 문학은 그들을 환영해야 한다."

그리고 두 페이지를 넘어가, 경험으로 지혜를 얻게 된 왕년의 운동가는 짐짓 사무적인 어조를 띠며 "지방감독관[106], 시장, 젬스트보 의장이나 위원 같은 직위를 새로운 규정에 따라 받아들일 것이냐 마느냐 하는 문제에 직면해서 이랬다저랬다 망설이는"사람들을 나무란다. "시민들의 요구와 의무에 관한 의식이 발전된 사회에서 그런 망설임과 태도는 상상조차 할 수 없을 것이다. 왜냐하면 그 사회에서는 어떠한 필수적인 측면을 가진 개혁이라면 어쨌든 완전히 소화해서 그에 맞는 개혁의 측면들을 활용하고 발전시킬 것이고, 만약 바람직하지 못한 측면들이 있다면 그것들을 사문화시킬 것이며, 개혁에 필수적인

---

106 젬스키 나찰니크(Zemsky Nachalnik). 1889년 농민에 대한 지주의 권한을 강화하기를 원한 차르 정부는 지방감독관이라는 행정상의 직위를 도입했다. 지역의 지주 귀족들 중에서 임명된 지방감독관들은 농민들을 다루는 데 있어 행정과 사법상 막강한 권한이 부여되었다. 이러한 권한들에는 농민들을 체포해 체벌을 가할 권리도 포함돼 있었다.—원서 편집자

게 전혀 존재하지 않는다면 그 기구는 완전히 소외된 상태로 남게 될 것이기 때문이다."

여러분은 대관절 저 말을 어떻게 생각하는가? 이 얼마나 한심하고 하찮은 기회주의이자 자화자찬에 빠진 소리란 말인가! 말인즉슨, 사악한 마르크스주의자들에 대한 응접실용 가십거리들을 죄다 수집하고, 인민들을 철저한 몰락으로부터 구해준 데 대해 정부에게 굽실거리며, 카드놀이에 지겨워진 사람들을 환영하고, 지방감독관 같은 자리를 꺼리지 말라고 '대중'을 가르치는 게 문학의 임무라는 거다……. 혹시 내가 지금 《네델랴Nedelya》[107]나 《노보예 브레미야》를 읽고 있는 건가? 아니, 이건 선진적인 러시아 민주주의자들의 기관지《루스코예 보가츠트보》가 확실한데…….

그러고도 그 신사양반들은 "선조들의 이상"을 이야기하고, 프랑스가 유럽 전역에 사회주의 사상을 쏟아붓자[108] 러시아에서 그 사상을 흡수해 헤르첸[109]과 체르니솁스키(Chernyshevsky)[110]의 이론과 가르침을 생산해낼 당시의 전통을 오직 자신들만이 수호하는 것처럼 주장한다. 이는 철저한 망신이며, 명백한 언어도단이자 모욕이다. 비록《루스코예 보가츠

---

[107] 자유주의와 인민주의 성향의 정치·문학 일간지. 1866년부터 1901년까지 상트페테르부르크에서 발행되었으며, 전제군주에 맞서는 투쟁을 반대하고 이른바 '사소한 문제' 이론을 옹호하였다. 즉 지식인계급에게 혁명 투쟁을 멀리하고 '문화 활동'에 참여하라고 호소했던 것이다.—원서 편집자

트보》가 별로 재미있어하는 기색을 보이지 않았고, 이 같은 유형의 잡지 칼럼에서 그런 식의 발언들이 커다란 웃음이나 그 밖

108 19세기 초반 널리 유행했던 프랑스의 공상적 사회주의를 가리키는 것으로, 당대의 주요한 이념적 경향들 중 하나였다.

프랑스의 공상적 사회주의는 노동 하층민들에 대한 착취가 증가하고 프롤레타리아와 부르주아 사이에 양립할 수 없는 모순이 등장한 사회적·경제적 토대 위에서 태동했다. 프랑스 공상적 사회주의를 대표하는 인물들로 생시몽(Saint-Simon)과 샤를 푸리에(Charles Fourier)를 들 수 있는데, 이들의 관점은 프랑스뿐 아니라 다른 나라에서도 널리 받아들여졌다. 하지만 프랑스 공상적 사회주의자들은 자본주의적 관계와 착취의 본질을 일관성 있게 드러내거나 자본주의 생산양식의 기본적인 모순을 발견해내지 못했다. 자신들의 유토피아적인 사회적·정치적 이상의 성격에 걸맞게 그들은 사회를 사회주의적으로 재구성할 필요성의 기초로서 이성으로 무지를 극복하고 진실로 거짓을 뛰어넘을 필요성을 강조했다. 그들의 관점의 미성숙함은 대규모 자본주의 산업과 산업프롤레타리아가 아직 충분히 발달하지 않은 그 시대의 사회적 조건으로 설명될 수 있다. 프랑스 사회주의에 대한 보다 구체적인 설명은 엥겔스의 『공상에서 과학으로의 사회주의의 발전』과 『반뒤링론』을 참조하기 바란다. 레닌은 프랑스의 전반적인 혁명 사상과 관련해 프랑스 공상적 사회주의자들을 마르크스주의의 주된 원동력들 중 하나라고 묘사했다.

러시아의 혁명적 민주주의자들인 헤르첸과 벨린스키, 체르니솁스키, 도브롤류보프는 프랑스 계몽주의자들의 사상을 받아들이긴 했지만, 전제군주정을 무너뜨리기 위한 대중투쟁과 농민혁명을 옹호했다는 점에서 서구 유럽의 공상적 사회주의 경향을 대표하는 상당수 인물들과는 견해를 달리했다. 그러나 그들은 사회주의로 향하는 길이 반봉건 농민공동체를 통해 놓여 있다는 잘못된 생각을 품었다. 러시아의 경제 발전이 여전히 미약한 수준이었기 때문에, 체르니솁스키가 이끌던 러시아의 혁명적 민주주의자들은 사회주의 사회 건설에 있어 노동자계급의 결정적 역할을 제시하지 못했다.—원서 편집자

109 러시아 사회주의 이론의 발달에 공헌한 사상가이자 소설가.—옮긴이

의 어떤 반응도 불러일으키지 않았지만 말이다. 그렇다, 실로 당신들은 그 이상들을 더럽히고 있는 것이다!

최초의 러시아 사회주의자들의 이상이 실제로 어떤 것들이었는지는 카우츠키가 했던 다음 발언에 아주 적절히 묘사되어 있다.

"그 시대 모든 사회주의자는 시인이었고, 모든 시인은 사회주의자였다."

러시아의 공동체적 생활 체계라는 특수한 사회 질서에 대한 믿음, 그것으로 인해 이어지는 농민사회주의 혁명에 대한 믿음은 수많은 사람들에게 영감을 불어넣어 정부에 맞서는 영웅적 투쟁의 대열에 서게 만들었다. 당신들, 당신들은 그 시대 가장 훌륭한 사람들의 엄청난 역사적 헌신을 제대로 평가하지 않았다고, 그들의 기억을 충심으로 존경하지 않았다고 사회민주주의자들을 비난할 자격이 없다. 우리는 묻는다. 그때의 믿음은 지금 어디에 있는가? 모두 사라져버리지 않았는가. V. V. 선생이 작년에 마을공동체가 인민들에게 공동의 노력을 연마시키고 이타적 감정의 중심이 되고 있다는 등의 주장[111]을 펼 당시, 심지어 미하일롭스키 선생은 양심에 찔린 나머지 겸연쩍게 V.

---

110 1860년대에 러시아의 혁명적 인민주의 운동을 이끌었던 철학자이자 문학가.—옮긴이

111 1893년에 출간된 V. V.(보론초프)의 「우리의 경향」을 거론한 것이다.—원서 편집자

V. 선생을 훈계하며 이렇게 강조한 바 있다. "어떤 **연구**도 마을 공동체와 이타주의 사이의 관계를 보여주지는 못했다."[112] 실제로 그 말은 사실이었다. 그러나 굳이 연구를 하지 않아도 사람들이 신념을, 무조건적인 신념을 지녔던 시대가 있었다.

어떻게? 왜? 무슨 근거로?

"모든 사회주의자는 시인이었고, 모든 시인은 사회주의자였다."

게다가 미하일롭스키 선생은 농촌이 분화되면서 한편으로는 프롤레타리아 대중이 나타나고, 다른 한편으로는 나머지 인민을 자기네 발치 아래 두는 한 줌의 '쿨락'이 형성되고 있다는 데에 모든 양심적 연구자들이 동의하고 있다고 덧붙인다. 그는 이번에도 옳았다. 농촌은 실제로 분화되고 있었다. 아니, 농촌이 완전히 쪼개진 건 아주 오래 전 일이었다. 그리고 그 옛날의 러시아 농민사회주의도 그와 함께 쪼개지면서 한편으로는 노동자 사회주의에 자리를 내주었고, 다른 한편으로는 속물 소부르주아 급진주의로 타락했다. 이러한 변화는 타락이란 말 말고는 달리 표현할 길이 없다. 농민의 삶은 특수한 사회 질서이며 우리나라는 예외적인 발전 경로를 밟아왔다는 이론으로부터 일종의 희석된 절충주의가 등장했다. 이 절충주의는 상품경제가 경제 발전의 토대가 되고, 자본주의로 성장해갔다

112 1893년 《루스코예 보가츠트보》 10호에 실린 「문학과 삶」이란 글에서 미하일롭스키가 V. V.에게 답한 내용이다.—원서 편집자

는 점은 더 이상 부인하지 못한다. 그러나 모든 생산관계에 부르주아적 성격이 있고 그 체제에서는 필연적으로 계급투쟁이 일어난다는 것은 받아들이길 거부했다. 그와 더불어 근대 사회의 토대에 맞서는 사회주의 혁명을 위해 농민들을 각성시킬 목적으로 고안된 정치 강령으로부터[113] 근대 사회의 토대를 보존하면서 농민들의 처지를 '개선하고' 수습하는 것을 목적으로 하는 강령이 등장했다.

엄밀히 말해, 이 모두는 이미 《루스코예 보가츠트보》의 신사양반들이 사회민주주의자들을 "무너뜨리는"데 착수하는 순간 예상됐던 종류의 "비판"이 무엇인지를 충분히 알 수 있게 해준다. 그들은 러시아의 현실에 대한 사회민주주의자들의 구상을 솔직하고 양심적으로 설명하거나(그들은 충분히 그럴 수 있는 처지였다. 만약 그들이 그 경제적 측면을 특별히 강조하는 동시에 "논박"을 할 때 사용했던 일반적이고 때로는 비유적이기까지 한 표현들을 그대로 유지했더라면, 검열을 우회할 수 있었을 테니 말이다.) 그 본질에 반대되는 주장을 편다든지, 거기에서 끌어온 실질적 결론들의 정확성에 반론을 제기하려는 노력을 조금도 기울이지 않았다. 대신 그들은 추상적인 도식과 그 도식에 대한 믿음, 모든 나라

---

113 레닌 주 바쿠닌주의자들과 그 저항세력들[114], 인민주의자들, 그리고 종국에는 나로도볼치에 이르기까지 과거 이 나라의 모든 혁명적 강령들이 설명했던 것이다. 농민들이 미래의 젬스키 소보르[115]에 압도적 다수의 사회주의자들을 보내줄 거라는 확신은 그들의 사고에서 적지 않은 부분을 차지하고 있었다.

가 그와 같은 국면을 거쳐야 한다는 확신을 담은 가장 공허한 문구들과 이미 우리가 미하일롭스키 선생의 사례를 통해 충분히 접한 바 있는 허튼소리에 스스로를 가두는 쪽을 택했다. 그래서 우리는 종종 철저하게 왜곡된 이야기를 듣게 된다. 예를

114 아나키즘 이론가이자 마르크스주의와 과학적 사회주의의 철저한 적이었던 미하일 알렉산드로비치 바쿠닌(Bakunin)의 지지자들과 추종자들. 바쿠닌주의자들은 노동계급 운동의 마르크스주의적 이론과 전술에 반대하는 완고한 투쟁을 전개했다. 바쿠닌주의 강령의 주된 골자는 프롤레타리아 독재를 포함해 어떠한 형태의 국가에 대해서도 철저히 거부한다는 것이었고, 그들은 프롤레타리아의 획기적인 역할을 이해하지 못했다. 바쿠닌은 계급의 '철폐'와 아래로부터의 '자유로운 유대'라는 개념을 제시했으며, '뛰어난' 개인들로 구성된 비밀 혁명결사가 곧 일어날 대중 반란을 지도한다는 게 바쿠닌주의자들의 관점이었다. 그리하여 바쿠닌주의자들은 러시아 농민들이 지체 없이 반란에 떨쳐 일어설 준비가 되어 있다고 믿었는데, 음모를 꾸며내고 섣부른 반란과 테러에 의존하는 그들의 전술은 모험주의적이었을 뿐 아니라 반란에 대한 마르크스주의 가르침과도 적대적이었다. 바쿠닌주의는 몰락한 소자산가의 이념을 반영한 소부르주아적 경향인 프루동주의와도 가까웠다. 비밀결사인 그들의 강령은 「혁명가를 위한 문답서」에 상세히 설명되어 있다. 해외에 거주하던 바쿠닌과 긴밀히 연락을 취했던 인물로는 러시아의 바쿠닌주의자들 중 한 명인 네차예프(Nechayev)를 들 수 있는데, 1869년에 그는 러시아에서 '인민의 앙갚음'이라는 편협한 음모조직을 창설하는 데 성공했지만, 모스크바에 있는 몇몇 서클들만을 규합했을 뿐이었다. '인민의 앙갚음'은 곧 차르 정부에 노출돼 1869년 12월에 해체되었다. 마르크스와 엥겔스는 바쿠닌주의자들의 이론과 전술에 격렬한 비난을 가한 바 있으며, 레닌은 바쿠닌주의를 "구원의 희망을 상실한 소부르주아의"(「헤르첸을 추모하며In Memory of Herzen」(본 전집 48권에 수록—편집자)) 세계관이라 묘사했다. 바쿠닌주의는 인민주의의 이념적 원천들 가운데 하나였다.—원서 편집자

들어 크리벤코 선생은 마르크스가 "만약 우리가 소망하고"(?!! 그래서, 마르크스에 따르면 사회적·경제적 관계의 진화는 인간의 의지와 의식에 달려 있다는 건가? 한없이 무지하거나 비할 데 없이 뻔뻔스러운 소리가 따로 없군!) "또 그에 따라 행동한다면, 자본주의의 부침을 피해 더 편리한 다른 경로"(원문 그대로의 표현이다!!!)로 "나아갈 수 있다는 사실을 인정했다"고 선포하기에 이르렀다.

우리의 기사님이 그런 허튼소리를 내뱉을 수 있었던 것은 의도적인 왜곡에 탐닉했기 때문이다. 익히 알려진 「마르크스의 편지」(《법률 통신》, 1888년, 10호)에서 러시아가 "자본주의 체제의 고통을 겪지" 않는 것이 가능하다고 생각한 체르니셉스키를 마르크스가 높이 평가한 대목을 인용한 크리벤코 선생은 마르크스의 실제 발언(마지막 문장은 "그(체르니셉스키)는 후자의 해결책에 대한 지지를 표명한다"였다)을 그대로 옮겨놓은 부분에 따옴표를 달으며 이렇게 덧붙이고 있다. "그래서 마르크스는 자신이 이런 견해들을 **공유한**다고 말한다."(186쪽, 12호, 크리벤코

---

115 Zemsky Sobor, 중앙 대표단 회의를 말한다. 1873년 마르크스와 엥겔스는 이 회의에 대해 이렇게 적었다. "당시 젬스키 소보르 소집 요구가 제기되었다. 일부는 재정적 어려움을 해결하고자 하는 시각에서 그것을 요구했고, 다른 일부는 군주제를 종식하기 위해서 요구했다. 바쿠닌은 그 회의가 러시아의 단결을 입증하고 차르의 권력과 힘을 강화해주기를 바랐다." 많은 러시아의 혁명가들은 젬스키 소보르의 소집을 차르 왕조의 전복과 동일시했다. 헌법 초안을 마련하기 위해 모든 시민을 대표하는 젬스키 소보르를 소집하는 것은 러시아 사회민주당의 강령상의 요구들 가운데 하나였다.—원서 편집자

의 강조)

그러나 마르크스가 실제로 말한 내용은 다음과 같았다. "그래서 이 존경할 만한 비평가는 적어도 내가 그 '위대한 러시아 학자이자 비평가'를 존경한다는 이유로 내가 이 문제에 대해 자신과 같은 견해를 갖고 있다고 추론할 만한 충분한 근거가 있었을 것이다. 하지만 마찬가지로 그 러시아 '문인'과 범슬라브주의자[116]에 대한 나의 비판으로부터도 내가 그의 견해들을 거부한다는 결론을 도출해낼 만한 충분한 근거를 갖고 있었을 텐데 말이다."《법률 통신》, 1888년, 10호, 271쪽)

따라서 마르크스는 미하일롭스키 선생이 자신을 러시아의 특수한 발전 노선이라는 사고에 반대하는 사람으로 여길 권리가 없고, 자기 또한 그런 사고를 지닌 사람들을 존중한다고 말했다. 그러나 크리벤코 선생은 마르크스가 그런 특수한 발전 노선을 "인정했다"는 뜻으로 그걸 잘못 해석한 것이다. 이는 그야말로 새빨간 왜곡이었다. 방금 인용한 마르크스의 발언은 그가 그 문제를 다음과 같이 피해 넘겼다는 사실을 아주 분명히 보여준다. "미하일롭스키 선생은 두 가지 모순되는 주장들 가운데 하나를 근거로 받아들일 수 있었는데도 그렇게 하지 않았다. 즉 그는 러시아의 전반적인 정세에 관한 나의 견해들

---

116 체르니솁스키와 헤르첸을 말한다. 《조국 연보》의 편집국에 보낸 마르크스의 편지를 참조하기 바란다(마르크스·엥겔스, 『서신 선집』, 모스크바, 377쪽).—원서 편집자

중 하나를 근거로 하여 스스로의 결론을 이끌어낼 만한 바탕이 전혀 안 돼 있었던 것이다." 이런 발언들이 잘못 해석될 여지를 없애기 위해 마르크스는 같은 '편지'에서 자신의 이론이 러시아에 어떻게 적용될 수 있는지에 대한 직접적인 답변을 제시했다. 이 답변은 마르크스가 그 질문에 대한 대답 자체와 그 질문의 답을 결정할 수도 있는 러시아의 데이터 검토를 하지 않으려 했다는 사실을 아주 명확히 보여준다. 그는 "만약 러시아가 서구 유럽 국가들을 모범으로 한 자본주의 국가가 되려는 경향을——그리고 이 점에 있어 수많은 어려움을 겪어왔던 최근에——보인다면, 우선 농민 대부분이 프롤레타리아로 전환되지 않고서는 성공하기 힘들 것"[117]이라고 답했다.

내 생각에 이 대목은 더할 나위 없이 명확하다. 질문은 러시아가 자본주의 국가가 되려는 경향을 보이고 있는가, 농민들의 몰락이 자본주의 체제, 즉 자본주의적 프롤레타리아트의 탄생 과정이냐는 것이었다. 그리고 마르크스는 '만약' 러시아가 그런 경향을 보인다면, 농민 대부분이 프롤레타리아로 전환될 수밖에 없을 거라고 말한다. 달리 말해 마르크스의 이론은 특정 국가들의 경제 시스템의 진화를 연구하고 설명하는 것이었으며, 러시아에 그 이론을 '적용'하는 것은 오로지 유물론적 방법론과 정치경제학 이론의 확립된 관행들을 활용해 러

---

117 마르크스·엥겔스, 『서신 선집』, 모스크바, 378~9쪽.─원서 편집자

시아의 생산관계와 그 진화를 연구하는 것으로만 가능하다는 것이었다.[118]

새로운 방법론과 정치경제학 이론의 정교한 완성은 사회과학에서의 거대한 진보이자 사회주의를 향한 엄청난 진전이었기에, 『자본』이 등장한 직후 '러시아 자본주의의 운명'은 러시아 사회주의자들에게 주요한 이론적 문제로 대두되었다. 그 문제를 둘러싸고 엄청나게 열띤 논쟁들이 펼쳐졌으며, 강령상의 핵심 지점들도 그에 따라 결정되었다. 그리고 (약 10년 전) 러시아가 자본주의로 진화하였는지를 놓고 어느 개별적 사회주의자 그룹이 러시아의 경제 현실에 관한 데이터를 토대로 긍정적인 대답을 내놓았을 때는, 거기에 대한 직접적이고 명확한 비판은 전혀 없었을 뿐 아니라 똑같은 방법론적·이론적 일반 원칙들을 받아들인 이들 가운데서도 데이터에 대해 다르게 설명하는 비판의 목소리는 전혀 찾아볼 수 없었다.

한편 마르크스주의자들에 맞서 진정한 성전에 돌입한 '인민의 벗들'은 역시나 사실관계의 검토를 통해 자신들의 주장을 내놓는 법이 없다. 첫 번째 글에서 본 바와 같이, 그들은 이러저러한 미사여구들로 문제를 처리한다. 게다가 미하일롭스키 선생은 마르크스주의자들 사이에서의 합의나 의견일치 부

---

118 레닌 주 거듭 말하건대, 이 같은 결론은 『공산당 선언』, 『철학의 빈곤』, 『자본』을 읽어본 사람이라면 누구에게나 명확할 수밖에 없으며, 따로 특별한 설명이 필요한 건 오직 미하일롭스키 선생을 위해서뿐이다.

족에 대해서도 자신의 재치를 드러낼 기회를 결코 놓치지 않았다. 그런 뒤 '우리의 저명한' 미하일롭스키 선생은 마르크스주의자들을 '진짜'와 '가짜'로 나누는 말장난을 하고는 마음껏 웃음을 터뜨린다. 물론 마르크스주의자들 사이에 완전한 일치가 지배적이지 않다는 건 사실이다. 그러나 첫째로 미하일롭스키 선생은 이 사실을 잘못 전달하고 있으며, 둘째로 현실은 러시아 사회민주주의의 약점이 아닌 강점과 생명력을 증명해주고 있다. 최근 시기의 특히나 두드러진 특징 중 하나는 사회주의자들이 다양한 경로를 통해 사회민주주의적 관점들에 도달하고 있으며, 그러한 까닭에 러시아가 봉토제도로부터 성장한 부르주아 사회고 그 정치 형태는 계급국가이며 노동인민의 착취를 끝장낼 유일한 방안은 프롤레타리아 계급투쟁이라는 근본적이고 주요한 논지에 무조건적으로 동의하고 있다는 점이다. 그들은 논쟁의 방법과 러시아인의 삶의 이러저러한 현상에 대한 구체적인 해석에 있어 특정한 수많은 문제들을 놓고 의견을 달리한다. 따라서 나는 앞서 언급한 모든 사회민주주의자들에게 근본적이고 공통적인 논지의 한계 내에서, 예를 들어 농민 개혁이나 농업과 수공업의 경제적 상황, 토지 임차 등 피상적인 어조로만 다뤄져왔던 문제들에 관해서도 의견 차이들이 존재한다는 점을 지적함으로써 미리 미하일롭스키 선생을 기쁘게 할 수도 있을 것 같다. 농민 개혁이 러시아의 올바른 발전을 위해 순탄한 길을 열어줄지도 모른다는, 자본가의 이익을 대표하는 이들이 아닌 '인민의 벗들'에게 국가의 부름이 있을지도 모른다는, 마을공동체가 농업과 제조업을 사회화해 그것들이 수공업자에 의한 대량생산으로 발전할지도 모른다는, 인민의 토지 임차가 인민의 농업을 떠받치고 있다는 등의 '숭고한 진리들'을 만장일치로 받아들이는 데 스스로 만족하는 사람들의 감동적이고 마음을 움직이는 합의는, 러시아의 실제적인 현재의 경제구조를 명확한 생산관계 시스템으로 해명하고 실제적인 경제적 진화나 정치를 비롯한 여타 모든 유형의 상부구조에 대한 해명을 추구하는 사람들 내의 의견 차이로 대체되어왔다.

그리고 만약 그런 노력이──서로 다른 시각을 가진 사람들이 공통된 입장을 받아들여 공동의 정치적 행동으로 확실히 연결시키고, 따라서 그러한 공통된 입장을 받아들이는 모두가 스스로를 '사회민주주의자'라 부를 권리와 의무를 부여받게 되는 한편으로──다양한 해결책들이 열려 있는 수많은 특별한 문제들에 대해 광범위한 의견 차이의 여지들을 여전히 남겨놓는다면, 당연히 그것은 러시아 사회민주주의의 힘과 생명력을 입증해주는 것에 불과하다.[119]

더군다나 그런 노력은 상상하기 힘들 정도로 힘든 상황에서 이뤄지고 있다. 그 다양한 측면들을 통합해줄 기관도 없거니와 있을 수도 없고, 오늘날 만연해 있는 경찰의 감시 상황에 비춰볼 때 개인적인 교류도 극도로 어렵다. 그런 상황에서 사회민주주의자들이 적절한 토론을 할 수도, 구체적인 합의에 도달할 수도 없고 따라서 서로 의견이 상충되는 것은 당연할 수밖에 없다.

정말로 재미있지 않은가?

사회민주주의자들, '신마르크스주의자들'을 상대로 한 '반론'에서 크리벤코 선생이 언급한 내용은 일정 정도 당혹감을 불러일으킬 수도 있겠다. 일부 독자들은 사회민주주의자들 사이에서 분열 비슷한 무언가가 일어나고 있고, '신마르크스주의자들'이 과거의 사회민주주의자들로부터 떨어져 나갔다고 생각할지도 모른다. 그러나 결코 그런 게 아니다. 마르크스주의를 공개적으로 방어해온 사람이라면 그 누구도 러시아 사회민주주의자들의 이론과 정책을 비판하거나 다른 어떤 종류의 마르크스주의를 옹호한 적이 없었다. 진실은 크리벤코와 미하일롭스키 선생이 마르크스주의자들에 대한 응접실에서나 나눌 법한 가십거리들에 귀 기울여왔고, 자신들의 지각 없는 자유

---

119 레닌 주 이는 이러한 문제들에 대한 해결책이 여태껏 발견되지 않았다는 단순한 이유 때문에 그렇다. 실제로 "인민의 토지 임차가 인민의 농업을 떠받치고 있다"는 주장이나, "독립적인 농민을 위해 자신의 독립성을 희생한" "지주보다 농민의 힘이 더 강하다는 게 입증되었다"든지, "농민은 지주의 손아귀에서 대규모 생산을 빼앗아냈다", "인민은 농업 기술 방식을 놓고 벌인 투쟁에서 승리자였다"는 식과 같이 농민이 농기구로 지주의 땅을 경작하는 시스템에 대한 묘사를 토지 임차 문제의 해결책으로 간주할 수는 없는 노릇이다. 이런 자유주의적인 한가한 잡담은 "우리의 저명한" V. V. 선생의 『자본주의의 운명』이란 저작에서 찾아볼 수 있다.

주의적 언행을 감추기 위해 마르크스주의를 들먹이는 여러 다양한 자유주의자들을 주시해왔으며, 전매특허인 영리함과 전술을 동원해 마르크스주의자들을 '비판하기' 위한 작업에 착수해왔다는 점이다. 그런 의미에서 이런 "비판"이 일련의 일상적인 부조리와 추잡한 공격들로 이루어져 있었다는 사실은 전혀 놀랍지 않다.

크리벤코 선생은 "우리는 일관되게 여기에('우리는 자본주의 산업 발전에 힘써야 하지 않겠는가'라는 질문에) 대한 긍정적인 해답을 제시해야 할 것이며, 농민들의 땅을 사들이거나 상점과 선술집을 여는 것을 꺼려서는 안 된다. 수많은 여관주인들이 러시아 의회에서 성공적인 활동을 벌이는 것을 기뻐해야 할 것이며, 그보다 훨씬 더 많은 수의 업자들이 농민들의 곡식을 사들이는 것을 지원해야 할 것"이라고 주장한다.

정말 재미있는 주장이 아닐 수 없다. 이런 '인민의 벗'에게 러시아 곳곳에서 벌어지는 노동인민에 대한 착취는 본질상 자본주의적이며, 기업형 농민들과 유통업자들은 이러이러한 정치·경제적 특징들 때문에 자본주의를 대표하는 사람들로 분류되어야 하고, 그런 현실이 농민 분화의 부르주아적 성격을 증명한다는 것을 일러주자. 그러면 그는 비명을 지르며 그건 서구 유럽의 공식과 추상적인 방안들을 무차별적으로 빌려오는 행위이자 터무니없는 이단이라고(하지만 그러면서도 '이단적' 주장의 실제 의미에 대해서는 조심스레 회피하면서) 목소리를 높일 것이다. 그러나 사악한 마르크스주의자들이 불러일으킨 '공포'에 색이 입혀져 그림이 완성되는 순간, 고귀한 과학과 순수한 이상은 옆으로 밀려나고 농민의 곡식과 땅을 사들이는 자들이 단순히 타인의 물건을 '동경하는 이들'이 아니라 자본주의의 대표라는 사실을 받아들일 수밖에 없을 것이다.

또한 러시아 부르주아 계급이 자신들의 손아귀에 생산수단을 집중시킴으로써 이미 모든 영역에서 인민의 노동을 지배하고 있을 뿐만 아니라, 정부에게 압력을 가해 부르주아적 성격의 정책을 입안하고 강요하며 결정짓고 있다는 사실을 저 '인민의 벗'에게 입증해 보이자. 그러면 그는 버럭 화를 내며 우리 정부의 전지전능함을 외치기 시작하고는, '인민의 벗들'이 아닌 자본주의의 이익을 대표하는 자들을 '끌어들이는 행위'가 치명적인 착오이자 불행이라고, 인공적으로 자본주의를 이식하는 짓이라고 목소리를 높일 것이다……. 그러나 속으로 그들은 러시아 의회 내의 여관 주인들이 자본주의를 대표한다는 사실, 즉 이른바 계급의 꼭대기에 올라선 바로 이 정부의 구성요소 중 하나라는 사실을 결국 인정할 수밖에 없을 것이다. 하지만 신사양반들, 러시아 자본주의의 이익이 오직 '의회'에서만, 그리고 '여관 주인들'에 의해서만 대표된다고 생각하시오?

추잡한 공격들과 관련해서는 이미 미하일롭스키 선생을 통해 그 사례들을 충분히 지켜봐왔고, 눈꼴 시린 사회민주주의를 전멸시키기 위한 열망 속에 "일부는 자본주의 과정을 가속화시키는 게 유일한 목적이라 주장하며 (물론 전문가나 사무직 노동자 같은 한직을 얻을 수 있는 경우에) 공장으로 들어간다"고 주장한 크리벤코 선생을 통해서도 다시 그걸 확인할 수 있겠다. 이런 명백히 품위를 상실한 발언들에 대해 일일이 답변할 필요는 없다는 건 두말 하면 잔소리일 테고, 그만 여기서 마침표를 찍도록 하자.

아무튼 신사양반들, 그런 정신 상태를 용감하게 계속 유지하길 바라오! 당신들이 말한 대로 이미 여러 조치들을 통해 (설사 흠이 있었다 하더라도) 인민들을 철저한 몰락으로부터 구원해주었던 황실 정부는 앞으로도 아무런 결함 없이 그렇게 해나가게 될 것이며, 그래서 당신들의 진부함과 무지가 드러나는 걸 막아줄 테니 말이오. 이제껏 그래왔듯이 '교양 넘치는 상류 사회'는 막간을 이용해 철갑상어와 카드놀이를 즐기며 기꺼이 '형제'를 들먹이고 그의 상태를 '개선시키기 위한' 자비로운 사업들을 고안해낼 것이오. 그리고 그 형제를 대표하는 자들은 지방감독관 같은 농민들의 주머니를 감독하는 자리들을 차지하고 앉아 시민적 요구와 의무들에 관한 발달된 의식을 자랑할 수 있다는 사실을 당신네로부터 알게 되어 기쁘기 그지없을 것이오. 그러니 그 정신을 계속 이어가시게나들! 절대 방해받지 않을 뿐 아니라 지지와 칭찬까지 받게 될지도 모르니……. 물론 부레닌과 그 지지자들의 입으로부터 말이오.

아마도 의미가 있을 결론

결론으로 들어가, 십중팔구 여러 명의 독자가 이미 품어보았음직한 질문에 대한 답변을 내놓는 것도 어쩌면 의미가 있을 것이다. 왜 저런 신사양반들과 이토록 긴 지면을 할애해 논쟁하였단 말인가? 그들이 기꺼이 반론이라 부르는 그 자유주의적인, 검열을 통과한 추잡한 주장들의 나열에 진지하게 응답하는 것이 과연 가치 있는 일일까?

나는 그렇다고 생각한다. 물론 그들 또는 '교양 있는' 대중을 위해서가 아니라, 러시아 사회주의자들이 이러한 맹공격으로부터 유익한 교훈을 얻을 수 있으며 그 교훈을 얻어야 한다고 믿기 때문이다. 그러한 공격은 민주주의와 사회주의가 서로 떼어놓을 수 없는 불가분의 전체를 이뤄 하나로 녹아들어갔던 (예를 들어 체르니솁스키의 시대에 그랬던 것처럼) 러시아 사회 발전의 시기가 아직은 되살아나지 않았음을 보여주는 가장 두드러지고 확실한 증거가 되고 있다. 러시아의 민주주의자들과 사회주의자들 사이에는 사상적으로 심오한 질적 차이가 존재하지 않는다는 생각, 오늘날 일부 러시아 사회주의자들에 의해 여전히 고수되면서 그들의 이론과 실천에 가장 해로운 영향을 끼치고 있는 그런 생각에는 전혀 아무런 근거가 없다.

오히려 정반대로 민주주의와 사회주의 사상 사이에는 넓은 간극이 존재하며, 그래서 지금은 러시아 사회주의자들이 그런 사실을 알아야 할 때, 민주주의자들의 사상과의 완전하고도 최종적인 결별이 불가피하고 필수적이라는 사실을 이해해야 할 때다.

그렇다면 민주주의 사상이 태동했던 시절에 실제로 러시아 민주주의자들이 어떤 모습이었는지, 그리고 그 이후 어떻게 변해왔는지를 살펴볼 필요가 있겠다. '인민의 벗들'은 그런 비교를 위한 충분한 재료를 제공해준다.

이 점과 관련해 독일의 한 출판물(1893년 10월 2일 《중앙 사회 정책 신문 Sozialpolitisches Centralblatt》[120] 1호 III편에 실린 「러시아의 자본주의 발전에 관하여」란 글)에서 니콜라이-온 선생의 공상주의에 반대하는 입장을 폈던 스트루베 선생을 크리벤코 선생이 공격하고 나선 사실은 아주 흥미롭다. 크리벤코 선생은 그의 주장에 따르면 "마을공동체와 분여지를 옹호하는" 사람들의 사고를 "전(全)국민적 사회주의(national socialism)"(그가 "전적으로 공상적인 본질"을 지닌다고 말하는)로 분류했다는 이유를 들어 스트루베 선생에게 공격을 가하기 시작했다. 사회주의와 연관 지

[120] 독일 사회민주주의 우파의 기관지로, 1892년에 처음 발행되었다.―원서 편집자

은 그러한 끔찍한 비난에 얼마나 격분했던지, 우리의 훌륭한 필자는 다음과 같이 고함을 지르기에 이른다. "마을공동체와 분여지를 옹호한 이들이 과연 누구였던가? 농민들을 위해 규제를 만들고, 공동체와 농민의 경제적 독립을 개혁의 기초로 삼은 사람들 아니던가. 역사 연구자들과 동시대 삶을 연구하던 이들, 그리고 진지하고 존경받는 언론들 거의 대부분이 그런 원칙들을 지지하지 않았던가 말이다. 그렇다면 그들 모두가 '전(全)국민적 사회주의'라는 망상의 피해자들이란 말인가?"

존경하는 '인민의 벗'이여, 부디 진정하시게나! 그대는 사회주의와 연관 지은 지독한 비판에 겁먹은 나머지 스트루베 선생의 "하찮은 글"을 꼼꼼히 읽어보지도 않았나 보오. 실제로 "마을공동체와 분여지"를 옹호하는 사람들을 사회주의와 연관돼 있다고 비난하는 행위는 실로 부당한 일 아니겠소! 도대체 거기에 사회주의적인 측면이 뭐가 있단 말이오? 우리가 알다시피, 사회주의란 노동인민의 착취에 맞선 저항과 투쟁, 착취의 완전한 철폐를 위한 투쟁에 붙여진 이름이다. 반면 "분여지를 옹호한다는 것"은 한때 농민들이 마음대로 이용할 수 있었던 모든 토지에 대해 그들이 이제 상환금을 지불해야 하는 상황을 지지하는 것을 의미한다. 그러나 토지대금 상환이 아니라 개혁 이전에 농민들이 보유했던 토지의 무상 보유를 지지한다 할지라도, 이곳 러시아에서처럼[12] 서구 전역에서도 부르주아 사회의 토대가 됐던 게 다름 아닌 (봉건 시기에 차츰 진화했던) 농민의 토지소유권이었기 때문에 거기에는 사회주의적인 요소가 전혀 없다. "마을공동체를 옹호한다는 것", 즉 토지를 분배하는 관례적인 방식들에 경찰이 개입하는 행위를 반대하고 나선다는 것 역시도, 공동체 내에서 노동인민의 착취가 충분히 존재할 수 있고 또 발생하고 있다는 걸 누구나 아는 상황에서는 사회주의적이지 않다. 그것은 "사회주의"라는 단어를 다른 의미로까지 확대 과장하는 것에 불과하며, 만약 그게 옳다면 포베도노스체프(Pobedonostsev) 선생[122] 또한 사회주의자로 분류되어야 마땅할 것이다!

스트루베 선생은 그런 지독하고 부당한 처사에 잘못이 없다. 그는 인민주의자들의 "전국민적 사회주의라는 공상주의"를 이야기한다. 그리고 우리는 그가 인민주의자들에 대한 반론으로서 플레하노프의 「우리의 의견 차이」를 언급하고 있다는 사실로부터 스투르베 선생이 인민주의자들을 어떻게 분류하고 있는지를 알 수 있다. 플레하노프는 의심할 나위 없이 사회주의자들, 다시 말해 "진지하고 존경받는" 언론과는 전혀 공통점이 없는 사람들을 격렬히 비판했던 인물이었다. 따라서 크리벤코 선생은 인민주의자들을 겨냥한 비판을 마치 자신에게 가해진 비판인 것처럼 여길만한 이유가 없다. 하지만 만약 그

---

121 레닌주 농민층의 해체가 증거다.

122 러시아 정교 최고 종교회의의 총재로, 알렉산드르 3세의 봉건 정책에 영감을 준 극단적 반동이었다.—원서 편집자

가 자신이 신봉하고 있는 사조에 대한 스트루베 선생의 견해를 알고 싶어 안달이라면, 스트루베 선생의 글에 나온 아래의 단락에 관심을 기울이고 그걸 《루스코예 보가츠트보》에다 번역해 옮기지 않은 건 그저 놀라울 따름이다.

"자본주의가 발전해갈수록 방금 서술한 철학(인민주의 철학)은 그 토대를 상실하게 되어 있다. 그것은 오랫동안 그 조짐이 목격돼온 타협[123]이 가능하고 또 그것을 추구하는 무색무취의 개혁적 사조로 퇴조하든지, 실질적인 발전의 불가피성을 인정하고 그 뒤에 필연적으로 이어지는 이론과 실질적인 결론에 도달하게 되든지, 달리 말해 더 이상 공상주의에 빠져 있지 않게 되든지 둘 중 하나가 될 것이다."

만약 크리벤코 선생이 러시아에서 유일하게 타협이 가능한 사조의 시작점을 어디에서 찾아야 할지 모르겠다면, 그에게 《루스코예 보가츠트보》의 이론적 견해들을 흘끗 들여다보라고 권해주고 싶다. 해당 잡지는 러시아의 자본주의 발전에 관한 인식을 인민주의 교리의 조각들로 짜맞추려는 한심한 시도를 대표하며, 그들의 정치 구상은 현재의 자본주의 체제에 기초해 소생산자들의 살림살이를 개선하고 회복시키는 것을 목표로 삼고 있다.[124]

---

123 레닌 주 Ziemlich blaße kompromißfähige und kompromißsüchtige Reformrichtung. 내 생각에 이는 러시아어로 기회주의의 고양(kulturnichesky) 정도로 번역될 수 있을 것이다.

최근 우리 사회에 있어 가장 특징적이고 의미심장한 현상들 가운데 하나는, 대략적으로 말해 인민주의가 소부르주아 기회주의로 타락해갔다는 점을 들 수 있다.

실제로 우리가 《루스코예 보가츠트보》가 품은 구상의 실

124 레닌 주 스트루베 선생을 상대로 전쟁을 벌이고자 할 때 크리벤코 선생은 아주 초라한 모습 그 자체였다. 그는 어떠한 타당한 반대논리도 제시하지 못하는 어린애 같은 무능력과 초조함을 무심코 드러내고 있었던 것이다. 예를 들어, 스트루베 선생은 니콜라이-온 선생을 "몽상가"라 부르며 그 명백한 근거를 이렇게 제시하고 있다. (1)그는 "러시아의 실질적인 발전"을 무시한다, (2)그는 우리 국가의 계급적 성격을 이해하지 못한 채 "사회"와 "국가"에 호소한다. 여기에 맞서 크리벤코 선생은 어떠한 주장을 꺼내놓고 있는가? 이 나라 발전이 정말로 자본주의적이라는 사실을 부인하는가? 아니면 다른 어떤 종류의 것이라고 이야기하는가? 그는 이 나라가 계급국가가 아니라고 말하는가? 아니다. 그는 이 모든 질문들을 회피하는 대신에 스스로 만들어낸 "틀에 박힌 양식들"에 맞서 우스꽝스러운 분노로 일전을 벌이는 쪽을 선호한다. 예를 하나 더 들어보자. 계급투쟁을 이해하지 못한다고 니콜라이-온 선생을 비난한 데 덧붙여, 스트루베 선생은 "순수한 경제적 사실"의 영역에서 중대한 이론적 실수를 범했다고 그를 힐난한다. 무엇보다 그는 니콜라이-온 선생이 러시아의 비농업 인구의 왜소함을 이야기하면서 "러시아의 자본주의 발전이 그 역사적 임무라 할 수 있는 80퍼센트(러시아의 농촌 인구)와 44퍼센트(미국의 농촌 인구) 사이의 차이를 없애줄 것이라는 사실을 포착하지 못하고 있다"고 지적한다. 이에 대해 크리벤코 선생은 첫째 농민에게서 땅을 박탈할 "우리의"(?) 임무를 거론함으로써 이 단락을 왜곡하고 있는데, 진실은 자본주의가 농촌 인구를 줄어들게 하는 경향이 있다는 데 있다. 그리고 둘째로 질문(농촌 인구의 감소를 초래하지 않는 자본주의가 가능한가)의 본질에 대해서는 한 마디도 하지 않은 채, 그는 "교조주의자들" 등에 대한 수많은 헛소리를 늘어놓고 있다. 이 책의 부록 2를 참조하기 바란다.

체──이민 규제, 토지 임차, 값싼 신용, 박물관, 창고, 기술 개선, 집단농장, 공동 토지 경작과 나머지 모든 것들──를 예로 들어보면, 봉건지주들의 기관지도 아니고 어용 신문[125]에 속하지도 않은 '진지하고 존경받는' 자유주의 언론 진영 전반에 그런 견해가 참으로 널리 유통되고 있다는 사실을 발견하게 될 것이다. 또한 그런 모든 조치들이 필요하고 요긴하고 시급하며 '무해하다'는 생각은 지식인계급 전체에도 깊이 뿌리내리고 있고 또 아주 널리 펴져 있다. 여러분은 모든 지방정부의 연구와 보고서들에 나온 서술과 신문 등에서 그런 견해를 마주하게 될 것이다. 만약 이것을 인민주의라고 간주한다면, 그 성공은 의심할 나위 없이 실로 엄청나고 명백하다.

물론 그것은 (과거 관례적인 의미에서의) 인민주의가 전혀 아니지만, 그 성공과 엄청난 파급 효과는 자유주의와 날카롭게 대립했던 사회혁명적 인민주의를 한껏 고양된 기회주의로 변형시키고 자유주의와 통합시켜 오로지 소부르주아의 이익만을 대변하도록 함으로써 인민주의의 품격을 떨어뜨린 결과로 얻어진 것이라 하겠다.

이런 사실을 확인하기 위해서 우리는 앞서 제시된 농민과 수공업자 들의 분화라는 광경에 눈을 돌려볼 필요가 있겠다. 이것은 결코 따로 떨어져 있거나 새로운 사실들을 보여주는

---

125 레닌은 차르 정부에게서 돈을 받고 그 비위를 맞춰주는 타락한 신문과 잡지들을 언급하고 있다.──원서 편집자

것이 아니며, 단지 우리의 반대자들조차 그 존재를 부정하지 않았던 농촌의 '착취자들'과 '농장 노동자들'의 '무리'를 정치경제학적 측면에서 표현하려는 시도일 뿐이다. '인민주의적' 조치들이 소부르주아를 강화시켜주는 데 기여할 뿐이라는 건 말할 필요도 없다. 또 그 외 다른 조치들(집단농장과 공동경작)도 그들 '무리' 자체에 아무런 영향을 끼치지 못했다는 단순한 이유에서 보잘것없는 임시방편에 그칠 수밖에 없고, 자유주의 부르주아 계급이 유럽 전역에서 아주 친절하게 일궈놓았던 그런 유형의 비참한 실험으로 그치게 될 운명이다. 그러나 그와 똑같은 이유에서 예르몰로프(Yermolov)와 비테(Witte)[126] 같은 자들조차 그런 유의 진보에 반대하기는커녕 오히려 지지를 보낸 것도 바로 그런 이유 때문이었다. 그들은 '인텔리겐차'가 혁명적 활동에서 손을 떼고 계급적대를 무마하기 위한 화해와 통합으로 방향을 전환하기만 한다면, 그러한 '실험들을 위한' 자금을 기꺼이 대줄 것이다. 그러니 잘 부탁하오, 신사양반들!

그렇다면 인민주의를 이러한 타락으로 이끈 과정이 무엇이

---

126 A. S. 예르몰로프: 1893~5년에 국유재산부와 농업부 장관을 역임했다. 봉건지주들의 이익을 위해 목소리를 높였고, 농노제의 유물들을 유지하는 정책을 폈다.

　　S. Y. 비테: 제정 러시아에서 오랜 기간(1892~1903년) 영향력이 높았던 재무장관을 역임. 금융, 관세, 철도 건설 등의 영역에서 그가 채택했던 조치들은 대부르주아 계급의 이익과 러시아 자본주의 발달을 증진시켰다.— 원서 편집자

었는지를 잠시 살펴볼 필요가 있겠다. 인민주의가 처음 등장했을 때만 해도 그 이론은 아주 탄탄했다. 인민의 삶의 특수한 방식에 대한 관점에서 출발한 그것은 '공동체' 농민의 공산주의적 본능을 믿었고, 그 이유로 농민을 타고난 사회주의의 전사로 여겼다. 그러나 한편으로는 러시아의 생활 현실에 대한 이론적 정교함과 확인 작업이 부족했고, 다른 한편으로는 농민의 특질이라 여겨지는 것들을 기초로 한 정치적 구상을 적용시킬 경험도 일천했다.

그래서 이 이론의 발전은 이론적인 것과 실천적인 것의 두 가지 길을 따라 나아가게 되었다. 이론적 작업은 주로 토지소유의 형태를 연구하는 작업으로 집중되었는데, 그들은 거기에서 공산주의의 기초적인 모습을 확인하길 원했다. 이 작업은 아주 다양한 종류의 방대한 사실자료들을 생산해냈다. 그러나 주로 토지소유권의 형태와 관련이 된 그 자료들은 연구자들의 눈으로 보기에는 농촌의 경제 상황을 완전히 모호하게 만드는 것들이었다. 이는 당연히 그럴 수밖에 없었던 것이, 우선 생산 관계들을 추려내고 전문적으로 연구하는 데 필요한 믿을만한 사회과학상의 방법 이론이 부족했고, 다음으로는 수집된 사실자료들이 농민 경제에 암울한 영향을 미치는 당면한 어려움들과 농민들의 당면 요구가 무엇인지를 직접적으로 보여주는 증거 역할을 했기 때문이다. 그래서 모든 연구자들의 관심은 토지 빈곤, 높은 소작료, 권리의 부족, 억압받고 짓밟힌 농민들의 상황 같은 어려움들을 연구하는 데 집중되었다. 이 모든 것들은 풍부한 자료들을 토대로 하여 아주 자세하게 묘사되고 연구되고 설명되어서, 만약 이 나라가 계급 국가가 아니라면, 정책이 지배계급의 이해관계에 따라 결정되는 것이 아니라 '인민의 요구'에 관한 공정한 토론에 의해 결정된다면 당연히 그런 어려움들을 제거할 필요성이 수천 번도 더 납득되었을 것이다. 사회와 국가를 '설득시킬 수 있다'는 가능성을 믿었던 순진무구한 연구자들은 자신들이 수집한 구체적인 사실들에 완전히 매몰된 나머지, 당면한 어려움들에 의해 사실상 궤멸 상태에 놓여 있던 경제의 주된 배경과 농촌의 정치경제적 구조는 망각하고 말았다. 자연히 그 결과는 자신들의 손에 경제를 틀어쥔 계급, 주어진 경제 시스템과 공동체 내 사회적·경제적 관계에서 유일하게 버틸 수 있고 발전할 수 있는 계급의 이익을 보호하는 것이 곧 토지 빈곤 등에 의해 궤멸된 경제적 이익을 보호하는 것이라는 결론이었다.

착취를 폐지하기 위한 토대와 버팀목이 돼줄 제도를 연구할 방향으로 시작됐던 이론 작업은 그러한 착취 시스템에 의존하고 있는 바로 그 소부르주아 계급의 이익을 대변해줄 계획을 고안해내는 쪽으로 방향을 틀게 된 것이다!

그와 동시에, 실천적인 혁명 활동 역시 예상치 못한 방향으로 전개되었다. 농민의 공산주의적 본능에 대한 믿음은 당연히 사회주의자들에게 정치를 외면하고 '인민 속으로 들어갈 것'을 요구했다. 수많은 원기왕성하고 재능 있는 인물들이 이러한 과정을 이행하는 데 착수했지만, 현실은 그들로 하여금 농민의 본성이 공산주의적이리라는 발상이 얼마나 단순한 생각이었는지만 깨닫게 했다. 결국 그들은 농민이 아니라 정부를 변화시켜야 한다고 결정하게 됐다. 그들의 모든 활동은 정부에 대항하는 투쟁에 집중되었으며, 그 투쟁은 지식인들에 의해서만 진행되었다. 간혹 거기에 **노동자**들이 가담할 뿐이었다. 처음에 이 투쟁은 사회주의의 이름 아래 전개되었으며, 인민은 사회주의를 받아들일 준비가 되어 있고 오로지 권력을 쟁취함으로써만 정치뿐만 아니라 사회혁명까지도 가져올 수 있다는 이론을 기초로 삼았다. 그러나 뒤로 갈수록 이 이론은 분명 완전히 신뢰를 잃어갔고, 정부에 맞선 나로도볼치의 투쟁은 정치적 자유를 위한 급진주의자들의 투쟁으로 자리매김하게 되었다.

그러므로 그 활동 또한 출발점과는 정반대의 결과들로 이어졌다. 이 경우에 있어서도 급진적 부르주아 민주주의의 이해관계만을 대변하는 강령이 나타난 것이다. 엄밀히 말해 이 과정은 아직 마무리되지는 않았지만, 내 생각에는 이미 명확한 한계가 정해져 있다. 인민주의가 이렇게 전개된 과정은 자연스럽고도 필연적인 것이었다. 왜냐하면 그 교리가 순전히 농민의 경제가 특수한 (공동체적) 시스템이라는 신화에 기초하고 있었기 때문이었다. 현실과 맞닥뜨리자 그 신화는 사라져버렸고,

농민사회주의는 소부르주아 농민의 급진적·민주적 표현으로 변해갔다.

여기서 민주주의자들의 진화 과정에 대한 몇 가지 예시들을 들어보겠다.

크리벤코 선생은 "어렴풋이 무르익어가는 순수 러시아산 해파리같이 훌륭한 정서들로만 가득 찬 완전한 인간이 아니라, 진정한 자기희생이나 삶에서 지속 가능한 무언가를 행할 능력을 갖추지 못한 인간만이 생겨났다는 현실을 우리는 직시해야만 한다"고 주장한다. 이런 훈계는 뛰어난 것이었지만, 그것이 어디에 적용되는지를 잘 살펴보자. "후자의 경우, 나는 다음과 같이 짜증스러운 사례를 알고 있다. 러시아 남부에 형제에 대한 사랑과 선의로 똘똘 뭉친 몇몇 젊은이들이 살고 있었다. 그들은 농민에게 지대한 관심과 존경을 보여주었으며, 농민들을 귀한 손님처럼 여겨 잼과 비스킷을 가져다주고 그들과 똑같은 접시에 음식을 나눠 먹었다. 그들은 농민들에게 더 많은 대가를 지불했으며, 돈을 빌려주거나 사례금을 주거나 때로는 아무 이유 없이 그냥 돈을 주기도 했다. 그들은 농민들에게 유럽의 제도와 노동자 연대체 등에 대한 이야기를 들려주었다. 한편 같은 지역에는 슈미트라는 젊은 독일인도 살고 있었는데, 토지관리인이라고는 하나 그냥 정원사에 더 가까웠던 그 남자는 어떤 휴머니즘적 사상도 지니고 있지 않은 전형적인 쩨쩨한 독일인이었다." 3, 4년이 흐른 뒤, 그들은 갈라져 각자 다른 길을 갔다. 그리고 또 20년이 지난 뒤, 그 지역을 다시 찾은 필자는 "슈미트 씨가 농민들에게 포도 키우는 법을 가르쳐준 덕분에 이제 농민들은" 연간 75~100루블에 이르는 "어느 정도의 소득을 거두게 되었다는" 사실을 알게 됐다(정원사 슈미트를 슈미트 씨로 높여 부른 것도 그 때문이었다). 그로 인해 농민들은 그에 대한 "좋은 기억들"을 유지하게 됐고, 반면 "농민에게 친절한 감정만 갖고 있었을 뿐 실제로 아무것도 손에 쥐어주지 않았던 젊은이들은 기억에서조차 사라졌다."

계산해보면 앞에서 서술한 사례는 대략 1869~70년, 즉 러시아 인민주의 성향의 사회주의자들이 "유럽의 제도들" 중에서도 가장 선진적이고 중요한 인터내셔널(the International)이라는 것을 러시아에 도입하려고 시도할 무렵에 벌어진 일들이었다.[127]

확실히 크리벤코 선생의 설명은 다소 너무 지나치다는 인상을 심어주었고, 그래서인지 그는 서둘러 다음과 같이 유보적인 단서를 달아놓기는 했다.

"물론 슈미트가 그 청년들보다 더 나았다고 이야기하려는 건 아니다. 단지 그 모든 결함에도 불구하고 그가 지역과 주민들에게 좀 더 오래도록 지속적인 인상을 남겨준 이유가 무엇인지를 지적하는 것이다."(이런 헛소리가 또 있을까?!) "그가 중요한 무언가를 했다는 이야기도 아니다. 반대로, 그의 행동은 아주 하찮고 아무런 대가도 치를 필요 없는 우연적인 행동에 불과했지만, 모두에게 확실히 필수적이었다는 사실을 언급하는 것이다."

보다시피 이런 유보적인 설명은 아주 모호하기 그지없다. 그러나 핵심은 그 모호함이 아니라, 필자가 그 두 활동 유형 사이에 근본적인 성향 차이가 존재한다는 걸 의심해보지도 않은 채 한쪽의 성과 없는 활동을 다른 쪽의 성공과 대비시키고 있다는 사실이다. 바로 이것이 동시대 민주주의자의 외관을

127 여기서 레닌이 언급한 이들은 유틴(Utin)과 트루소프(Trusov), 바르테네프(Bartenev)가 이끌었던 러시아의 망명 혁명가 조직 '인민주의 사회주의자 그룹(Group of Narodnik Socialists)'이다. 이 그룹은 제네바에서 《나로드노예 디엘로*Narodnoye Dyelo*》('인민의 대의'라는 뜻)라는 잡지를 발행했고, 1870년 초에는 국제노동자협회(제1인터내셔널)의 러시아 지부를 창설했다. 1870년 3월 22일, 제1인터내셔널 총회는 러시아 지부의 가입을 받아들였으며, 러시아 지부의 요청으로 마르크스는 총회에서 그 대표 역할을 떠맡았다. 그는 러시아 지부 위원들에게 보낸 1870년 3월 24일자 편지에서 "여러분들이 제게 제안한 총회에서의 지부 대표라는 영예로운 임무를 기쁜 마음으로 수락합니다"라고 썼다(마르크스·엥겔스, 『서신 선집』, 1934년, 234쪽). 제1인터내셔널의 러시아 지부 회원들은 바쿠닌주의 아나키스트들에 맞선 마르크스의 투쟁을 지지했고, 인터내셔널의 혁명 사상을 전파했으며, 러시아와 서구-유럽의 혁명 운동 간의 유대를 강화하기 위해 최선을 다하는 동시에 스위스와 프랑스의 노동계급 운동에도 참여했다. 하지만 러시아 지부 회원은 일관된 마르크스주의자들은 아니었으며, 그들의 관점에는 여전히 인민주의적 공상주의가 상당 부분 녹아들어 있었고, 특히 마을공동체를 이상적으로 바라봐 "러시아 인민의 위대한 업적"이라 칭하기도 했다. 결국 지부는 러시아 혁명운동과 밀접한 관계를 구축하는 데 실패했고, 그것이 1872년에 지부가 붕괴되는 데 결정적인 원인이 되었다.—원서 편집자

규정하는 데 있어 위의 사례가 아주 특징적인 것이 되게끔 해주는 중요한 핵심인 것이다.

농민들에게 "유럽의 제도와 노동자 연대체"에 대한 이야기를 들려줬던 젊은이들은 분명 농민들에게 사회적인 삶의 틀을 바꾸고자 하는 염원을 불어넣기를 바랐을 것이다(내 결론이 틀렸을 수도 있지만, 크리벤코 선생의 이야기를 통해 미뤄볼 때 이치에 맞는 결론이라는 데는 모두가 동의할 것이다). 그들은 농민들의 마음을 휘저어, 노동인민에 대한 착취와 억압을 낳는 동시대 사회에 맞서 농민들이 사회혁명의 대열에 동참하기를 원했을 것이다. 반면 "슈미트 씨"는 전문가로서 그저 타인의 일처리를 도와주고 싶었을 뿐, 그 이상도 이하도 아니었다. 글쎄, 그런데도 목적이 정반대인 그 두 가지 활동 유형을 나란히 놓고 비교할 수 있을까? 아니, 그것은 마치 건물을 무너뜨리려다 실패한 사람을 그 건물을 보강하려 한 사람을 비교하는 것과 마찬가지인 것이다! 제대로 이치에 맞는 비교를 하려면, 그는 인민 속으로 들어가 농민들에게 혁명의 기운을 북돋우려던 그 젊은 남녀들의 노력이 왜 그다지 성공적이지 못했는지를 들여다봤어야 한다. '농민층'이 정말로 노동인민과 착취받는 주민들을 대표한다고 믿었던 게 잘못이었는지, 아니면 실제로 농민층이 단일한 계급을 이루고(이는 농노제 몰락이라는 시대적 영향이 반영된 것으로만 설명이 가능한 착각이다. 당시 농민층은 확실히 하나의 계급으로 등장했지만, 봉건사회의 계급일 뿐이었다) 있지 않고 그 내부에 부르주아와 프롤레타리아 계급이 형성되고 있어서였는지를 조사했어야 한다는 것이다. 한마디로 말해, 과거의 사회주의 이론들과 그 이론들에 대한 사회민주주의적 비판을 검토했었어야 한다. 그러나 크리벤코 선생은 그렇게 하는 대신에 "슈미트 씨"의 노력이 '확실히 필수적'이었다는 것을 입증하기 위해 백방으로 노력한다. 하지만 '인민의 벗' 선생, 실례지만 우리가 열린 자세를 거듭 강조하는 이유가 뭐겠소? 누구든 의심을 품어보라는 것 아니오? 포도밭에 투자해 연간 75~100루블의 소득을 올리는 것보다 더 필수적인[128] 게 뭐겠소?

크리벤코는 한 명의 농민이 포도밭에 투자한다면 그것은 고립된 활동에 불과하지만, 여러 명이 투자한다면 그것은 공동의 확산된 활동이고 작은 일거리를 실질적이고 적합한 노력으로 변화시키는 활동이라는 걸 계속해서 설명한다. 마치 A. N. 엥겔하트(Engelhardt)[129]가 자신의 사유지에 인산비료를 사용한데 그치지 않고 다른 사람들도 사용하게 만들었던 사례처럼

---

128 레닌 주 당신은 농민에게 유럽의 결사체에 대해 이야기해준 그 젊은이들에게 당신이 생각하는 그 '필수적인' 활동을 제안해보려고 시도했어야 했소! 그러면 그들은 두 팔 벌려 환영하거나 멋지게 쏘아붙였을 텐데 말이오! 그리고 당신은 지금 유물론과 변증법에 대해 두려워하는 것만큼이나 그들의 사상을 몹시도 두려워했을 거요!

129 농경과 사회 활동, 그리고 스몰렌스크 주 바티시체보에 있는 자기 소유의 토지에서 합리적 농업을 체계화한 실험으로 널리 알려진 인민주의 평론가. 그의 농업 방식은 레닌의 『러시아에서의 자본주의 발전』에 서술되어 있다.—원서 편집자

말이다.

자, 이런 민주주의자, 정말 멋지지 않은가!

예를 하나 더 들어보자. 이번에는 농민 개혁에 대한 의견에서 가져온 사례다. 민주주의와 사회주의가 분리되지 않았던 시대에 민주주의자의 한 사람이었던 체르니솁스키는 농민 개혁에 대해 어떤 태도를 취했을까? 자신의 의견을 공개적으로 밝힐 수 없었기 때문에 그는 **침묵을 지켰다.** 그렇지만 그는 자신이 생각하는 개혁에 대해 다음과 같은 우회적인 표현을 한 바 있다.

"내가 여러분의 저녁식사를 위한 식량을 보호하려는 조치들에 관심을 갖는다고 가정해보라. 만약 여러분을 향한 내 친절한 마음 덕분에 내가 그런 조치를 취하게 된다면, 그런 나의 열의는 그 식량이 여러분의 것이고 그렇게 준비된 저녁식사는 여러분에게 유익하고 이로울 것이라는 가정을 토대로 한 것임이 분명할 것이다. 그렇다면 그 식량이 여러분들 소유가 아니고 저녁식사를 준비할 때마다 <u>식사비를 넘어설 뿐만 아니라</u>(이 글은 개혁 이전에 쓰인 것이다. 그러나 유자코프 선생을 비롯한 이들은 농민들에게 안위를 제공하는 것이 개혁의 근본원칙이라고 현재 주장한다) <u>엄청난 고초를 겪지 않고는 감당할 수 없는</u> 가격이 매겨져 있다는 사실을 내가 알게 됐을 때, 내 기분이 어떨지 상상해보라. 내가 그런 불편한 사실들을 알게 됐을 때, 머릿속에 어떤 생각이 들겠는가? …… 그 효용성을 보장해줄 조건들이 마련돼 있지 않은 상황에서 문제에 골머리를 썩인다는 건 얼마나 어리석은 짓인가! 일부 사람들이 유리한 조건으로 소유권을 받게 되는 상황에 우선 스스로 만족하지 못한다면, 바보가 아닌 다음에야 누가 그들의 소유권 보유에 신경을 쓰겠는가? …… 그 식량이 내가 아끼는 친구에게 피해만 줄 거라면, 식량을 전부 잃어버리는 게 훨씬 더 낫다! 그것이 여러분을 몰락으로 이끌 뿐이라면, 그 일 전체를 그만두는 편이 훨씬 더 낫다!"

나는 체르니솁스키가 그 시대의 현실을 얼마나 깊이 있고 훌륭하게 이해했는지, 그가 농민들이 지불해야 할 상환금의 의미를 어떻게 이해했는지, 러시아 사회계급들 간의 적대를 어떻게 이해했는지를 가장 뚜렷하게 보여주는 단락들을 별도로 강조했다. 검열에 노출된 언론에서 그런 순수하게 혁명적인 생각들을 소상하게 설명할 줄 아는 그의 능력에 주목하는 것 역시도 중요하겠다. 그는 불법화된 저술들에서는 똑같은 내용의 글을 에두른 표현 없이 쓴 적이 있는데, 「서문을 위한 서문」에서 (체르니솁스키가 자신의 생각을 표현하기 위해 설정한 인물인) 볼긴 (Volgin)의 입을 빌려 이렇게 말했다.

"지주들의 정당의 손에 농민의 해방을 맡기시오. 그다지 별 차이도 없을 테니까."[130] 그리고 지주들의 정당은 농민들에게 토지

---

130 레닌 주 《사회민주주의자*Sotsial-Demokrat*》(1890~2년 노동해방그룹에 의해 해외(런던-제네바)에서 출간된 문학·정치 비평지. 러시아에서 마르크스주의 사상을 확산시키는 데 큰 역할을 했다. 이 잡지의 핵심 필자로는 플레하노프와 악셀로드, 자술리치가 있다.─원서 편집자)에 실린 플레하노프의 「체르니솁스키」란 글에서 인용했다.

를 할당해주는 것에 반대하기 때문에 오히려 그 차이가 엄청 날 거라는 대화 상대방의 언급에 대해 그는 다음과 같이 단호하게 답한다.

"아니, 차이는 별로 크지 않고 무의미할 정도일 거요. 만약 농민들이 상환금을 치르지 않고도 토지를 확보할 수 있다면, 그 차이는 엄청나겠지요. 여러분이 어떤 사람에게서 물건을 가져가는 것과 그의 수중에 그대로 두는 것은 분명 차이가 있겠지만, 물건을 가져가면서 그에게 대금을 치른다면 완전히 똑같은 셈입니다. 지주 정당과 혁신주의자들의 구상 간의 유일한 차이는 전자가 더 단순하고 시간이 짧게 걸린다는 것뿐입니다. 차라리 그 편이 훨씬 더 나은 이유도 거기에 있습니다. 불필요한 요식 행위가 줄어든다면, 십중팔구 농민들의 부담도 덜할 겁니다. 돈을 가진 농민들은 땅을 살 것이고, 돈이 없는 농민들에게는 땅을 사라고 강요할 필요가 없어지니까요. 땅을 사라고 강요하는 건 그들을 몰락시킬 뿐입니다. 토지 상환금을 내라는 건 사라고 하는 거나 마찬가지예요."

농민 개혁이 막 도입되고 있던 그 시대에(당시엔 서구 유럽에서조차 그것이 적절히 규명되지 못하고 있었다) 그 부르주아적인 본질을 이렇게도 명확하게 꿰뚫어본다는 건 체르니솁스키 같은 사람의 비범한 재능이 요구되는 일이었다. 당시 이미 러시아 '사회'와 '국가'가 노동인민과는 화해할 수 없을 만큼 적대적이었던 사회 계급들에 의해 지배되며 통치되고 있다는 사실과 농민층의 몰락과 강탈은 그들에 의해 명백히 미리 결정되어 있었다는 사실을 이해하는 것도 마찬가지였다. 더군다나 체르니셉스키는 우리의 사회적 적대관계를 눈에 띄지 않게 가리는 정부의 존재가 노동인민의 조건을 훨씬 더 악화시키는 끔찍한 악마라는 사실도 이해하고 있었다.

그리고 볼긴은 계속해서 "사실대로 말하자면, 농민들은 토지 없이 해방되는 편이 더 나을 것이오"라고 말한다(즉 이 나라에서 강력한 힘을 가진 봉건지주들이 농노 소유주로서의 이해관계를 감춘 채 위선적인 절대주의 정부의 절충안 뒤에 숨는 대신 숨김없이 솔직하게 행동하고 마음속에 담은 생각들을 모두 털어놓는다면, 차라리 그 편이 더 나을 거라는 뜻이다).

"그런 식으로 따지자면, 나는 자유주의자들이나 지주들이 농민들을 해방시켜줄 것이냐 하는 건 말할 것도 없고 농민들이 해방되었는지 아닌지에 관해서도 신이 나서 흥분할 만한 이유를 전혀 찾을 수가 없구려. 내 생각엔 그건 별로 중요치가 않소. 차라리 지주들이 솔직해지면 더 좋겠단 말이오."

그리고 여기 '수신인 없는 편지들'에서 가져온 단락도 있다. "그들은 농민들을 해방시키라고 말한다. ⋯⋯ 그럴 만한 힘이 어디에 있는가? 그런 힘은 아직 존재하지 않는다. 그럴 만한 힘이 부족할 때 일에 달려드는 건 소용없다. 그러나 상황이 어떻게 흘러가는지가 뻔히 보인다. 그들은 농민들을 해방시키는 작업을 시작할 것이다. 그래서 어떻게 될까? 글쎄, 자신의 능력을 넘어서는 일에 달려들 때 어떤 결과가 나올지는 스스로 판단해보기 바란다.

그저 일을 그르치고, 결과는 끔찍할 것이다."[131]

체르니솁스키는 러시아의 봉건 관료제 국가가 농민들을 해방시킬 수 없다는 사실, 즉 봉건적인 농노 소유주들을 타도할 수 없다는 사실과 '끔찍한' 무언가, 다시 말해 자유주의자들과 지주들의 이해관계 사이에서 보잘것없는 타협(구입에 불과한 환수)만이 가능할 거라는 걸 이해하고 있었다. 그리고 타협을 위해서는 안위와 자유라는 환상을 동원해 농민들을 기만하는 것이 필요하며, 그것은 실제로는 농민들을 몰락으로 이끌어 지주들에게 완전히 팔아먹을 거라는 사실도 알고 있었다. 그래서 그는 개혁에 저항하고 맹렬히 비난했으며, 그것이 실패하기를 바랐다. 그리고 정부가 자유주의자들과 지주 사이의 줄타기에 꽁꽁 묶여 추락함으로써 러시아가 공개적인 계급투쟁의 길에 올라서기를 원했다.

그러나 체르니솁스키의 훌륭한 예언이 현실화되고 지난 30년간의 역사가 그 모든 경제적·정치적 환상들을 가차 없이 드러내 보여준 오늘날, 현재 우리의 '민주주의자들'은 개혁을 찬양하는 노래를 부르고, 그것을 '인민의' 생산에 대한 허가로 여기며, 거기에서 노동인민에 적대적인 사회 계급들을 설득시킬 방안을 찾을 가능성의 증거를 끌어낼 궁리를 한다. 되풀이하건대, 농민 개혁을 향한 그들의 태도는 우리의 민주주의자들

---

131 체르니솁스키의 소설 「프롤로그」에서.— 원서 편집자

이 얼마나 뼛속 깊이 부르주아로 변신했는지를 보여주는 가장 두드러진 증거다. 그들은 아무것도 배우지 못했고, 오히려 너무나 많은 것들을 잊어버렸다.

이 대목에서 비교를 위해 1872년의 《조국 연보》를 한번 예로 들어볼까 한다. 나는 앞서 이미 "위대한 해방을 위한" 개혁이 있은 뒤 첫 10년간 러시아 사회가 이룩한 자유주의에 있어서의 (금권정치의 이해관계를 감춘) 성공을 다룬 「금권정치와 그 토대」의 몇몇 구절들을 인용한 바 있다.

같은 글에서 바로 그 필자는 예전에는 개혁에 관해서 징징거리고 좋았던 옛 시절을 떠올리며 흐느끼는 사람들을 종종 찾아볼 수 있었지만, 이제는 그런 사람들을 더 이상 찾을 수 없다고 쓴 적이 있다. "모두가 새로운 질서에 기뻐하고 행복해하며 만족해한다"는 것이었다. 그리고 그는 계속해서 어떻게 문학 "자체가 금권정치의 기관이 돼" "민주주의를 빙자하여" 금권정치의 이해관계와 열망을 옹호하게 되었는지를 보여주고 있다. 이런 주장을 조금 더 자세히 검토해보도록 하자. 필자는 개혁이 가져다준 새로운 질서에 "모두가" 기뻐한다는 사실과, 새로운 질서의 명백히 적대적인 부르주아 특성들에도 불구하고 "모두가" (물론 노동인민이 아닌 "사회"와 "지식인계급"의 대표들이) 행복해하며 만족해한다는 사실에 불만이었다. 대중은 자유주의가 단지 노동인민 대중의 희생과 불리함을 당연히 그 대가로 한 "취득의 자유"를 가려줄 뿐이라는 걸 알아차리지 못했다. 그래서 그는 반대하고 나섰다. 그의 주장에서 가치가 있는 건 사회주의자의 특징이라 할 수 있는 '반대한다'는 사실 그 자체였다. 우리는 금권정치가 민주주의에 의해 가려진 데 대한 이러한 반대가 해당 잡지의 전반적인 논리와 모순된다는 사실을 놓쳐서는 안 된다. 그들은 농민 개혁 안에 부르주아적 특성들과 요소, 이해관계가 존재한다는 사실과 러시아의 지식인계급 및 국가의 계급적 성격을 부인하기 때문이다. 또한 그들은 러시아에 자본주의를 위한 토대가 존재한다는 사실도 부인한다. 그럼에도 불구하고 그들은 자본주의와 부르주아 집단의 존재를 느끼고 감지하지 않을 수 없었다. 그리고 러시아 사회 내의 적대를 감지한 《조국 연보》가 부르주아 자유주의와 부르주아 민주주의에 맞서 싸웠다는 점에서 그들은 선구적인 사회주의자들 모두가 공유했던 대의명분하에 투쟁을 벌인 셈이었다. 선구적 사회주의자들은 비록 적대성의 성격을 올바로 이해하지는 못했으나 적대성의 존재를 알고 있었고, 그것을 만들어낸 사회구조 자체와 싸우기를 소망했다. 그런 점에서 보면 《조국 연보》는 진보적이었다(물론 프롤레타리아의 시각에서 볼 때 그랬다). 그런데 '인민의 벗들'은 이런 적대관계를 망각했고, 이 나라 신성 러시아의 순혈 부르주아들이 '민주주의의 외피 아래' 몸을 숨기고 있다는 사실에 대한 모든 지각 능력을 잃어버렸다. 이것이 바로 오늘날 그들이 (프롤레타리아트와의 관계에서) 반동적인 이유다. 그들은 적대관계에 대해 얼버무리고 넘어갈 뿐 아니라,

투쟁이 아닌 유화적인 '고양' 활동만을 이야기한다.

그러나 신사양반들, 1860년대에 민주주의자로서 금권정치를 대표했던 말끔한 눈썹의 러시아 자유주의자가 1890년대에 접어들어 자신의 눈썹이 시민들의 근심으로 뒤덮였다는 이유만으로 부르주아 계급의 이념가이기를 그만뒀다는 이야기를 들어본 적이 있소?

현재의 사회적·경제적 관계가 변함없이 그대로인데도 대규모 '획득의 자유', 즉 거대한 신용과 거대한 자본, 거대한 기술 개선을 획득할 자유가 단지 소규모 신용과 소규모 자본, 소규모 기술 개선을 취득할 자유에 그 자리를 내주었다는 이유만으로 자유주의적, 다시 말해 부르주아적이기를 멈추었겠소?

거듭 말하건대, 그들은 이 나라 질서에서의 급진적인 변화나 급진적인 시각 변화의 영향에 따라 자신들의 견해를 바꾼 게 아니다. 그들은 그저 망각했을 뿐이다.

한때 그들의 선배들을——이론의 불건전함과 순진무구함, 현실에 대한 공상적 견해에도 불구하고——진보적으로 만들었던 유일한 특성을 잃어버린 '인민의 벗들'은 그 모든 시간 동안 배운 게 아무것도 없다. 러시아의 현실에 대한 정치적·경제적 분석은 차치하고서라도 지난 30년간의 러시아 정치 역사는 그들에게 많은 걸 가르쳤어야 했는데 그러지 못했다.

'1860년대' 당시, 봉건 지주들의 권력은 차츰 무너지고 있었다. 그들은 완전히는 아니지만 아주 결정적인 패배를 맛봤고, 그래서 슬그머니 무대에서 내려와야 했다. 반면 자유주의자들은 고개를 쳐들었다. 진보, 과학, 우수성, 불의에 맞선 투쟁, 인민의 이익, 인민의 양심, 인민의 힘 등등에 관한 자유주의적 미사여구들이——오늘날 이 특별한 불황의 시기에 우리의 급진적 불평불만꾼들과 자유주의 입담꾼들이 살롱과 기념일 만찬과 잡지와 신문에서 토해내는 미사여구가 바로 그런 것들이다——여기저기 넘쳐났다. 자유주의자들은 전적으로 그런 건 아니었지만 타당한 기준과 자신들만의 방식으로 '새로운 질서'를 만들어낼 만큼 충분히 강력하다는 걸 입증했다. 당시에도 러시아에 '공개적인 계급투쟁의 밝은 빛'이 비친 건 아니었으나, 그 빛은 지금보다는 더 밝았고, 그래서 계급투쟁이라는 개념은 조금도 갖추지 못했을 뿐 아니라 지독한 현실을 해명하기보다는 더 나은 미래를 꿈꾸는 쪽을 택했던 노동인민의 관념론자들조차도 자유주의는 금권정치가 두른 외피일 뿐이며 새로운 질서는 곧 부르주아 질서라는 사실을 깨닫지 않을 수 없었다. 이 모두가 가능했던 건 봉건 지주들이 무대에서 제거된 덕분이었다. 그들은 당시의 여전한 단순 폐해들로 관심을 분산시키지 않았고, (비교적) 순수한 형태의 새로운 질서가 목격되는 걸 막지 않았다. 그러나 그 시대 우리 민주주의자들은 금권주의적 자유주의를 비난하는 방법은 알고 있지만, 그것을 이해하고 과학적으로 해명할 수는 없었다. 그들은 우리의 자본주의적 사회·경제구조 아래에서는 그것이 필연적일 수밖에 없다는 사실을 이해하지 못했고, 과거의 봉토제도와 비교해볼 때 새로운 삶의 체제가 갖는 진보적 성격을 이해할 수 없었다. 물론 그 체제가 만들어낸 프롤레타리아트의 혁명적인 역할 역시 이해하지 못한 건 마찬가지다. 그들은 이 '자유'와 '인간성'의 체제에 '코웃음을 치는 데' 그쳤을 뿐이고, 그 부르주아적 성격을 우연이라고 상상했으며, 다른 어떤 종류의 사회적 관계가 '인민의 시스템'에서 스스로 모습을 드러낼 거라 기대했다.

그후 역사는 그들에게 다른 사회적 관계들을 보여주었다. 개혁에 의해 터무니없이 이익이 손상되었을 뿐 완전히 궤멸되지는 않은 봉건 지주들은 (한동안) 되살아나 부르주아적 사회 관계가 아닌 다른 관계가 어떤 것인지를 생생히 보여주었고, 우리의 민주주의자들이 자신들의 순진무구한 (부르주아적인 걸 감지할 수는 있었지만 이해할 수는 없었던) 민주주의를 사회민주주의로 진전시키고 변형시키는 대신 두려움에 사로잡혀 허우적대다가 자유주의자들로 퇴보한 다음 이제 자신들의 칭얼거림이──즉 그들의 이론과 강령 들이──'진지하고 존경받는 언론 전체'에 의해 공유된다는 걸 자랑으로 여긴다는 사실을 걷잡을 수 없을 만큼 무분별하고 악랄한 반동의 형태로 보여주었다. 이는 사람들에게 아주 인상적인 교훈을 남겼을 것이고, 인민의 특별한 삶의 양식과 인민의 사회주의적 본능, 그리고 자본주의와 부르주아 계급의 우연적 성격에 대한 옛 사회주의자들의 환상은 너무나 명백해졌다. 그리고 사람들은 이제 눈앞에서 펼쳐진 현실들을 똑바로 쳐다본 뒤, 러시아에는 부르주아와 소멸 직전의 봉건적 관계 말고는 다른 어떤 사회경제적 관계도 존재하지 않았고 또 존재하지 않음을 솔직하게 인정해야 한다고, 따라서 노동계급 운동을 거치는 것 말고는 사회주의로 향하는 길은 있을 수 없다고 생각했을 것이다. 그러나 그들 민주주의자들은 거기에서 아무것도 배우지 못했으며, 소부르주아 사회주의라는 순진한 환상은 소부르주아 진보라는 실질적 온건함에 자리를 내주어야 했다.

오늘날 노동인민의 이익을 대변하는 이들로 자처하고 나선 이 소부르주아 관념론자들의 이론은 분명 반동적이다. 그 이론들은 현재 러시아의 사회적·경제적 적대관계를 모호하게 하고, '향상', '개량' 등 모든 것에 적용할 수 있는 일반적 조치들로 상황을 개선할 수 있는 것처럼, 그래서 화해와 통합이 가능한 것처럼 주장한다. 그것들은 국가를 초계급적인 것, 착취받는 인민에게 진심 어린 도움을 줄 수 있고 또 그러기에 적합한 존재로 묘사한다는 점에서 반동적이다.

마지막으로 그 이론들은 단순히 투쟁의 필요성, 즉 해방을 위한 노동인민 스스로의 절박한 투쟁을 이해하지 못한다는 점에 있어서도 반동적이다. 예를 들어 '인민의 벗들'은 자기들이 모든 것을 스스로 책임질 수 있다고 생각하는 듯하다. 노동자들은 걱정할 필요가 없다. 저런, 《루스코예 보가츠트보》 사무실을 방문한 기술자 한 사람이 거기에서 '자본주의를 인민의 삶에 도입하기' 위한 '계획'을 거의 완벽하게 구상해냈나 보다. 사회주의자들은 모든 소부르주아 사상 및 이론들과 단호하고 완전하게 결별해야 한다. 그것이 이 투쟁에서 얻을 수 있는 주요하고 쓸모 있는 교훈이다.

여기서 나는 소부르주아 사상과의 단절을 주장했지 '인민의 벗들'이나 그들의 사상과의 단절을 이야기하지 않았다는 점을 주목해주기 바란다. 그 이유는 어떠한 연관성도 없는 무언가와는 아예 단절조차 할 수 없기 때문이다. '인민의 벗들'은 소부르주아 사회주의 사상들 가운데 하나의 경향을 대표할 뿐이다. 그리고 이 경우 내가 소부르주아 사회주의 사상들, 낡은 러시아 농민사회주의 사상들과 전체적으로 단절할 필요가 있다는 결론을 내린다면, 그것은 낡은 사상의 대리자들이 마르크스주의의 성장에 겁먹은 나머지 시작한 반마르크스주의 운동이 그들로 하여금 소부르주아 사상들을 유달리 풍부하고 선명하게 표명하도록 유도해왔기 때문이다. 그런 사상들을 동시대 사회주의 및 러시아의 실상과 비교해보면, 그 사상들이 얼마나 시대에 뒤처져 있는지, 그리고 완전한 이론적 토대의 흔적을 모조리 상실한 채 한심한 절충주의와 가장 평범한 기회주의적 고양 프로그램의 단계로까지 전락했는지를 놀랄 만큼 분명하게 알 수 있다. 물론 그게 낡은 사회주의 사상 전반의 과실이 아니라 누구도 사회주의자로 분류해주지 않는 문제의 신사양반들의 잘못이라고 이야기할지도 모른다. 그러나 내가 보기에 그런 주장은 상당히 불합리하다. 나는 그런 낡은 이론들은 퇴화되는 것이 불가피하다는 것을 보여주려고 애써왔다. 특히 그런 신사양반들에 대한 비판은 가급적 최대한으로 줄이고, 낡은 러시아 사회주의의 전반적이고 근본적인 신조들에 가능한 많은 비판의 공간을 할애하려고 이제껏 노력해왔다. 그리고 만약 내가 그런 신조들을 부정확하거나 부적절하게 규정했다든지 이야기하지 않고 넘어간 부분이 있다는 걸 사회주의자들이 발견하게 된다면, 다음과 같이 아주 겸손한 요청으로 답변을 대신하고자 한다. "신사양반들, 부디 여러분이 직접 밝히고 제대로 충분히 설명해주시오!"

정말이지 사회주의자들과 논쟁할 기회를 갖는 것을 사회민주주의자들만큼 반길 사람은 없을 것이다.

그러나 그들 신사양반들이 직접적이고 끈질기며 단호한 도전을 해오지 않는데도 우리가 그들의 '논박'에 답하는 걸 기꺼워할 리가 있겠는가?

그렇다고 우리가 이 신물 나는 진부한 자유주의적 미사여구와 속물적 훈계들을 읽고 또 읽어 억지로 그 의미를 파악하는 게 불필요하다고 봐야 할까?

확실히 오늘날 그런 사상들이 옳다는 걸 입증하고 소상히 설명할 임무가 오로지 그 신사양반들에게 주어져 있다는 사실이 우리의 책임은 아닐 것이다. 나는 또한 내가 **사회주의와 관련된 소부르주아 사상들**과 단절할 필요성을 이야기하고 있다는 데에도 여러분이 주목해주기를 부탁드린다. 우리가 검토한 소부르주아 이론들은 스스로 사회주의 이론이라고 주장하는 한 무조건 반동적이다.

그러나 실제로 그 속에는 사회주의적인 부분이 전혀 없다는 것을, 즉 그 이론들은 모두 노동인민의 착취를 해명하는 데 완전히 실패했고 따라서 그들의 해방을 위한 도구로 쓰일 수 없으며 사실상 소부르주아 계급의 이해관계를 반영할 뿐이라는 사실을 이해한다면, 그 이론들을 향한 우리의 태도는 달라야 하고 그래서 우리는 '소부르주아 계급과 그들의 구상에 대한 노동계급의 태도는 어떠해야 하는가?'라는 질문을 던져야만 한다. 그리고 이 질문은 소부르주아 계급의 이중적 성격이 고려되지 않으면(러시아에서는 거대 부르주아 계급과 아직 제대로 발달되지 않은 소부르주아 계급 사이의 적대 때문에 이런 이중성이 특히 뚜렷하다) 대답할 수 없는 질문이기도 하다. 그들은 보통의 민주주의적 요구들을 내세우는 한, 다시 말해 중세시대와 농노제의 존속에 맞서 싸운다는 점에 있어서 진보적이다. 반면 또 그들은 소부르주아 계급으로서의 자신들의 지위를 유지하기 위해 싸우고, 이 나라의 전반적인 발전을 부르주아 노선에 따라 지연시키고 되돌리려 애쓴다는 점에서는 반동적이다. 예를 들어 농민들을 감독하기 위한 여타 수많은 기획들뿐 아니라 악명 높은 분여지의 양도 불가 같은 식의 반동적 요구들은 노동인민을 보호한다는 그럴듯한 말로 대개 가려져 있지만 실제로는 물론 그들의 상황을 악화시킬 뿐이며, 동시에 해방을 향한 노동인민의 투쟁을 방해하는 역할을 하고 있다. 소부르주아적 구상의 이러한 두 가지 측면들은 서로 엄격한 구분이 이뤄져야 할 것이며, 우리는 그 이론들이 어쨌든 사회주의적인 성격을 가지고 있다는 주장을 부인하고 그 반동적인 측면과 맞서 싸워야겠지만, 다른 한편으로는 그 이론들이 가지는 민주적인 측면을 잊어서는 안 되겠다. 나는 마르크스주의자들이 소부르주아 이론들을 절대적으로 거부하긴 하나 그것이 소부르주아들로 하여금 그들의 구상 속에 민주주의를 포함시키는 것까지 막아서는 것은 아니며, 오히려 반대로 민주주의를 훨씬 더 강력하게 주장할 것을 요구하고 있다는 사실을 보여줄 하나의 사례를 제시할까 한다. 앞서 우리는 소부르주아 사회주의를 대표하는 이들의 이론적인 상투적 요소들을 언제나 형성해온 세 가지 주요 논지들, 곧 토지 빈곤, 높은 지불금, 당국의 폭정을 언급한 바 있다.

이러한 악행들의 폐지 요구에는 사회주의적인 측면이 전혀 없다. 그것은 강탈과 착취를 조금도 해명해주지 못하며, 그런 악행들의 제거는 자본에 의한 노동의 억압에 전혀 영향을 미치지 못하기 때문이다. 그러나 그것은 억압을 더욱 가중시키는 중세의 찌꺼기를 없애줄 것이며, 자본을 상대로 한 노동자의 직접적인 투쟁을 촉진시켜줄 뿐 아니라, 그런 이유로 인해 민주적 요구로서 노동자들의 가장 활발한 지지를 얻게 될 것

이다. 일반적으로 말해, 지불금과 세금의 문제는 소부르주아만
이 특별한 중요성을 부여할 수 있는 문제들이다. 그러나 러시
아에서 농민들이 내는 지불금은 많은 측면에서 볼 때 농노제
의 유물일 뿐이다. 예를 들어 토지상환금은 즉시 무조건적으
로 폐지되어야만 한다. 농민들과 소도시 사람들만이 지불하고
'상류층'에게는 면제되는 세금 또한 마찬가지다. 사회민주주의
자들은 경제적·정치적 침체를 야기하는 중세적 관계의 이 유
물들을 폐지하라는 요구에 언제나 지지를 보낼 것이다. 토지
빈곤에 대해서도 똑같은 이야기가 적용될 수 있겠고 말이다.
이와 관련해 나는 그런 불평의 목소리가 가진 부르주아적 성
격에 대해서도 이미 충분히 그 증거를 제시한 바 있다. 예를 들
어 농민 개혁에 따른 토지 절취의 허용은 분명 지주들의 이익
을 위해 농민들을 강탈함으로써 엄청난 반동 세력인 그들에게
직접적인(농민에게서 땅을 탈취해) 동시에 간접적으로(분여지를 구
분하는 영리한 방식으로) 이바지했다는 사실은 의심의 여지가 없
다. 그래서 사회민주주의자들은 농민들에게서 빼앗아간 토지
를 그들에게 즉각 되돌려줄 것과 봉건제도 및 전통의 보루인
토지소유권의 완전한 폐지를 아주 필사적으로 주장할 것이다.
토지의 국유화와 동시에 일어나는 후자의 경우에는 이미 이
나라에서 형성되고 있는 자본주의 농업 관계를 더욱 급속하고
풍부히 번창시킬 뿐일 것이기 때문에 그 자체로는 사회주의적
인 측면을 전혀 담고 있지 못하다. 그러나 민주주의적인 관점

에서 볼 때 그것은 토지귀족의 힘을 완전히 꺾어놓을 수 있는 유일한 조치로서 아주 중요하다. 마지막으로, 농민들이 수탈되고 착취받는 원인으로 농민들의 부족한 권리를 지목할 수 있는 건 유자코프와 V. V.를 따르는 자들만이 유일하다. 당국에 의한 농민 억압은 의심할 여지 없는 사실이며, 그것은 단순한 억압 그 이상의 것이다. 그것은 농민들을, 토지귀족에게 복종하는 것이 마땅한 '천한 무리'로 취급하는 것에서부터 시작된다. 시민으로서의 일반적인 권리는 그들에게 특별한 호의로서만(예를 들어 이주[132]) 베풀어질 뿐이며, 마치 농민들이 노역장 수용자들이라도 되는 양 하급관리조차 거드름을 피우며 그들에게 이래라 저래라 할 수 있다. 그래서 사회민주주의자들은 농민들의 시민적 권리의 완전한 회복과 모든 귀족 특권의 완전한 폐지, 농민에 대한 관리 감독의 철폐, 스스로의 일을 직접 알아서 할 수 있는 농민들의 권리를 조금도 거리낌 없이 지지하는 것이다.

일반적으로, 마르크스주의를 고수하는 러시아의 공산주의

[132] 레닌 주 이 대목에서 현 농업장관인 예르몰로프가 자신의 책 『흉작과 인민의 고통』에서 이주에 반대하고 나섰던 것과 같은 순수 러시아식 봉건적 오만함을 떠올리지 않을 수 없겠다. 그는 국가의 관점에서 볼 때 유럽에 속한 러시아의 지주들이 여전히 노동력 부족을 겪고 있는 시점에서 이주를 합리적이라 여길 수는 없다고 말한다. 참으로 열심히 일해 게으른 지주들과 그들의 '높으신' 하인들을 먹여 살리지 않을 바에야 농민들이 존재할 이유가 뭐 있겠는가?

자들은 다른 누구보다 자신들을 사회민주주의자라고 불러야 하며, 자신들의 활동에서 민주주의의 거대한 중요성을 절대 잊어서는 안 될 것이다.[133]

러시아에서 중세적·반(半)봉건제적 유물들은 (서구 유럽과 비교해볼 때) 여전히 막강한 영향력을 발휘하고 있고, 그것들이 프롤레타리아트와 인민들을 억압하는 멍에가 되어 모든 계급의 정치사상의 성장을 지연시키고 있다. 그렇기 때문에 모든 봉건제도들과 절대왕정, 사회적 신분제, 관료체제에 맞서는 투쟁이 노동자들에게 엄청나게 중요하다는 점을 강조하지 않을 수 없다. 그러한 제도들이 얼마나 반동적인지, 자본에 의한 노동의 탄압을 어떻게 강화하는지, 노동인민들에게 어떤 모멸적인 압력을 행사하는지, 어떻게 자본을 중세적 형태로 계속 머무르게 하는지, 노동의 착취에 관한 한 현대의 산업 형태에는 못 미치지만 해방을 위한 투쟁에 지독한 난관을 심어놓는지를 노동자들에게 최대한 구체적으로 보여주어야만 한다. 그리고 노동자들은 이러한 반동의 기둥들[134]을 쓰러뜨리지 않고서는 부르주아 계급을 상대로 하여 성공적인 투쟁을 벌이는 것이 아예 불가능하다는 사실을 알아야만 한다. 그것들이 존재

133 레닌 주 이는 아주 중요한 핵심이다. 그런 의미에서 플레하노프가 우리 혁명가들에게는 "두 개의 적", "아직 완전히 제거되지 않은 낡은 편견과 새로운 강령에 대한 편협한 이해"가 존재한다고 했을 때 그의 말은 굉장히 옳았다.

하는 한, 러시아의 농촌 프롤레타리아는 언제까지나 짓밟히고 주눅 든 존재로서 영리하고 끈기 있는 저항 대신에 자포자기식의 볼멘소리밖에 할 줄 모르는 상태로 남아, 노동계급의 승리를 위한 필수조건이라 할 그들의 지지는 영원히 요원해질 것이기 때문이다. 그것이 바로 절대왕정과 반동적인 사회 신분 및 제도들에 맞서 급진적인 민주주의자들과 나란히 싸우는 것이 노동계급의 직접적인 의무인 이유다. 사회민주주의자들은 노동

134 레닌 주 우리 혁명가들이 상대적으로 관심을 덜 기울였던 아주 눈길을 끄는 반동적 제도가 바로 러시아라는 국가를 사실상 지배하는 **관료체제**다. 주로 중산계급 지식인들로 구성된 관료 체제는 태생과 목적, 그 활동의 성격 모두에 있어서 심히 부르주아적이다. 그러나 절대왕정과 토지귀족의 엄청난 정치적 특권은 그들에게 특히나 치명적인 특성을 부여했다. 그들은 봉건제도에 대한 자신들의 동조 의식을 활용해 노동자와 농민들을 기만하고, '경제적 약자를 보호한다'는 구실을 대며 부농과 고리대금업자에 맞선 약자들의 '수호자'로 행동하면서도 정작 노동인민을 '천한 무리'의 지위로 전락시키는 조치들을 실행에 옮겨 그들을 봉건지주들에게 팔아넘기고 부르주아 계급에 완전히 무방비 상태가 되게끔 만든 유다(레닌은 살티코프-시체드린의 「골로블료프 가의 사람들」에 등장하는 독실한 척하는 위선자인 농노 소유 지주인 유다 골로블료브를 언급하고 있다.─원서 편집자) 같은 인물들이었다. 이렇듯 관료들은 서구 유럽의 반동 투사들의 경험을 흡수하고, 인민을 사랑한다는 미사여구를 무화과 나뭇잎 삼아 자신들의 아락체예프(Arakcheyev, 레닌은 파벨 1세와 알렉산드르 1세가 가장 총애했던 잔인한 측근인 그의 이름을 비판적인 표현으로 사용하고 있다. 반동적인 경찰의 폭정과 군대가 철저히 지배했던 시기는 그의 활동과 연결돼 있다. 아락체예프 체제의 두드러진 특징은 억압받는 대중들의 혁명 운동과 어떠한 자유의 표명에 대해서도 아주 혹독하게 탄압했다는 점이다.─원서 편집자) 식 의도를 교묘히 감춘 가장 위험한 위선자들이었다.

자들에게 그런 의무를 명심시켜줘야 할 것이며, 그런 제도들 모두에 맞서 싸우는 것이 부르주아 계급을 상대로 한 투을 촉진할 수단으로서 꼭 필요하다는 사실을 그들에게 인식시키는 작업을 한시라도 멈춰서는 안 될 것이다. 또한 노동인민들의 주적, 즉 태생적으로는 순수하게 민주적이었으나 특히 이곳 러시아에서는 민주주의를 희생시키는 한편 노동자들을 억누르기 위해 반동들과 손잡고 노동계급 운동의 출현을 더 한층 방해하는 경향이 있는 자본을 상대로 한 승리의 길을 열어줄 전면적인 민주적 요구들의 성취가 노동자들에게 필요하다는 인식도 심어주어야 할 테고 말이다.

이제까지 이야기한 내용들로 절대왕정과 정치적 자유를 향한, 그리고 최근 들어 점점 더 강력해지고 있는 정치적 자유를 얻기 위한 모든 혁명 그룹들의 '연합'과 '동맹'을 지향하는 경향[35]에 대한 사회민주주의자들의 태도를 정의 내리는 것이 충분하지 않을까 생각한다.

이 경향은 다소 독특하고 특징적이다.

여기서 독특하다는 건, 이런저런 점에서 일치하는 명확한 계획을 지닌 명확한 하나의 그룹이나 여러 그룹들로부터 '동맹'을 위한 제안이 나온 게 아니기 때문이다. 만약 그랬다면, 동맹의 문제가 각각의 따로 떨어진 경우에 맞게 연합한 그룹들의 대표들에 의해서 해결될 구체적인 문제가 되었을 것이고, 특별히 '연합'하려는 경향도 있을 수 없었을 것이다. 그러나 그런 경향은 실제로 존재하고, 그야말로 과거로부터 표류해 아직 새로운 곳에 정박하지 않은 사람들로부터 시작되고 있다. 절대주의 체제에 맞선 전사들이 여태껏 토대로 삼아왔던 이론은 명백히 무너져내리고 있고, 투쟁에 필수적인 연대와 조직을 위한 조건들을 파괴하고 있다. 자 그렇다면, 이들 '연합 세력'과 '동맹 지지자들'은 그런 이론을 창조해내는 가장 쉬운 방법이 그것을 절대주의 체제에 대한 반대와 정치적 자유에 대한 요구로 축소시키는 동시에, 사회주의적인 문제와 비사회주의적인 문제를 포함한 다른 모든 문제들을 얼버무려 넘기는 거라 생각하는 듯하다. 통합을 향한 첫 번째 시도에서의 그런 순진한 오류는 필시 밑바닥부터 뒤집히게 되리라는 것은 말할 필요도 없다.

그러나 특징적인 것은 이러한 '연합'의 경향이 전투적이고

135 레닌이 언급하고 있는 것은 1893년 여름에 창설된 러시아의 민주주의적 인텔리겐차들의 비합법 조직인 '인민권리(Narodnoye Pravo)'당이다. 창립자들 가운데는 압테크만(Aptekman), 보그다노비치(Bogdanovich), 게데오놉스키(Gedeonovsky), 나탄손(Natanson), 티우체프(Tyutchev) 같은 과거의 나로드볼치들이 있었다. 인민권리당의 회원들은 정치 개혁을 위한 투쟁을 수행한다는 관점을 가지고 모든 반대 세력들을 연합시킨다는 목표를 설정하고 있었다. 이들이 발표한 강령 문건들로는 「선언」과 「긴급 쟁점」 두 가지가 있었다. 이 당은 1894년 봄에 차르 정부에 의해 와해되었다. 인민권리당을 정치 정당으로 판단한 레닌의 견해를 보려면 「러시아 사회민주주의자들의 임무The Tasks of the Russian Social-Democrats」(본 전집 6권에 수록—편집자)를 참조하기 바란다. 이후 인민권리당 회원들의 대다수는 사회혁명당(Social-Revolutionary Party)에 결합했다.—원서 편집자

혁명적인 인민주의가 정치적으로 봤을 때 급진 민주주의로 전화하는 과정, 내가 앞에서 개괄하려 했던 과정의 마지막 단계들 중 하나를 대표한다는 점이다. 앞서 언급된 기치 아래 모인 모든 비사회민주주의적 혁명 그룹들의 연합은 오직 러시아 예외주의라는 낡은 편견을 끝장내기 위한 **민주적** 요구들을 담은 지속성 있는 강령이 마련됐을 때만 계속 유지될 수 있을 것이다. 물론 사회민주주의자들은 그런 민주적 정당을 설립하는 것이 한 걸음 더 나아갈 수 있는 유용한 발걸음이 될 거라는 걸 믿는다. 그리고 그들의 반인민주의 활동은 그것을 더욱 발전시켜 모든 편견과 신화를 뿌리째 뽑고 사회주의자들을 마르크스주의의 기치 아래 묶어내 다른 그룹들에 의한 민주적 정당의 설립으로 나아가야 한다.

노동자들의 독자적인 조직화를 통해 별도의 노동자 정당을 세우는 것이 필수적이라 여기는 사회민주주의자들은 물론 그런 정당과 '연합할 수'는 없겠지만, 노동자들은 반동적인 제도들에 맞선 민주주의자들의 그 어떤 투쟁도 아주 강력하게 지지할 것이다.

인민주의가 가장 평범한 소부르주아 급진 이론으로 타락한——'인민의 벗들'이 아주 두드러진 증거다——사실은 우리의 사회적 관계의 적대적인 성격과 전체 노동인구의 해방을 위한 전사로서의 러시아 노동자의 역사적 임무를 노동자들에게 제대로 해명하지 않고 절대주의 체제에 맞서 싸워야 한다는 사고만을 그들 사이에 확산시킨 자들이 얼마나 엄청난 실수를 저질렀는지를 보여준다. 그리고 부르주아 계급의 관념론자들까지 정치적 자유에 호의적일 수 있었던 것도 바로 그 덕분이었다.

사회민주주의자들은 마르크스의 경제 이론을 모든 사회주의자들이 받아들이고 있음에도 불구하고 그 이론을 독점하려 한다는 비난을 종종 받는다. 그러나 이곳 러시아에서 노동인민에 대한 착취가 사회적 경제의 부르주아적 구성에 의해 설명되지 않고 토지 빈곤, 상환금, 또는 당국의 폭정에 의해 일반적이고 보편적으로 설명된다면, 가치의 형태와 부르주아 체제의 본질, 프롤레타리아트의 혁명적 역할을 노동자들에게 설명하는 것에 무슨 의미가 있겠는가?

그 이론이 완전히 자리 잡은 공장 노동자계급에도 속하지 못한 '인민' 대중은 말할 것도 없고 노동자와 고용주의 관계(러시아의 자본주의는 정부에 의해 인위적으로 주입돼왔다)조차 설명해줄 수 없다면, 계급투쟁 이론을 노동자에게 설명하는 것이 무슨 의미가 있겠는가?

만약 이 나라 인민들이 자본주의와 그것이 만들어낸 프롤레타리아라는 매개체를 통하지 않고 공산주의에 다다를 방법을 찾고자 한다면, 마르크스의 경제 이론과 그 당연한 귀결——자본주의를 거쳐 공산주의를 열어젖힐 사람으로서의 프롤레타리아의 혁명적 역할——을 어떻게 받아들일 수 있겠는가?

분명 그런 조건에서 노동자에게 정치적 자유를 위해 싸우라고 요구하는 것은 진보적인 부르주아 계급을 위해 불구덩이에서 밤톨을 끄집어내라고 요구하는 것과 마찬가지일 것이다. 그 이유는 정치적 자유가 주되게는 부르주아 계급의 이익에 기여할 뿐 노동자들의 처지를 개선시켜주지는 않을 거라는 사실을 누구도 부정할 수 없기 때문이다(늘 그렇듯, 인민주의자들과 나로도볼치조차 이를 부정하지 않았다). 그러나…… 그것은 바로 그 부르주아 계급을 상대로 하여…… 노동자들이 투쟁을 벌이기 위한 조건을 용이하게 해줄 것이다. 나는 이를 자신들은 사회민주주의자들의 이론을 받아들이지 않지만, 노동자들 사이에서만 혁명적인 요소들을 발견할 수 있다고 경험적으로 확신하게 된 사회주의자들이 노동자들 내에서 계속 소요를 일으키는 데 대한 반대 차원에서 일러두는 것이다. 그들 사회주의자들의 이론은 실천과 모순되며, 사회주의 노동자 정당을 조직할 과업으로부터 노동자들을 흩어놓는 아주 심각한 잘못을 범하고 있다.[136]

부르주아 사회의 계급적대가 아직 제대로 성숙하지 않았고 농노제에 의해 억제되어 있는 시점에, 농노제가 지식인계급 전체의 일치된 반대와 투쟁을 불러옴으로써 그들 내에도 특별히 민주적인 측면이 있고 자유주의와 사회주의 사상 사이의 간극은 전혀 깊지 않다는 환상을 빚어내는 시점에 떨쳐 일어난 것은 당연히 잘못이었다. 이제 경제 발전이 상당히 진행된데다 예전에는 러시아 자본주의의 토대를 부정했던 사람들조차 이

나라가 자본주의 발전 경로에 진입했다는 사실을 인정하는 상황에서 그런 환상은 더 이상 불가능하다. '지식인계급'의 구성은 물질적 가치의 생산에 접어든 사회의 구성만큼이나 아주 뚜렷한 윤곽을 취하고 있다. 오늘날의 사회는 자본가가 지배하고 다스리는 반면, 지식인계급 사이에서는 급속히 세를 불려가고 있는 출세주의자들과 부르주아 심부름꾼 무리가 방식을 정하고, 그들이 무엇을 원하는지를 너무나 잘 알고 있는 '지식인'은 그저 자족하며 받아들일 뿐이다. 이런 사실들을 부인할 수 없었던 우리의 급진주의자들과 자유주의자들은 그걸 강하게 강조하고 그 부도덕함을 입증하기 위해 비상한 노력을 기울이는 한편, 비난을 가하고 틀렸음을 입증한 뒤…… 부숴 없애려 애를 쓴다. 부르주아 인텔리겐차가 자신이 부르주아적인 것을 **부끄러워하도록** 만들려는 이런 순진한 노력은, 우리의 소부르주아 경제학자들이 인민의 몰락과 빈곤, 실업, 대중의 기아가

136 레닌주 우파 절대주의에 맞서 노동자들이 떨쳐 일어나야 한다는 결론에 도달하는 두 가지 방식이 있다. 하나는 노동자를 사회주의 체제를 위한 유일한 전사로 간주하고 따라서 정치적 자유를 노동자의 투쟁을 촉진시켜줄 조건 중 하나로 바라보는 방식으로, 이는 사회민주주의자들의 견해다. 다른 하나는 노동자를 현재의 체제에서 가장 고통받는 존재로 여겨 더 이상 잃을 것이 없기에 절대주의와의 싸움에서 가장 단호한 모습을 보여줄 수 있을 거라고 판단해 그들에게 호소하는 방식이다. 그러나 그것은 절대주의에 반대하는 전체 '인민'의 연대 뒤에 감춰진 부르주아 계급과 프롤레타리아트 사이의 적대를 보지 않으려 하는 부르주아 급진주의자들의 뒤를 따르라고 노동자에게 강요하는 것을 의미한다.

머지않았다는 이야기로 ('형님들'의 경험을 옹호하며) 부르주아들을 겁먹게 하려 노력하는 것만큼이나 어리석다. 부르주아 계급과 그 이론가들의 이러한 시도는 강물에 내던져지는 형벌에 처한 물고기의 사례를 떠올리게 한다. 이렇게 도를 넘기 시작한 자유주의적이고 급진적인 '지식인계급'은 진보니, 과학이니, 진실이니, 인민이니 하는 무수한 표현들을 쏟아냈고, 불협화음과 우울, 낙담, 무관심이란 찾아볼 수 없이 민주주의로 온 심장이 불타올랐던 1860년대가 지나간 것을 비통해 한다.

이제는 그들의 특징이 된 단순함으로, 그들 신사양반들은 1860년대만 해도 의견일치가 지배적이었던 이유가 당시엔 존재하다가 이제는 사라져 되돌아올 수 없게 된 물질적 조건 때문이었다는 사실을 이해하길 거부한다. 그때는 농노제가 모두를 똑같이 억눌렀고, 약간의 돈을 모아 편안하게 살기를 바랐던 농노 관리인이 있었으며, 지대를 받아내고 일일이 간섭하며 자기 일에 집중하지 못하게 한다는 이유로 지주를 증오했던 기업형 농민이 있었다. 프롤레타리아화한 장원 농노와 빈곤에 빠진 농민은 상인에게 노예로 팔려갔으며, 이는 상인 제조업자와 노동자, 수공업자와 하청인에게 고통을 가져다주었다. 이 모든 사람들을 하나로 연결한 유일한 끈은 농노제에 대한 그들의 적개심이었다. 이런 와중에 그러한 의견일치 너머로 가장 날카로운 경제적 적대가 시작되었다. 그 적대가 너무나 거대하게 발전한 오늘날에조차 그것을 알아차리지 못하려면, 달콤한 환상에 얼마나 흠뻑 젖어 있어야 하는 걸까. 상황이 투쟁을 요구하는 시대에 의견일치가 존재하던 지난날로 돌아가고 싶어 눈물 흘리는 대신, 기꺼이 또는 마지못해 부르주아 계급의 신하가 되는 걸 원치 않는 사람이라면 누구나 프롤레타리아트의 편에 설 것이 요구되는 시점이다.

만약 여러분이 '인민의 이익'에 관한 그럴듯하게 치장된 이야기를 믿는 걸 거부하고 좀 더 깊이 파고들어가본다면, 다양하고 순수한 진보적 조치들로 그들의(그 사람들 용어로는 "인민들의") 경제를 개선하고 지원하고 회복시키려는 꿈을 꾸는 철저한 소부르주아 관념론자들을 마주하고 있다는 사실을 알게 될 것이다. 그 자들은 지배적인 생산관계하에서 그런 진보적 조치들이 끼칠 수 있는 유일한 효과는 대중의 프롤레타리아화를 더 한층 심화시키는 것뿐이라는 사실을 전혀 이해하지 못한다. 따라서 우리는 우리 지식인들의 계급적 성격을 드러내주기 위해 많은 노력을 기울임으로써 이 나라 소생산자들 역시 소부르주아에 불과하다는 마르크스주의 이론을 공고히 해준 데 대해 '인민의 벗들'에게 감사하지 않을 수 없다. 그들은 오랫동안 러시아 사회주의자들의 정신을 혼란스럽게 만들었던 낡은 환상과 신화들의 소멸을 불가피하게 재촉한 게 사실이다. 그리고 '인민의 벗들'이 이론들에 너무나 많은 상처를 입히고, 남용하고, 더럽힌 나머지, 그걸 간직해온 러시아 사회주의자들은 그를 수정하거나 모두 포기하든지 아니면 그 신사양반들이 독점해 사용하게 내버려두든지 선택해야 하는 가혹한 딜레마에 처해 있다. '인민의 벗들'은 부유한 농민들이 개선된 농기구를 구입하고 있다며 의기양양하고 근엄하게 전세계에 선포하고, 카드놀이에 싫증난 사람들을 따뜻하게 맞아줘야 한다며 심각한 표정으로 우리에게 확언한다. 그리고 같은 어조로 "인민의 시스템"과 "지식인계급"을 이야기하고, 진지한 분위기를 풍기면서도 잘난 체하는 과장된 표현들로 드넓은 이상과 삶의 문제들의 이상적인 치유를 입에 올린다!

사회주의적 지식인계급은 자신들의 환상을 포기하고, 희망으로 바라는 러시아의 발전이 아닌 실질적인 발전, 그리고 있음직한 사회경제적 관계가 아닌 현실적인 관계의 지지를 추구하기 시작할 때에만 내실 있는 활동을 기대할 수 있다. 더군다나 그들의 이론적 활동은 러시아에 존재하는 모든 형태의 경제적 적대와 그 연관성, 그리고 연속적인 발전에 관한 구체적인 연구로 향해야만 한다. 그들은 정치역사와 법률 시스템의 특성, 또는 기존에 확립된 이론적 편견에 의해 언제나 감춰져왔던 적대를 드러내주어야 할 것이며, 명확한 생산관계 시스템으로서 우리의 현실을 하나의 완전한 그림으로 나타내주어야 하며, 현 체제에서는 노동인민의 착취와 강탈이 필수적일 수밖에 없다는 사실과 경제 발전으로 표현된 현 체제에서 빠져나갈 길을 보여주어야 할 것이다.

러시아의 역사와 현실에 관한 구체적인 연구에 기초한 이런 이론은 프롤레타리아트의 요구에 걸맞은 해답을 제공해주어야 할 것이며, 만약 그것이 과학이 요구하는 조건들을 충족시키고 있다면 프롤레타리아트의 저항적 사고가 깨어날 때마다 반드시 그것을 사회민주주의의 바다로 인도하게 될 것이다. 이런 이론을 정교하게 다듬는 데 있어 더 큰 진전이 이뤄질수록 사회민주주의는 더 빠르게 성장하게 될 것이다. 현 체제의 가장 교활한 수호자들조차 프롤레타리아트 사상의 각성을 막을 수는 없다. 현 체제 자체가 필연적이고 불가피하게 생산자들의 가장 극심한 강탈과 프롤레타리아 및 그 예비군의 끊임없는 성장을 수반하고 있기 때문에 그렇다. 그리고 이는 사회적 부의 진척과 생산력의 거대한 성장, 그리고 자본주의에 의한 노동의 사회화와 나란히 병행될 것이다. 이 이론을 정교하게 다듬기까지 아무리 할 일이 많다 하더라도, 사회주의자들은 그걸 해내고야 말 것이다. 모든 계획에 있어 실질적 과정의 엄밀한 공식화를 요구하는 유일하게 과학적인 방법론이라 할 수 있는 유물론이 사회주의자들 사이에서 확산되고, 그 사상들을 채택한 사회민주주의가 성공을 거두고 있는 현실이 그것을 보장한다. 사회민주주의의 성공은 이 나라 자유주의자들과 민주주의자들을 마구 휘저어놓아, 어떤 마르크스주의자가 말했던 것처럼 그들이 펴내는 월간지들도 이제는 더 이상 따분하지가 않을 정도다.

따라서 사회민주주의자들의 이론적 활동의 필요성과 중요성, 방대함을 강조함에 있어서 나는 그 활동이 실천적 활동보다 우선시되어야 한다고는 결코 말하고 싶지 않다.[137] 전자가 완성될 때까지 후자를 연기해야 할 이유는 많지 않다. '사회학의 주관적 방법론'을 숭배하는 사람들이나 공상적 사회주의의 추종자들만이 그런 결론에 도달할 수 있을 뿐이다. 물론 사회주의자들의 임무가 나라를 위해 (현재의) '발전 경로'(와는) '다른' 경로를 추구하는 것이라 여긴다면, 당연히 천재적인 철학자들이 그 '다른 경로'를 발견하고 가리킬 때에만 실천 활동이 가능해질 테고, 거꾸로 말하면 그 경로가 포착되고 표시되기만 하면 실천 활동은 그냥 끝을 맺게 된다. 그때부터는 '새로이 발견된' '다른 경로'를 따라 '조국'을 안내할 사람들의 역할이 시작될 테니 말이다. 반면 사회주의자들의 임무가 현재의 사회적·경제적 발전의 실질적인 길을 가로막고선 실질적이고 진정한 적들에 맞서 현실의 투쟁을 벌이는 프롤레타리아의 이념적 지도부 역할이라고 할 때는, 이야기가 완전히 달라진다. 그런 상황에서의 이론 활동과 실천 활동은, 독일의 연륜 있는 사회민주주의자 리프크네히트(Liebknecht)가 적절히 표현한 다음과 같은 말로 수렴된다.

137 레닌주 그와 반대로, 현실에서의 선전 선동 활동이 언제나 더 우선해야 한다. 그 이유는 첫째, 이론적 활동은 오직 실천 활동이 제기한 문제들에 대한 해답을 제공해줄 뿐이고, 둘째 실천 활동이 가능한 매순간마다 사회민주주의자들이 통제할 수 없는 여러 이유들로 인해 그들이 매우 소중히 여기는 이론적 활동에 어쩔 수 없이 틀어박히는 일이 종종 발생하기 때문이다.

학습하라, 선전하라, 조직하라.

앞서 말한 이론적 활동 없이는 사상적 지도자가 될 수 없듯이, 이론 활동을 대의의 요청에 부응하는 방향으로 이끌고 노동자들 사이에서 그 이론의 결과를 확산시켜 그들의 조직화를 돕지 못하는 경우에도 마찬가지다.

그리고 그런 과업의 제시는 사회주의자 그룹들이 아주 흔히 겪는 교조주의와 종파주의로부터 사회민주주의를 지켜주는 역할을 한다.

교리의 최고이자 유일한 기준이 실제적인 사회적·경제적 발전 과정과 일치하는 곳에서는 교조주의가 들어설 자리가 있을 수 없다. 프롤레타리아의 조직화를 촉진하는 것이 그 임무가 되고, 따라서 '지식인계급' 내부에서 특정한 지도자들을 내오는 것이 불필요해질 때 역시 종파주의가 생겨날 수 없다.

그러므로 다양한 이론적 문제들에 관해 마르크스주의자들 사이에 존재하는 차이들에도 불구하고, 그들의 정치 활동 방식은 그 그룹이 생겨난 이래로 변함없이 유지돼왔다.

사회민주주의자들의 정치적 활동은 러시아에서 노동계급 운동의 조직화와 발전을 촉진하고, 그 운동을 현재와 같이 지도 사상도 없이 간헐적으로 시위와 '폭동'과 파업을 벌이는 수준에서 부르주아 체제를 겨냥한 러시아 노동계급 전체의 조직화된 투쟁과 착취자들로부터 빼앗긴 것을 되찾아오는 활동,

노동인민의 억압에 기초한 사회 체제를 폐지하는 운동으로 변화시키는 데 있다. 또한 이러한 활동의 근간을 이루는 것은, 러시아 피착취 노동인민의 유일하고도 자연스러운 대표는 러시아 노동자라는 마르크스주의자들의 공통된 확신이다.[138]

여기서 자연스럽다는 건, 소멸 직전에 있는 농노 경제의 자투리들을 무시한다면 러시아 노동인민에 대한 착취가 **사실상 어디에서나** 자본주의적이기 때문이다. 생산자 대중에 대한 착취는 소규모로 흩어져 있고 덜 발달되어 있지만, 공장 프롤레타리아트에 대한 착취는 대규모이며 사회화되어 있고 집중되어 있다. 생산자들이 받는 착취는 여전히 중세적 형태와 다양한 정치적·법적·관습적인 덫과 술수와 장치 들에 얽혀 있어, 노동인민과 그들의 사상가들이 노동인민을 억압하는 체제의 본질을 파악하는 것을 방해하고 그 체제에서 벗어날 방안을 어디에서 어떻게 찾아야 할지를 알 수 없게 한다. 반대로 공장 프롤레타리아트에 대한 착취는 구체적인 내용들을 전혀 혼동할 필요가 없을 만큼 순수한 형태로 제 모습을 드러내고 완전히 발전해 있는 상태. 노동자는 자신이 **자본**에 의해 억압당하고 있으며 부르주아 **계급**을 상대로 하여 투쟁을 벌여야 한

---

138 레닌 주 농민사회주의와 넓은 의미에서의 인민주의자들을 대표하는 사람들은 러시아의 미래 인간형이 농민이라고 생각했다. 반면 사회민주주의자들은 노동자라고 생각한다. 이것이 바로 어떤 하나의 원고에서 마르크스주의적 관점이 수립되는 방식이다.

다는 사실을 깨닫지 않을 수가 없다. 그리고 그들의 직접적인 경제적 요구를 충족시키고 물질적 조건을 개선시키기 위한 그 투쟁은 필연적으로 노동자들의 조직화를 요구하며, 개개인이 아닌 하나의 계급에 맞서는 전쟁, 공장에서뿐 아니라 어디에서나 노동인민을 억압하고 짓밟는 계급을 상대로 하는 전쟁이 될 수밖에 없다. 이것이 바로 공장 노동자가 착취받는 인민의 대표가 될 수밖에 없는 이유다. 그 대표가 조직적이고 지속적인 투쟁에서 자신의 임무를 계속 수행하게 하기 위해 '관점들'로 그를 열광시킬 필요는 전혀 없다. 단지 필요한 건 그에게 자신의 위치를 이해시키는 것, 그를 억압하는 체제의 정치경제적 구조와 그 체제에서는 계급적대가 필연적이고 불가피하다는 점을 이해시키는 것뿐이다. 자본주의적 관계의 일반적 체제에서 공장 노동자의 이러한 지위는 그를 노동계급의 해방을 위한 유일한 전사로 만든다. 그 이유는 자본주의의 높은 발전 단계인 대규모 기계 공업만이 그 투쟁에 필요한 물질적 조건과 사회 세력을 만들어내기 때문이다. 자본주의 발전의 형태가 낮은 수준에 머물러 있고 그 물질적 조건이 부재한 다른 모든 부문에서는 생산이 수천 개의 조그마한 사업장들로 산재돼 있고 (가장 평등한 공동체 토지소유 형태 아래서조차 기업들로 분산된다), 대부분의 경우 착취받는 자들이 여전히 조그마한 사업장들을 소유하고 있으며, 따라서 그들이 맞서 싸워야 할 바로 그 부르주아 체제에 묶여 있다. 이는 자본주의를 무너뜨릴 수 있는 사회 세력이 발전하는 걸 지연시키고 방해한다. 흩어져 있고 개별적이며 사소한 착취는 노동인민을 하나의 지역에 묶어놓은 채 그들을 분리시키고, 그들이 계급적 연대에 눈을 뜨는 걸 막으며, 억압이 몇몇 특정 개인이 아닌 전체 경제 시스템에 의해 비롯된 것이라는 사실을 깨달으면 이루어질 그들의 단결이 일어나지 못하게 한다. 반대로 대규모 자본주의는 필연적으로 과거 사회와 특정 지역 및 특정 착취자와 모든 노동자들 사이의 연결 고리를 끊어놓고, 노동자들을 단결시키며, 그들을 사고하게 만들 뿐 아니라 조직화된 투쟁을 시작할 수 있는 조건에 놓이게 한다. 그러므로 사회민주주의자들이 모든 관심과 활동을 집중시켜야 할 대상은 바로 노동계급이다. 노동계급의 선진적 대표자들이 과학적 사회주의와 러시아 노동자의 역사적 임무에 통달할 때, 그러한 사상들이 널리 확산될 때, 그리고 현재 드문드문 일어나는 노동자들의 경제 전투를 의식적인 계급투쟁으로 전화시키기 위한 안정적인 조직이 노동자들 사이에 형성될 때, 바로 그때 모든 민주주의적 분파들의 최선두에 선 러시아 노동자들이 절대왕정을 무너뜨리고 열려 있는 정치투쟁의 곧은 길을 따라 (만국의 프롤레타리아트와 나란히) 러시아 프롤레타리아트를 공산주의 혁명의 승리로 이끌게 될 것이다.

| 1894년 봄과 여름에 집필

부록 1

이 추가 도표는 본문에서 언급한 24곳 농가의 예산에 관한 데이터를 담고 있다.

오스트로고즈스크 군의 전형적인 농가 24곳의 구성과 예산— 요약

표에 대한 설명

1) 첫 번째 21개의 세로줄은 『통계 초록』에서 통째로 가져왔다. 22번 세로줄은 호밀, 밀, 귀리와 보리, 기장과 메밀, 기타 곡물, 감자, 채소, 건초(8개의 세로줄)에 관한 『통계 초록』의 세로줄들을 합한 것이다. 왕겨와 짚을 제외한 곡물(23번 세로줄)로 벌어들인 수입이 어떻게 산출됐는지는 본문에서 설명한 바 있다. 24번 세로줄은 말, 소 양, 돼지, 가금류, 가죽과 양털, 등 지방과 고기, 유제품, 버터(9개의 세로줄)에 관한 『통계 초록』의 세로줄들을 합한 것이다. 25~29번 세로줄은 『통계 초록』에서 통째로 가져왔다. 30~34번 세로줄은 호밀, 밀, 기장과 메밀, 감

자, 채소, 소금, 버터, 지방과 고기, 생선, 유제품, 보드카와 차 (12개의 세로줄)에 지출된 비용에 관한『통계 초록』의 세로줄들을 합한 것이다. 35번 세로줄은 비누, 등유, 양초, 옷, 식기(4개의 세로줄)에 지출된 비용을 제시한『통계 초록』의 세로줄들을 합한 것이다.

2) 8번 세로줄은 임차 토지와 분여지에서 경지의 규모(『통계 초록』에는 여기에 관한 세로줄이 따로 있다)를 데샤티나로 합산해 얻은 것이다.

3) '수입원'과 '지출의 분포'에 관한 세로줄에서 맨 아래 줄들의 수치는 수입과 지출의 금전적인 부분을 가리킨다. 25번에서 28번 세로줄, 그리고 37번에서 42번 세로줄에서는 소득(혹은 지출)이 완전히 화폐로 환산돼 있다. 금전적인 부분은 총소득에서 가구별로 소비한 금액을 제하는 방식으로 산출되었다 (필자는 그것을 별도로 드러내지는 않는다).

가구의 분류 및 그 수		남녀를 더한 수	노동력 인구(성인 남자의 수)	농업노동자		분여지 (데샤티나)
				농업 노동자가 있는 가구	수 (남녀)	
		1	2	3	4	5
부유한 가구 6	계	47	11	6	8	132.6
	가구당 평균	7.83	1.8	—	—	22.1
중간 가구 11	계	92	26	2	2	101.2
	가구당 평균	8.36	2.4	—	—	9.2
가난한 가구 7	계	37	10	2	2	57.8
	가구당 평균	5.28	1.4	—	—	8.5
총 24가구	계	176	47	10	12	291.6
	가구당 평균	7.33	1.9	—	—	12.1
농업노동자 2 (가난한 가구에 포함)	계	9	2	—	—	14.4
	가구당 평균	4.5	1	—	—	7.2

임차지		총 경작지	건물의 수	공업 제조 소 수	농업 기구 의 수	동물(마리)	
가구	데샤티나					집 수레용 동물	가축의 총계
6	7	8	9	10	11	12	13
6	52.8	123.4	52	4	224	35	81
–	8.8	20.6	8.6	–	37.3	5.8	13.5
10	85.5	140.2	70	–	338	40	89.1
–	7.7	12.7	6.4	–	30.7	3.6	8.1
4	19.8	49.8	31	–	108	7	15.3
–	2.8	7.1	4.4	–	15.4	1	2.2
20	158.1	313.4	153	4	670	82	185.4
–	6.6	13	6.4	–	27.9	3.4	7.7
–	–	6.8	6	–	11	–	1.1
–	–	3.4	3	–	5.5	–	0.5

루블로 환산한 가치							체불 대부금 (루블)
건물	기타 부동산	도구	가정용품	의복	가축 및 꿀벌	총계	
14	15	16	17	18	19	20	21
2,696	2,237	670.8	453	1,294.2	3,076.5	10,427.5	80
449.33	372.83	111.8	75.5	215.7	512.75	1,737.91	13.3
2,362	318	532.9	435.9	2,094.2	2,907.7	8,650.7	357
214.73	28.91	48.44	39.63	190.38	264.33	786.42	32.4
835	90	112.3	254	647.1	605.3	2,543.7	233.6
119.28	12.85	16.04	36.29	92.45	86.47	363.38	33.4
5,893	2,645	1,316	1,142.9	4,035.5	6,589.5	21,621.9	670.6
245.55	110.21	54.83	47.62	168.14	274.56	900.91	27.9
155	25	6.4	76.8	129.3	9.1	401.6	50
77.5	12.5	3.2	38.4	64.65	4.55	200.8	25

수입원							
농업 수입		가축 사육	양봉 및 원예	공업	제조소	기타	총계 (루블)
총계	곡물 수입						
22	23	24	25	26	27	28	29
61.2% 3,861.7 1,774.4	2,598.2 1,774.4	15.4% 972.6 396.5	4.3% 271	6.5% 412	5% 320	7.6% 482.2	100% 6,319.5 3,656.1
643.6	—	162.1	45.2	68.6	53.3	80.4	1,053.2 609.3
60.7% 3,163.8 899.9	2,203.8 899.9	16.1% 837.5 423.2	0.7% 36.1	18.8% 979.3	—	3.7% 195.5	100% 5,212.2 2,534
287.7	—	76.1	3.2	89	—	17.8	473.8 230
48.7% 689.9 175.25	502.08 175.24	22.9% 324.2 216.6	1.9% 27	23.8% 336.8	—	2.7% 39	100% 1,416.9 794.64
98.5	—	46.3	3.9	48.1	—	5.5	202.4 113.5
59.6% 7,715.4 2,849.54	5,304.8 2,849.54	16.5% 2,134.3 1,036.3	2.6% 334.1	13.3% 1,728.1	2.5% 320	5.5% 716.7	100% 12,948.6 6,984.74
321.5	—	88.9	13.9	72	13.3	29.9	589.5 291.03
59.5 3	—	5.7 4.8	—	128.8	—	4	198 140.6
29.75	—	2.85	—	64.4	—	2	99 70.3

지출의							
식량					옷감 및 가정 필수품	가축 사육	도구 및 가축
총계	채소	기타	기타				
			우유, 육류 등	소금, 보드카, 차			
30	31	32	33	34	35	36	37
29.2% 1,500.6 218.7	823.8	676.8	561.3 103.2	115.5	8.2% 423.8 58.6	24.9% 1,276.6	9.4% 484.5
250.1	—	—	—	—	70.63	212.76	80.75
37.6% 1,951.9 257.7	1,337.3 33.4	614.6	534.3 144	80.3	10.6% 548.1 49.5	21.2% 1,098.2	5% 256
177.45	—	—	—	—	49.83	99.84	23.27
42.1% 660.8 253.46	487.7 160.96	173.1	134.4 53.8	38.7	14.6% 229.6 26.8	15.6% 243.7	7.1% 110.6
94.4	—	—	—	—	32.8	34.81	15.8
34.6% 4,113.3 729.86	2,648.8	1,464.5	1,230	234.5	10.1% 1,201.5 134.9	22.2% 2,618.5	7.1% 851.3
171.39	110.37	61.02	51.25	9.77	50.06	109.1	35.46
81.7 50.7	72.1 42.5	9.6	6.1 4.7	3.5	14.91 4.6	8	53.2
40.85	—	—	—	—	7.45	4	26.6

분포						흑자(+) 또는 적자(−)
노동자 및 양치기	지대	세금 및 부담금	성직자 사례금	기타	총계(루블)	
38	39	40	41	42	43	
13.5% 691.7	6.5% 332	4.9% 253.5	1.1% 56	2.3% 116.5	100% 5,135.2 2,211.5	+1,184.3
115.29	55.33	42.25	9.33	19.42	855.86 368.6	+197.34
0.9% 47.6	6.8% 351.7	4.9% 254.9	1.3% 69.9	11.7% 609.4	100% 5,187.7 1,896.7	+24.5
4.33	31.97	23.17	6.35	55.4	471.6 172.5	+2.19
1.6% 24.3	6% 94.5	6.5% 101.8	1.8% 28	4.7% 73.2	100% 1,566.5 712.66	−149.6
3.47	13.5	14.54	4	10.46	223.78 101.8	−21.38
6.4% 763.6	6.5% 778.2	5.1% 610.2	1.3% 153.9	4.7% 799.1	100% 11,889.4 4,820.86	+1,059.2
31.82	32.43	25.43	6.41	33.29	495.39 200.87	+44.11
0.4	—	22.6	2.8	3.3	186.9 137.6	+11.1
0.2	—	11.3	1.4	1.65	93.45 68.8	+5.55

부록 2

스트루베 선생은 '계급투쟁과 국가에 대한 마르크스주의 이론은 러시아의 정치경제학자들에게 완전히 낯선 것이다'라는 논지를 니콜라이-온에 대한 비판의 기초로 삼고 있는데, 이는 아주 올바른 것이었다. 나는 크리벤코 선생처럼 한 편의 글(4단짜리)을 스트루베 선생의 사고 체계 판단의 토대로 삼을 만큼 배짱이 두둑하지 않아서 그런지, 그가 내놓은 모든 주장에 동의하는 건 아니며 따라서 그의 글 전체가 아닌 일부의 진술들만 지지할 수밖에 없다는 점을 밝혀둬야겠다. 그러나 앞서 언급한 부분은 어쨌든 아주 정확한 판단이었다. 니콜라이-온 선생의 근본적인 오류는 자본주의 사회에 내재한 계급투쟁을 이해하지 못했다는 데 있다. 이런 하나의 오류를 수정하는 건 그의 이론적 명제와 연구 들로부터도 반드시 사회민주주의적 결론을 도출해낼 수 있도록 하는 것으로 충분할 것이다. 계급투쟁을 간과한다는 건 실로 마르크스주의에 대한 엄청난 오해를 드러내는 것이며, 아주 열심히 마르크스주의의 엄격한 신봉자 행세를 해왔다는 점에서 니콜라이-온 선생은 더욱더 비난

받아 마땅하다. 마르크스에 대해 아는 것도 거의 없는 사람이 어떻게 계급투쟁의 원칙이 그의 사고 체계 전체의 중심축이라는 사실을 부정할 수 있단 말인가?

물론 니콜라이-온 선생이 러시아의 역사와 현실에 일치하지 않는다는 이유로 그 부분만을 예외로 한 채 마르크스의 이론을 받아들였을 가능성도 있다. 그러나 그럴 경우엔 우선 마르크스의 이론이 이 나라의 체제를 설명해준다고는 이야기할 수 없었을 것이다. 또한 이론을 수정해, 적대적 관계와 계급투쟁이 내재돼 있지 않은 별개의 자본주의라는 개념을 생각해내야 했을 테니까 마르크스 이론과 자본주의는 입에 올리지도 못했을 것이다. 어쨌든 그가 마르크스주의의 A만 받아들이고 B는 거부하려면, 명확한 단서와 함께 그 이유를 설명했어야만 했다. 그러나 니콜라이-온은 그런 시도를 전혀 하지 않았다.

그리고 자본주의 사회에서의 계급투쟁을 무시하는 사람이라면 누구나 그런 사실로 인해 이 사회의 사회적·정치적 삶의 모든 실제 내용들을 무시하는 것이며, 자신이 원하는 것을 성취하려 할 때 실현되기 힘든 소망들의 영역에서 불가피하게 맴도는 신세가 될 수밖에 없다. 그런 점에서 볼 때 스트루베 선생이 계급투쟁을 이해하지 못한 니콜라이-온 선생을 가리켜 공상주의자라고 결론내린 건 지극히 옳았다. 또한 '사회'와 '국가', 즉 부르주아 관념론자들과 정치인들에게 호소한다는 건 사회주의자들에게 혼란만 안겨주어 그들로 하여금 프롤레타리아트의 최대 적들을 자신들의 동맹으로 받아들이게 만들고, 해방을 위한 노동자들의 투쟁을 강화하고 명확히 하고 조직화하도록 돕기보다는 오로지 방해만 할 뿐이다. 그런 점에서 볼 때 계급투쟁을 이해하지 못했던 니콜라이-온 선생은 **반동적이기**도 했다.

스트루베의 글을 언급했으므로,《루스코예 보가츠트보》 6호에 실린 니콜라이-온 선생의 답변을 다루지 않을 수 없겠다.[139]

니콜라이-온은 공장 노동자가 인구보다 느리게 증가하고 있다는 자료를 인용하면서 다음과 같이 주장한다. "우리나라에서 그 '역사적 임무'의 달성과는 한참이나 거리가 먼 자본주의는 자신의 발전을 스스로 억제하고 있는 듯 보인다. 그것이 바로 '서구 유럽이 따랐고 또 여전히 따르고 있는 것과는 구별되는 조국의 발전 경로를' 추구하는 사람들이 천 배 더 올바른 이유다."(러시아가 바로 그러한 자본주의 경로를 밟고 있다는 사실을 인

---

139 레닌주 일반적으로 말해서,《루스코예 보가츠트보》에 기고한 글들을 통해 니콜라이-온 선생은 자신이 사람들이 생각하는 것만큼 소부르주아 급진주의와 떨어져 있지 않으며, 농민 부르주아지의 성장에서(6호, 118쪽-'농민들' 내에서의 개량 농기구와 인산비료 등의 확산) 농민 스스로가(대규모로 수탈당하고 있는 그 농민?) "자신이 속한 지위에서 벗어날 방법을 찾을 필요성을 깨닫고 있다"는 걸 나타내주는 징후들을 파악할 능력이 있다는 걸 입증하기 위해 무진장 애를 쓰고 있음이 분명하다.

정한 인물이 이런 글을 썼다니!) 그리고 니콜라이-온 선생에 따르면, 그 "역사적 임무"가 달성되지 못하고 있는 이유는 "마을공동체에 적대적인 경제 동향(즉 자본주의)이 그 통합의 의미가 아주 특징적인 서구 유럽이나 특별한 영향력을 지니며 나타나기 시작한 북아메리카와는 달리 조금도 드러나지 않은 채, 그 존재의 기반 자체가 파괴되고 있기" 때문이었다.

달리 말하자면, 여기서의 그의 주장은 저 유명한 V. V. 선생이 고안해낸 사회민주주의자들에 대한 반론의 아주 표준적인 형태다. 그것은 '인민의 삶에 자본주의를 도입하는' 문제를 국가적인 사안으로 인식했던 정부 관리의 시각이라 할 수 있다. 즉 그 '임무'를 달성하면 받아들이고, 그렇지 않으면 '내치라는' 것이다! 이런 영리한 주장이 지닌 다른 모든 미덕들은 제쳐놓고서라도, V. Y. 선생은 자본주의의 바로 그 '임무'를 어처구니없고 말도 안 되는 거짓되고 편협한 방식으로 이해했고, 니콜라이-온 선생은 분명 지금도 그렇게 이해하고 있다. 그리고 다시, 이들 신사양반들은 이번에도 예외 없이 자신들의 이해의 편협함을, 합법적인 언로가 봉쇄되어 있어 죽은 사람처럼 중상모략에 시달리고만 있는 사회민주주의자들의 탓으로 돌리는 무례를 범하고 있다!

마르크스가 지켜본 바와 같이, 자본주의의 진보적이고 혁명적인 역할은 노동을 사회화하면서 동시에 바로 그 과정이라는 기제를 통해 "노동계급을 규율하고 단결시키고 조직화해냈다"는 사실에 있다. 즉 자본주의의 작동은 투쟁을 위해 그들을 훈련시키고, 그들의 "반란"을 조직화해냈으며, 그들을 단결시켜 "빼앗은 자들로부터 빼앗긴 것을 되찾아오고" 정치권력을 장악하며 "소수의 강탈자들"로부터 생산수단을 빼내와 사회에 되돌려주는 걸 가능케 했다.(『자본』, 650쪽)[140]

마르크스가 자본주의를 공식화한 방식은 바로 이랬다.

물론 여기서 '공장 노동자들의 숫자'에 관한 이야기는 전혀 없었다. 마르크스는 생산수단의 집중과 노동의 사회화만을 이야기했고, 그런 기준들은 '공장 노동자들의 숫자'와는 아무런 일맥상통하는 지점이 없었다.

그러나 마르크스를 예외적으로 해석한 자들은 이를 잘못 해석해 자본주의에서의 노동의 사회화가 공장 노동자들이 한 지붕 아래 일하는 걸 가리키고, 따라서 자본주의의 진보적인 역할도 그에 따라 측정되어야 한다는…… 즉 공장 노동자들의 수에 따라 측정되어야 한다는 의미로 받아들였다! 만약 공장 노동자들의 수가 증가한다면 자본주의는 자신의 진보적인 역할을 잘 수행하고 있는 것이고, 감소한다면 "자신의 역사적 임무를 잘못 완수하고"(니콜라이-온의 글 가운데 103쪽) 있는 것이며, 그래서 '지식인계급'이 '조국을 위한 다른 발전 경로를 추구할' 필요가 있다는 것이다.

---

140 마르크스, 『자본』, 1권, 모스크바, 1959년, 763쪽 참조.—원서 편집자

그래서 러시아 지식인계급은 그렇게 '다른 경로'를 추구하는 작업에 나섰다. 그들은 수십 년 동안 그걸 찾아 헤매며, 자본주의는 실업과 위기로 이어질 뿐이기에 '잘못된' 발전 노선이라는 걸 입증하려[141] 전력을 다해왔다. 그들은 우리가 1880년에 위기를 맞이했고, 1893년에 또다시 위기가 찾아왔으며, 이제 우리에게 만사가 잘못 돌아가고 있다는 사실이 명백해진 이상 그 경로를 벗어날 시기가 왔다고 말한다.

하지만 러시아의 부르주아 계급은 우화에 나오는 고양이처럼 "들은 체 만 체 계속 먹기만 한다."[142] 물론 만사가 '잘못' 돌아가면 더 이상 엄청난 이윤을 거둘 수가 없는 건 사실이다. 그래서 그들은 자유주의자들과 급진주의자들의 노래를 똑같이 따라 부르고, 저렴하게 이용할 수 있게 된 자본에 힘입어 새로운 철도 건설에 정력적으로 매달린다. 반면 '우리'에게 만사가

---

141 레닌주 이런 시도는 수포로 돌아갔는데, 그 이유는 그들이——인민의 몰락과 빈곤, 굶주림은 의심할 바 없이 필연적으로 자본주의에 수반되는 결과다——틀렸기 때문이 아니라, 그들이 허공에다 대고 이야기하고 있기 때문이다. 비록 민주주의의 외피를 쓰고 있지만 '사회'는 부호들의 이익을 더 늘려줄 뿐이며, 그들 계급이 자본주의를 비난하는 일은 거의 없을 것이다. '정부'는…… 나는 반대자인 미하일롭스키의 말을 인용하겠다. 우리가 정부의 정책에 대해 아무리 아는 게 없다 하더라도 '노동의 사회화'가 그 안에서 담당할 역할은 전혀 없다는 사실만큼은 확실히 안다.

142 레닌은 크릴로프(Krylov)의 우화 「고양이와 요리사」에 나온 표현을 인용하고 있다.—원서 편집자

잘못 돌아가고 있는 이유는, 예전의 위치에 있을 때 '우리'가 이미 인민들을 감쪽같이 골라냈고 이제 상인자본만큼 우리를 부유하게 만들어주지는 못할 산업자본의 영역으로 진입해야 하기 때문이다. 그래서 '우리'는 수백 퍼센트의 이윤을 생산해낼 '본원적 축적'이 여전히 가능하고 농민들 가운데 부르주아로의 분화가 여전히 완전히 진행되지 않은 유럽 러시아의 동부와 북부 국경 지대로 달려가게 될 것이다. 지식인계급은 이 모두를 감지하고 '우리'가 다시 추락으로 향하고 있다며 끊임없이 협박한다. 그리고 새로운 추락이 실제로 우리를 덮친다. 무수히 많은 소자본가들이 대자본가들에 의해 짓밟히고, 무수히 많은 농민들이 점점 부르주아 계급의 수중으로 넘어가고 있는 농업 바깥으로 내몰리고 있다. 빈곤과 실업, 굶주림의 바다는 엄청나게 커져가고, 떳떳한 양심을 지닌 '지식인계급'은 자신들의 예언을 들먹이며 해외 시장의 부재를 우리의 자본주의가 불안정할 수밖에 없는 증거로 들이대면서 끊임없이 잘못된 경로에 대해 불만을 토로한다.

하지만 러시아의 부르주아 계급은 "들은 체 만 체 계속 먹기만 한다." '지식인계급'이 새로운 경로를 찾아나서는 동안, 부르주아 계급은 자신들의 식민지로 이어지는 철도 건설을 위한 거대한 프로젝트들을 벌이고, 그곳에서 그들은 스스로 시장을 창출해 부르주아 체제의 매력을 신생국들에게 소개하는 한편 이례적인 속도로 산업과 농업 부르주아 계급을 형성해내며, 생산자 대중들을 만성적인 굶주림에 시달리는 실업자 대열로 내동댕이친다.

정말로 사회주의자들은 잘못된 경로에 대해 불만을 늘어놓고 공장 노동자들의 수가 느리게 증가하기 때문에 자본주의가 불안정하다는 사실을 입증하려 애쓰는 데 스스로를 계속 가둬놓을 것인가?

이런 유치한 생각[143]에 대해 논하기에 앞서, 나는 니콜라이-온 선생이 자신이 비판한 스트루베 선생의 글 가운데 일부 단락을 몹시 부정확하게 인용했다는 점을 언급하지 않을 수 없다. 그 글을 그대로 옮기자면 다음과 같다.

"필자[즉 니콜라이-온 선생]가 인구의 직업 구성에 있어서 러시아와 미국의 차이를 지적할 때——러시아의 경우 유급으로 고용된 인구 전체의 80퍼센트가 농업에 관계된 일을 하는 것으로 여겨지지만, 미국에서는 그 비율이 44퍼센트에 불과하다——, 그는 러시아의 자본주의 발전이 80퍼센트와 44퍼센트 사이의 차이를 제거해주는 역할을 할 것이라고는 주장하지 않는다. 그것이 자본주의의 역사적인 임무일 수도 있는데 말이다."

143 레닌 주 자본주의의 진보적인 역할이 노동의 사회화 정도가 아니라 국가 차원의 노동 중에서 오직 한 분야의 발전 지수의 등락에 의해 판단된다면, 그런 사고를 유치하다는 말 외에 달리 뭐라고 표현할 수 있겠는가! 노동자의 수는 자본주의 생산양식하에서 시시각각 변할 수밖에 없으며, 위기, 산업예비군의 규모, 노동의 착취 정도와 그 강도 등과 같이 무수히 많은 부수 요인들에 좌우된다는 것은 누구나 알고 있는 사실이다.

여기서 "임무"라는 단어는 아주 부적절하다. 그러나 스트루베 선생의 생각은 명확하다. 즉 러시아의 자본주의 발전(그 발전이 실제로 자본주의적이라는 점은 니콜라이-온 자신도 인정한다)이 농촌 인구를 감소시키겠지만 사실상 그것이 자본주의의 일반 법칙이라는 사실을 니콜라이-온 선생은 알아차리지 못했다는 것이다. 따라서 이러한 이론(異論)에 반박하려면 니콜라이-온 선생은 (1)자신이 자본주의의 그런 경향을 간과하지 않았다거나, (2)자본주의가 그런 경향을 가지고 있지 않다는 걸 보여주었어야 했다.

그러나 그 대신에 니콜라이-온 선생은 이 나라 공장 노동자의 수(그의 추산에 따르면 인구의 1퍼센트)에 관한 데이터를 분석하는 작업에 착수한다. 그런데 스트루베 선생이 언제 공장 노동자들 이야기를 했었나? 그럼 러시아 인구의 20퍼센트와 미국 인구의 56퍼센트가 공장 노동자들을 대표한단 말인가? '공장 노동자'란 단어와 '농업에 관계되지 않은 인구'란 단어가 동일한 의미인가? 농업과 관련된 인구 비율이 러시아에서도 줄어들고 있다는 사실을 부정할 수 있을까?

내가 이를 지적하는 이유는 크리벤코 선생이 이미 해당 잡지에서 그 단락을 왜곡한 적이 있기 때문에 그걸 바로잡는 게 더더욱 필요하다고 여겼기 때문이었다. 그렇다면 이제부터는 '우리의 자본주의가 그 임무를 잘못 완수하고 있다'는 니콜라이-온 선생의 생각 자체로 이야기를 옮겨가보도록 하자.

첫째, 「개요」[144]의 필자가 그랬던 것처럼 공장 노동자들의 수를 자본주의 생산에 관계된 노동자들의 수와 동일시하는 건 어리석은 일이다. 이는 대규모 기계 공업을 자본주의의 첫 출발로 삼은 러시아 소부르주아 경제학자들의 잘못을 되풀이하는(그리고 심지어 심화시키는) 셈이다. 상인들로부터 통상적인 임금을 받으면서 그들의 재료를 가지고 그들을 위해 일하는 수백만 명의 러시아 수공업자들은 자본주의 생산에 관계된 사람들이 아니란 말인가? 고정적인 농장 노동자들과 농업 분야의 일용직 노동자들도 자신의 고용주로부터 임금을 받고 잉여가치를 그들에게 넘겨주고 있지 않은가? 건축 산업의 노동자들은 자본주의적 착취의 대상이 아니란 말인가? 그리고 기타 등등.[145]

둘째로, 공장 노동자들의 숫자(140만 명)를 전체 인구와 비

144 N. F. 다니엘손(Danielson), 『우리의 개혁 이후 사회 경제에 관한 개요』, 상트페테르부르크, 1893년.—원서 편집자

145 레닌주 여기서 나는 공장 노동자의 수에 따라 "자본주의의 통합의 의미"를 판단하는 니콜라이-온 선생의 방식을 비판하는 것으로만 논의를 한정하겠다. 나는 니콜라이-온 선생이 활용한 자료들을 손에 넣지 못했기 때문에 수치를 분석하는 건 불가능하다. 하지만 그의 자료 선택이 거의 만족스럽지 않았다는 점만큼은 지적하지 않을 수 없다. 그는 우선 1865년도 데이터는 『군사 통계 초록』, 1890년도 데이터는 1894년의 『공장 및 제조소 명부』에서 가져왔다. 거기서 그가 얻은 노동자의 수는(광산 노동자들을 제외하고) 각각 829,573명과 875,764명이었다. 5.5퍼센트가 증가한 이런 수치는 인구 증가(6,142만 명에서 9,100만 명으로 48.1퍼센트 증가)보다 훨씬 더 적은 것이었다. 그러나 1893년도 『명부』에서 가져온 다음 페이지의 수치들은 1865년과 1890년이 모두 달랐다. 이 데이터

교하고, 그 비율을 백분율로 표현하는 것은 어리석은 일이다. 그건 신체 건강한 인구를 그렇지 못한 사람들과 비교하거나, 물질적 가치의 생산에 관계된 사람들을 '자유로운 전문직' 종사자들과 비교하는 등과 같이 그저 비교할 수 없는 대상들을 비교하는 것에 불과하다. 예를 들어 공장 노동자들은 노동에

에 따르면, 노동자의 수는 각각 392,718명과 716,792명으로, 82퍼센트가 증가한 수치다. 그러나 이는 노동자의 수가 1865년에 186,053명, 1890년에 144,332명이었던 소비세 지불 산업들을 제외한 것이었다. 이 수치를 이전의 수치에다 더하면, 노동자들의 전체 숫자는(광산 노동자들을 제외하고) 1865년에 578,771명, 1890년에 861,134명으로, 인구 증가 비율과 같은 48.7퍼센트였다. 따라서 5쪽이라는 공간 안에서 필자가 활용한 데이터들은 각각 5퍼센트 증가와 48퍼센트 증가라는 차이를 보여주고 있는 것이었다! 그리고 그는 그런 모순된 수치들을 토대로 자본주의가 불안정하다는 사실을 발견해낸 것이다!

그렇다면 필자가 3년간(1886~9년) 인구 성장을 훨씬 앞지르는 12~3퍼센트의 증가를 보여준 「개요」의 공장 노동자 데이터(표11과 12)를 가져오지 않은 이유는 뭘까? 그는 어쩌면 시간 간격이 너무 짧아서 그랬다고 말할지도 모른다. 하지만 첫째로 이 데이터는 동질적이고 비교 가능하며 더 믿을 만했고, 둘째로 공장 산업의 성장을 판단할 때는 필자 자신도 짧은 시간 간격에도 불구하고 이 데이터를 똑같이 활용하지 않았던가?

분명 노동자의 수와 같이 변동을 거듭하는 지표가 국가 차원의 노동 중에서 오직 한 분야의 상태를 나타내기 위해 활용된다면, 그 데이터는 불확실할 수밖에 없다. 그리고 그런 데이터에 자신의 기대──우리의 자본주의는 필사적이고 완고한 투쟁 없이도 자연적으로 붕괴해 산산이 부서져 없어질 거라는 기대──를 투영시키고, 국가 차원의 노동의 모든 분야에서 자본주의가 명백히 지배하고 발전한다는 사실에 의문을 제기하기 위해 그 데이터들을 활용하는 사람은 정말로 순진한 몽상가임이 틀림없다.

종사하지 않는 일정 숫자의 가족 구성원들을 각각 부양하고 있지 않은가? 그들이──고용주들과 상인 무리들은 제외하더라도──수많은 군인과 공무원, 그리고 그와 유사한 상류층들을 부양하고 있음에도, 어떻게 당신네는 그 잡탕들을 공장 노동자와 대비시켜 농촌 인구에 포함시키고 있는 것인가? 도대체 러시아에는 어업 같은 산업들이 존재하지 않는단 말인가? 그럼에도 불구하고 그런 산업들을 공장 산업과 대비시켜 농업과 결부시키는 건 얼마나 불합리한 짓인가? 만약 당신들이 러시아 인구의 직업 구성을 알고자 한다면, 맨 먼저 물질적 가치의 생산에 관계된 인구(결과적으로 비노동 인구와 군인, 공무원, 성직자 등을 제외한 인구)를 특수한 집단으로 분류해낸 다음, 그들을 국가 차원 노동의 다양한 분야별로 나누려는 시도를 했어야 한다. 그리고 만약 그것을 하기 위한 데이터를 손에 넣을 수 없다면, 인구의 1퍼센트(??!!)가 공장 산업에 관계돼 있다는 말도 안 되는 소리를 늘어놓기보다는 그런 식의 계산[46] 자체를 자제했어야 한다.

셋째로──그리고 이것이 자본주의의 진보적이고 혁명적인 역할에 관한 마르크스의 이론을 가장 주되게, 그리고 터무니없이 왜곡한 대목이다──, 자본주의의 '통합의 의미'가 오직 공장 노동자들을 결속시켰다는 측면에서만 드러난다는 발상은 대체 어디서 나온 걸까?《조국 연보》에 실린 노동의 사회화에 관한 글들에서 그런 마르크스주의적 사고를 빌려온 건가?

당신들도 한 지붕 아래서 일하는 것과 그걸 동일시하는 건가?

146 레닌 주 니콜라이-온 선생은 「개요」에서 그런 계산을 하려 했으나, 결과
가 아주 안 좋았다. 302쪽에는 다음과 같이 적혀 있다.

　　"요 근래 유럽 러시아 50개 주에 있는 자유노동자들의 전체 숫자를
측정해보려는 시도가 있었다(S. A. 코롤렌코[Korolenko], 『임금노동』,
상트페테르부르크, 1892년). 농업부가 실시한 연구에서는 유럽 러시아
50개 주에 거주하는 신체 건강한 농촌 인구를 3,571만 2천 명으로 추산
하는 반면, 농업과 제조업, 광업, 운송 및 기타 산업에 필요한 전체 노동
자들의 수는 3,012만 4천 명에 불과하다고 추정한다. 따라서 절대적인
잉여 노동자들의 수는 무려 558만 8천 명에 달하고, 일반적으로 인정되
는 기준에 따라 그들의 가족들까지 포함시킬 경우 1,500만 명에 이를
것이다."(341쪽에서도 반복됨)

　　여기서 위의 그 "연구"로 눈길을 돌려보면, 지주들에 의해 고용된 노
동력만이 '연구 대상'이라는 사실을 알게 된다. 그래서 코롤렌코 선생은
그 연구에다 유럽 러시아의 "농업과 산업 조사"를 보충했는데, 해당 조
사는 유럽 러시아의 노동인구를 직업별로 분류하려는 시도였다(무슨
"연구"에 기초한 게 아니라 활용 가능한 과거의 데이터를 토대로 한 것
이었다). 거기서 그가 도달한 결론은 유럽 러시아 50개 주의 노동자 수
가 총 3,571만 2천 명이며, 이들은 각각 다음과 같은 분야에 종사한다는
것이었다.

농업 ·27,435,400 ⎫	
특수작물 재배· ·1,466,400 ⎬30,124,000	
공장과 광산업· ·1,222,700 ⎭	
유대인· ·1,400,400	
벌목업· ·약 2,000,000	
축산· ·약 1,000,000	
철도· ·약 200,000	
어업· ·약 200,000	
현지와 외지 고용, 수렵, 채집, 및 기타· · · · · · · · · 787,200	
총계	35,712,100

그렇지 않다. 이 점에 대해 니콜라이-온 선생을 비난할 수는 없을 듯한데, 왜냐하면 그가 《루스코예 보가츠트보》 6호에 기고한 자신의 글 2쪽에서 자본에 의한 노동의 사회화의 두 가지 특징, (1)사회 전체를 위해 일한다는 것과 (2)공동노동의 산물을 획득하기 위한 개별 노동자들의 결합이라는 측면을 정확하게 지적하고 있기 때문이다. 그러나 만약 그렇다면, 자본주의의 '임무'를 공장 노동자의 수에 따라 판단하는 이유는 뭔가? 전체적으로 그 '임무'가 자본주의의 발전과 노동의 사회화, 프롤레타리아의 전반적인 형성과 그 중에서도 공장 노동자들의 선봉적인 역할에 의해 완수되는 시점에 이르러서 말이다. 물론 프롤레타리아의 혁명운동이 노동자들의 수와 그 집중, 발전 정도 등에 달려 있다는 건 의심할 나위가 없다. 그러

이와 같이 코롤렌코 선생은 노동자 모두를 직업별로 분류했지만(그것이 옳든 그르든), 니콜라이-온 선생은 앞의 세 항목들만 임의로 가져와서 약 558만 8천 명이 '절대적인 잉여' 노동자들이라고 말하고 있는 것이다!

이런 결함은 제쳐놓더라도, 코롤렌코 선생의 추산이 아주 개략적이고 부정확하다는 점 역시도 주목하지 않을 수 없겠다. 대표적으로 농업 노동자의 수는 러시아 전체에 적용되는 하나의 일반적인 기준에 따라 산출되었고, 비생산 인구는 별도로 분류되지 않았으며(코롤렌코 선생은 널리 공인된 반유대주의를 존중해 유대인이라는 항목을 달았다! 이와 관련해 상인, 빈민, 부랑인, 범죄자 등 140만 명의 비생산 노동자들이 존재한다는 건 확실하다), 수공업자의 수는 터무니없이 낮았던 것이다. 그런 추산은 아예 인용하지 않는 편이 더 나을 뻔했다.

나 그 모든 것들이 자본주의의 '통합의 의미'를 공장 노동자들의 수와 동일시할 권리를 우리에게 부여하는 건 전혀 아니다. 그런 행동은 마르크스의 사상을 극단적으로 좁히는 결과만 낳을 뿐이다.

그럼 사례 하나를 들어보자. 프리드리히 엥겔스는 『주택 문제에 대하여*Zur Wohnungsfrage*』란 소책자에서 독일의 산업을 언급하며, 땅뙈기나 텃밭을 소유한 임금노동자들이 이렇게 많이 존재하는 나라는 그 어디에도 없다——그는 서구 유럽만을 거론하고 있다——고 말하고 있다. "텃밭이나 …… 농업과 함께 이뤄지는 시골의 가내공업은 독일의 신흥 대규모 공업의 광범위한 기초를 형성하고 있다"는 것이다. 이런 가내 공업은 독일 소농들의 고통이 가중됨에 따라 (러시아에서와 마찬가지로) 점점 늘어나고 있으나, 공업과 농업의 결합은 가내생산자인 수공업자의 안녕이 아니라 정반대로 한층 더한 억압의 토대로 작용하고 있다. 자신이 사는 지역에 묶여 있는 그들은 어떤 가격이라도 마지못해 받아들일 수밖에 없고, 따라서 (가내 대량 생산 체제가 폭넓게 발달한 러시아에서와 마찬가지로) 잉여가치뿐만 아니라 임금의 상당 부분까지도 자본주의자들에게 고스란히 내주어야 한다. "그것은 문제의 한 측면인 동시에 반대의 측면도 지니고 있다. …… 가내공업이 확대됨에 따라 소농 지역은 오늘날의 산업 지형으로 차례차례 끌려들어가고 있다. 독일의 산업혁명이 영국과 프랑스보다 훨씬 더 넓은 영토에 걸쳐 확산된 건 바로 가내공업에 의한 시골 지역의 이러한 변혁 때문이다. …… 이는 영국과 프랑스와는 대조적으로 독일에서 혁명적 노동계급 운동이 도시 중심지에만 국한되지 않고 더 넓은 지역에 걸쳐 엄청나게 확산된 이유와, 결과적으로 그 운동이 차분하면서도 조금씩 억누를 수 없는 전진을 할 수 있었던 이유를 설명해준다. 독일의 수도와 다른 대도시들에서 봉기가 성공하려면 대다수 소도시들과 시골 지역 상당수에서 혁명적 변화의 기운이 무르익었을 때에만 가능할 거라는 점은 더할 나위 없이 명백하다."[147]

보다시피, "자본주의의 통합의 의미"와 더불어 노동계급 운동의 성공 역시 공장 노동자들의 숫자뿐만 아니라…… 수공업자들의 숫자에도 의존하고 있음이 분명해진다! 허나 러시아 수공업의 절대 다수가 순수하게 자본주의적인 구성을 갖추고 있다는 사실을 무시하는 우리 예외론자들은 일종의 "인민" 산업으로서의 그것을 자본주의와 대비시키고, 공장 노동자들의 숫자를 통해 '자본주의의 직접적인 처분에 맡겨진 인구의 비율'을 판단하고 있다! 이는 마르크스주의자들은 공장 노동자들에게 모든 관심을 기울이기를 원하나, 전체 1억 인민들 중 백만 명에 불과하고 사회의 작은 한 귀퉁이만 차지할 뿐인 그들에게 전념하는 것은 부동산이나 자선기관에 종사하는 사

---

[147] 레닌은 엥겔스의 『주택 문제에 대하여』의 2판 서문에서 이 대목을 인용하고 있다(마르크스·엥겔스, 『선집』, 1권, 모스크바, 1958년, 550쪽과 554~5쪽 참조).—원서 편집자

람들에게만 관심을 국한하는 것과 마찬가지라던 크리벤코 선생의 주장(《루스코예 보가츠트보》, 12호)을 떠올리게 한다. 공장과 제조소들이 부동산이나 자선기관처럼 사회의 작은 한 귀퉁이에 불과하다니, 당신은 정말 대단한 천재인 것 같소, 크리벤코 선생!! 정녕 부동산 기관들이 사회 전체를 위한 재화를 생산한다고? 그럼 부동산 기관들에서의 상황을 들여다보면 틀림없이 노동인민의 착취와 강탈이 해명되겠군요. 노동계급 해방의 깃발을 들어올릴 선진적인 프롤레타리아의 대표들도 분명 그곳에서 찾아야 할 테고 말이오.

이류 부르주아 철학자들의 입에서 그런 이야기를 듣는 건 전혀 놀라운 일이 아니다. 그러나 니콜라이-온 선생의 글에서 그런 식의 주장을 읽어야 한다는 건 유감이다.

마르크스는 『자본』의 393쪽에서 잉글랜드의 인구 구성에 대한 수치들을 인용하고 있다. 1861년 잉글랜드와 웨일스의 인구는 총 2천만 명이었는데, 이 중 160만 5,440명은 주요 공장 산업 부문에 종사하고 있었다.[148] 뿐만 아니라 하인 계급 구성

---

[148] 레닌 주 직물, 양말, 레이스 산업에 고용된 인원은 64만 2,607명이었으며 (우리나라에서 양말과 레이스 제조에 종사하는 수만 명의 여성들은 자신들을 고용한 소매상인들로부터 믿기지 않을 정도의 착취를 당하고 있는데, 때로는 임금이 하루 3코펙에 불과할 정도라고 한다! 니콜라이-온 선생, 이런데도 그들이 '자본주의의 직접적인 처분에 맡겨져' 있지 않다고 얘기하시겠소?), 56만 5,835명은 석탄과 광석 광산, 39만 6,998명은 각종 금속공업과 제조업에서 일하고 있었다.

원들은 120만 8,648명으로, 2판 각주에서 마르크스는 이 계급의 아주 급속한 성장을 거론하고 있다. 그렇다면 이제 '자본주의의 통합의 의미'를 판단하기 위해 160만 명을 2천만 명으로 나눈 "마르크스주의자들"이 영국에 존재한다고 상상해보라!! 결과는 12분의 1에 못 미치는 8퍼센트일 것이다!! 과연 인구의 12분의 1조차 통합시키지 못하고, 더군다나 '우리' 영국인들이 '잘못된 경로'를 따르고 있음을 보여주는 동시에 '국가 차원 노동'의 순손실을 상징하는 '가사 노예' 계급이 더 빠르게 증가하는 상황에서 어떻게 자본주의의 '임무'를 이야기할 수 있단 말인가! 그럼 이 경우에도 우리가 '조국을 위한 다른' 비자본주의적 '발전 경로를 추구'해야 한다는 게 확실하지 않겠는가?!

그러나 니콜라이-온 선생의 주장에는 또 다른 핵심이 존재한다. 그가 이 나라의 자본주의는 '서구 유럽에서 아주 특징적이며, 북아메리카에서 특별한 영향력을 갖고 나타나기 시작한' 통합적 역할을 만들어내지 못하고 있다고 말할 때는, 분명 노동계급 운동을 거론하고 있는 것이었다. 말하자면, 이 나라에서는 자본주의가 노동계급 운동을 불러일으키지 못하기 때문에 우리는 다른 경로를 추구해야 한다는 의미인 것이다. 내가 보기에 이런 주장은 미하일롭스키 선생이 기대하던 것이었다. 마르크스는 프롤레타리아 계급이 이미 형성돼 있는 상황에서 작업을 진행했소, 그는 마르크스주의자들을 이렇게 꾸짖었다. 어느 마르크스주의자가 미하일롭스키에게 그가 빈곤에서 오직 빈곤밖에는 보지 못한다고 비판했을 때, 그의 대답은 이랬다. "이 언급은 늘 그렇듯 마르크스의 말에서 통째로 가져온 것이오. 그러나 우리가 『철학의 빈곤』에 나오는 그 단락을 가만히 들여다보면, 그것이 우리의 경우에는 적용되지 않고 우리가 겪는 빈곤은 말 그대로 빈곤에 불과하다는 걸 발견하게 될 것이외다." 하지만 실제로 『철학의 빈곤』에서는 미하일롭스키가 옳다는 사실을 증명해줄 건 전혀 찾아볼 수가 없다. 거기서 마르크스는 빈곤에서 과거 사회를 전복할 혁명적이고 파괴적인 측면은 보지 못한 채 그저 빈곤 자체만을 바라봤던 고루한 공산주의자들에 관한 이야기를 꺼낸 적이 있다.[149] 분명 미하일롭스키 선생은 그것이 우리의 경우에는 적용되지 않는다고 주장할 근거로서 노동계급 운동이 '발현할 징후'가 전혀 없다는 걸 들고 있다. 이런 주장과 관련해, 우선 마르크스가 프롤레타리아 계급이 이미 형성돼 있는 상황에서 작업을 진행했다는 식의 사고는 현실을 아주 피상적으로만 들여다봤을 때 생겨날 수 있다는 점을 짚고 넘어가자. 마르크스의 공산주의 강령이 작성된 건 1848년 이전의 일이었다. 그럼 당시 독일에 노동계급 운동[150]이 존재하고 있었던가? 그때는 정치적 자유조차 없

---

149 레닌은 프루동을 겨냥한 논문이었던 『철학의 빈곤』 2장에서 마르크스가 표명한 원칙들을 언급하고 있다(마르크스, 『철학의 빈곤』, 모스크바, 140~1쪽 참조).—원서 편집자

었고, 공산주의자들의 활동은 비밀 서클에만 한정돼 있었다 (오늘날의 우리나라와 마찬가지로). 자본주의의 혁명적이고 통합적인 역할을 모두에게 아주 분명히 각인시켰던 사회민주주의 노동운동이 시작되고, 과학적 사회주의의 이론이 명확한 모양새를 갖추고, 대규모 공업이 보다 널리 확산되는 한편, 노동계급 내에서 사회주의 이론을 전파할 재능 있고 원기왕성한 많은 이들이 등장한 건 그보다 20년 후의 일이었다. 역사적 사실들을 잘못 전달하고, 노동계급 운동에 의식과 조직화를 제공한 사회주의자들의 방대한 활동을 망각한 데 더해 우리의 철학자들은 가장 분별없는 숙명론적 관점을 마르크스에게 억지로 떠안기고 있는 것이다. 그들은 마르크스의 견해에서 볼 때 노동자들의 조직화와 사회화는 자연발생적으로 일어나고, 따라서 만약 우리가 자본주의는 목격하면서도 노동계급 운동은 보지 못한다면 그건 자본주의가 그 임무를 완수하지 못하고 있기 때문이지 우리가 노동자들 내에서 조직화와 선전을 여전히 제대로 수행하고 있지 않아서가 아니라고 우리에게 확언한다. 우

150 레닌 주 그 당시 노동계급의 왜소함은 27년이 지난 1875년에 마르크스가 "독일 근로인민의 다수는 프롤레타리아가 아니라 농민들로 구성돼 있다"(레닌은 마르크스의 『고타 강령 비판Kritik des Gothaer Programms』에서 이 대목을 인용하고 있다[마르크스·엥겔스, 『선집』, 2권, 모스크바, 1958년, 31쪽 참조].—원서 편집자)고 쓴 사실에서 판단할 수 있을 것이다. "프롤레타리아 계급이 이미 형성돼 있는 상황에서 작업을 진행했다"는 말은 그 말 한 마디로 정리될 수 있겠다!

리네 예외론적 철학자들의 이러한 소부르주아적 술수는 반박할 가치조차 없고, 만국의 사회민주주의자들의 모든 활동과 마르크스주의자 한 사람 한 사람이 행하는 모든 공개 연설로 그 잘못이 입증된다. 사회민주주의는——카우츠키가 아주 타당하게 지적했듯이——노동계급 운동과 사회주의의 융합이다. 자본주의의 진보적 과업이 이 나라에서 스스로 '모습을 드러내게' 하기 위해서, 우리 사회주의자들은 최대한 정력을 다해 활동에 나서야만 한다. 그들은 러시아의 역사와 현재 위치에 관한 마르크스주의적 개념을 보다 더 세밀하게 이해하고, 러시아에서 특히나 복잡하게 감춰진 모든 형태의 계급투쟁과 착취를 더욱 구체적으로 연구해야만 한다. 더 나아가 그 이론을 대중화하고 노동자에게 알려나가야 할 것이며, 사회민주주의 사상을 전파하고 노동자들을 하나의 정치 세력으로 결합시키기 위해 그들이 그 이론을 흡수하고 우리 조건에 가장 적합한 조직화 형식을 강구하도록 도와야 할 것이다. 러시아 사회민주주의자들은 노동계급 사상가로서의 이러한 역할을 이미 완수하고 이행했다고 말한 적이 단 한 번도 없으며(그 역할에는 끝이 없다), 자신들은 단지 막 시작한 것에 불과할 뿐 지속적인 무언가를 창조해내기 위해서는 정말 많은 사람들의 엄청난 노력이 요구된다는 사실을 언제나 강조해왔다.

또한 마르크스 이론에 관한 불충분하고 터무니없이 편협한 개념 외에도 이 나라 자본주의에 진보적인 역할이 부족하다는 통상적인 반대 의견은 "인민의 시스템"이라는 가공의 어리석은 사고에 기초하고 있는 것으로 보인다.

악명 높은 '마을공동체'의 '농민들'이 빈민과 부자, 프롤레타리아의 대표와 자본의 대표로 쪼개질 때, 그들은 그것이 초기 형태의 중세 자본주의라는 사실을 이해하려 하지 않고 시골의 정치-경제적 구조를 애써 외면했다. '조국을 위한 다른 경로'를 모색하면서 그들은 마치 농민의 순수한 부르주아적 분화가 '평등한 마을공동체' 내에서 한창 진행 중에 있지 않은 듯이 농민 토지소유권의 형식상 변화에 대해 떠들어대지만, 정작 그것을 경제 조직의 형태와 혼동하는 용납할 수 없는 태도를 보였다. 이 자본주의가 발전해 좁은 형태의 중세 마을 자본주의를 탈피하고 토지의 봉건적 힘을 박살내는 동시에, 오랫동안 발가벗겨지고 굶주려왔던 농민으로 하여금 기세등등한 부농들이 공평하게 나눠 가질 수 있도록 토지를 공동체에 넘겨주고 고향을 떠나 한동안 일자리도 없이 러시아 전역을 떠돌아다니다 오늘은 지주, 내일은 철도업자, 또 그 다음 날은 도시의 인부나 부유한 농민의 농장 노동자로 일할 수밖에 없게 만드는 시기에 말이다. 오늘날 주인을 바꿔가며 러시아 방방곡곡을 돌아다니는 그 '농민'은 어디를 가든 자신이 가장 추잡스럽게 약탈당하고 있으며 다른 빈민들도 똑같은 처지라는 사실을, 자신을 강탈하는 게 반드시 '주인'만이 아니라 노동력을 돈 주고 살 수 있는 '자신의 농민 형제'이기도 하다는 사실을 깨닫는다. 그는 정부가 노동자들의 권리를 제한하고 가장 초보적인 권리라도 지키려는 시도에서 벌인 그들의 폭동을 번번이 진압하는 방식으로 언제나 그의 주인들을 위해 봉사한다는 사실도 알게 되며, 일은 갈수록 점점 힘들어지고 부와 사치는 급속도로 증가하는 반면 러시아 노동자들이 처한 조건은 꾸준히 악화되고 강탈은 더욱 심해지며 실업이 일상화되어가는 현실을 목격한다. 바로 이런 시기에 우리의 마르크스주의 비판자들은 조국을 위한 다른 경로를 모색하고, 바로 이런 시기에 그들은 공장 노동자들의 수가 얼마나 천천히 증가하는가를 들여다보며 자본주의의 진보적인 역할을 인정할지 말아야 할지, 우리의 자본주의를 거부해야 할지 말아야 할지, 그것이 '역사적 임무를 아주아주 잘못 완수하고' 있기 때문에 잘못된 경로를 걷고 있다고 판단해야 하는 건지 아닌지와 같은 심오한 문제를 숙고하는 데에만 온통 정신이 팔려 있으니, 참으로 고귀하고도 자비로운 일 아닌가?

그리고 노동인민의 자본주의적 착취가 러시아 방방곡곡에 존재하는 시점에서 조국을 위한 다른 경로를 모색하는 것은 곧 현실에서 도피해 유토피아의 영역으로 접어드는 걸 의미한다고 말하는 저 마르크스주의자들은 또 얼마나 편협하고 교조적이며 사악하단 말인가. 그들은 임무를 잘못 완수하고 있는 건 우리의 자본주의가 아니라, 차츰 희미해지는 러시아 사회의 적대적 계급들 간의 케케묵은 경제적 투쟁을 꿈꾸는 것이 곧 마닐로프주의[15]로 타락하는 것과 마찬가지라는 사실을 이해하기를 거부하는, 그 투쟁에 조직화와 암묵적 합의를 보태기 위해서는 사회민주주의적 활동에 착수해야 한다는 사실을 깨닫기 거부하는 러시아 사회주의자들이라는 사실을 발견한 이들이었다.

끝으로, 우리는 《루스코예 보가츠트보》의 같은 호(6호)에서 니콜라이-온 선생이 스트루베 선생에게 가한 또 다른 공격을 주목하지 않을 수 없겠다.

그는 "스트루베 선생의 논쟁 방식에서 드러나는 어떤 특이점에 우리가 주의를 기울이지 않을 수 없다. 그는 한 진지한 독일 잡지에 독일 대중들을 위한 글을 쓰고 있지만, 그가 동원한 방식들은 완전히 부적절해 보인다. 우리는 독일뿐 아니라 러시아 대중들 역시도 이미 '성숙기'에 도달해 그의 글에서 넘쳐나는 그 모든 '근심거리들'에 감탄하거나 하지는 않을 거라고 여겨도 무방하다. 모든 칼럼에서 마주치게 되는 '유토피아'나 '반동적 구상' 같은 '끔찍한 단어들'은 오늘날, 아아, 스투루베 선

---

[15] 고골의 「죽은 혼」의 등장인물 중 한 명인 마닐로프의 이름에서 유래됐다. 감상적이고 "고결한 영혼의" 지주였던 마닐로프는 심약한 몽상가이자 공허한 공상가이며 무기력한 수다쟁이의 전형을 구현하기 위해 고골이 만들어낸 인물이었다. 레닌은 자유주의 인민주의자들을 부정적으로 묘사하기 위한 별칭으로 마닐로프라는 이름을 사용하고 있다.—원서 편집자

생이 분명 확신하는 효과를 낳지 못하고 있다."(128쪽)라고 말한다.

그렇다면 우리는 니콜라이-온과 스트루베 선생 간의 이러한 논쟁에서 과연 "부적절한 방식들"이 동원되었는지, 그리고 만약 그게 사실이라면 누구에 의해서였는지를 한번 살펴보도록 하자.

스트루베 선생은 한 진지한 글에서 "근심거리들"과 "끔찍한 단어들"로 대중들의 감탄을 자아내려 했다는 이유로 "부적절한 방식들"을 동원했다는 비난을 받고 있다.

보통 "근심거리들"과 "끔찍한 단어들"을 동원했다는 의미는, 상대방이 뚜렷하고 정확한 이유를 댈 수 없고 반드시 글쓴이의 견해와 일치한다고도 말할 수 없지만 단순히 누군가를 욕하고 나무라기 위한 욕망을 표현하기 위해 심하게 반대하는 상황을 뜻한다.

물론 자신의 심한 반감을 "근심거리들"로 바꾸어 표현하는 데는 그러한 특징이 작용하는 게 사실이다. 그러나 슬로님스키(Slonimsky) 선생은 니콜라이-온 선생에게 심한 말을 퍼부었지만, 현 질서의 부르주아적 성격을 전혀 이해하지 못하는 한 평범한 자유주의자에 대한 자신의 견해를 아주 뚜렷하고 명확하게 밝힌 바 있다. 그는 누구를 마음대로 비난할 수는 있지만 "부절적한 방식들"로 인해 비난해서는 안 된다는 경탄스러운 주장을 아주 명시적으로 내놓았던 인물이었다. 니콜라이-온 선생의 경우에도 슬로님스키 선생을 교화하고 가르치기 위한 차원에서 ("우리나라에서도 옳다고 여겨져 온") 마르크스의 말들을 인용하며 그가 원하던 소규모 수공업과 소농민 토지소유권의 방어가 얼마나 반동적이고 공상적인 성격을 지니고 있는지에 관해 그에게 심한 말을 퍼붓고, 그를 가리켜 "편협하고" "단순하다"는 따위의 비난을 가한 적이 있었다. 스트루베 선생의 글 못지않은 욕설들이(밑줄로 강조돼 있다) "넘쳐나는" 니콜라이-온 선생의 글을 한번 읽어보기 바란다. 그러나 이 경우에 우리는 "부적절한 방식"을 거론하거나 하지는 않는다. 주장 하나하나가 다 이유를 가지고 있고, 설사 그것이 틀렸다 할지라도 글쓴이의 명확한 관점과 견해 체계에 따른 것이며, 만약 그것이 받아들여진다면 필시 상대방이 단순하고 편협하며 반동적인 이상주의자로 인식될 것이기 때문이다.

그럼 그런 문제제기가 스트루베 선생의 글에 얼마나 부합하는지를 살펴보자. 니콜라이-온 선생을 필연적으로 반동적인 구상과 단순함으로 귀결되는 이상주의자라 비난하면서 그는 그 이유들을 아주 명확하게 제시하고 있는데, 첫째로는 니콜라이-온 선생이 "생산의 사회화"를 염원하면서 "사회와 국가에 호소하고 있다"는 게 그 이유였다. 이는 "계급투쟁과 국가에 관한 마르크스의 교리가 러시아의 정치경제학자인 그에게는 완전히 생소하다는 사실을 입증"해주며, 국가는 "지배계급을 대표"할 뿐이라는 것이었다. 두 번째로는 "만약 우리가 단지 원한다는 이유만으로 꼭 생겨나야 한다고 생각하는 가상의 경제 체제를 현실 자본주의와 대비시킨다면, 다시 말해 만약 우리가 자본주의 없는 생산의 사회화를 원한다면, 그것은 인식의 순진함을 보여주는 증거에 불과하고 역사와도 일치하지 않는다"는 것이었다. 자본주의의 발전과 자연경제의 제거, 그리고 농촌 인구의 감소와 더불어 "여전히 우리를 둘러싸고 있는(러시아를 이야기하는 것이다) 가부장제 시대의 땅거미 사이로 현대 국가가 등장해 공개적인 계급투쟁의 밝은 빛으로 성큼 나아갈 것이고, 생산의 사회화를 위해서는 다른 힘과 요인들을 찾아나서야 할 것이다."

글쎄, 이 정도면 뚜렷하고 정확한 이유로는 충분하지 않은 가? 니콜라이-온 선생의 사고에 관한 스트루베 선생의 구체적인 언급에 담긴 진실을 누가 반박할 수 있을까? 니콜라이-온 선생은 자본주의 사회에 내재된 계급투쟁을 정말로 감안했을까? 그렇지 않았다. 그는 사회와 국가를 이야기하고, 계급투쟁을 망각한 채 그걸 도외시하고 있다. 일례로 그는 국가가 마을 공동체를 통해 노동을 사회화하는 대신에 자본주의를 지원했다고 말한다. 분명 그는 국가가 이래저래 행동할 수 있고 따라서 계급 위에 서 있다고 믿고 있다. 그럼에도 "근심거리들"에 의지한다고 스트루베 선생을 비난하는 것은 그저 부당하다고 울부짖는 것에 불과하다는 게 명확하지 않은가? 우리나라가 계급국가라고 믿는 사람이 노동을 사회화하기 위해, 즉 지배계급들을 없애기 위해 국가에다 호소하는 사람을 순진하고 반동적인 이상주의자가 아니라고 간주할 수는 없는 노릇이란 게 확실하지 않은가? 더 나아가, 누군가 상대방을 "근심거리들"에 의존한다고 비난하면서도 그가 명확히 밝힌 견해들에 대해서는 단 한마디도 하지 않는다면, 더군다나 검열을 거쳐야 하기 때문에 그의 견해가 실릴 수도 없는 잡지에다 대고 그 사람을 비난한다면, 우리는 오히려 그것을 가리켜 "완전히 부적절한 방식"이라고 평가해야 하는 건 아닐까?

이야기를 계속 이어나가보자. 스투루베 선생의 두 번째 주장은 명확히 공식화되어 있는 대목이다. 자본주의와 동떨어진 마을공동체를 통한 노동의 사회화가 가상의 체제라는 사실은 의심의 여지가 있을 수 없는데, 왜냐하면 그것은 현실에서는 존재하지 않기 때문이다. 이런 현실은 니콜라이-온 선생 자신도 다음과 같이 묘사한 바가 있었다. 즉 1861년 이전에는 생산단위가 "가족"과 "마을공동체"로 구성돼 있었고(「개요」, 106~7쪽), 이 "작고 흩어진 자급자족형 생산은 상당한 수준으로까지는 발전할 수가 없어 아주 일상적인 그 본질과 낮은 생산성이 일반적이었으며", 뒤이은 변화는 "노동의 사회적 분업이 점점 더 깊어졌다"는 걸 의미했다는 것이다. 이는 달리 말해 자본주의가 예전의 좁은 생산 단위의 경계를 탈피해 사회 전반적으로 노동을 사회화했다는 것을 뜻했다. 곧 니콜라이-온 선생 역시 자본주의에 의한 노동의 사회화를 인정했다는 의미인 것이다.

따라서 이미 노동을 사회화해온 자본주의가 아니라, 그 붕괴로 인해 최초로 사회 전반적인 노동의 사회화를 불러왔던 마을공동체에 노동의 사회화의 근거를 두고자 했던 그는 반동적인 몽상가에 다름 아니다. 이것이 바로 스트루베 선생의 생각이었던 것이다. 누군가는 그것을 진실이냐 거짓이냐의 문제로 인식할지 모르나, 니콜라이-온 선생에 관한 그의 신랄한 논평이 이런 견해로부터 출발해 논리적인 필연성을 따르고 있으며 따라서 그것을 가리켜 "근심거리들"이라 말하는 것은 전혀 적절치 않다는 사실을 부인할 수는 없다.

더구나 스트루베 선생이 자신은 노동의 사회화를 바라고, 그것이 자본주의를 통해 이뤄지길 원하며, 따라서 "공개적인 계급투쟁의 밝은 빛"을 통해 가시적으로 모습을 드러낼 세력들에 스스로 기반을 두기를 염원한다고 명확히 밝혔음에도 불구하고, 상대가 농민들이 토지를 빼앗기기를 바란다고 탓하면서 논쟁을 마무리한 니콜라이-온 선생의 태도는 진실과 정반대되는 것이라고 부를 수밖에 없다. 그리고 스트루베 선생이 검열 때문에 입에 재갈이 물린 상태라 공개적인 계급투쟁의 밝은 빛을 통해 앞으로 나선 세력들에 관한 이야기를 해당 잡지에서 꺼낼 수조차 없다는 사실을 염두에 둔다면, 니콜라이-온 선생의 논쟁 방식이 전적으로 "부적절했다"는 사실은 거의 부정할 수 없다.

부록 3

내가 마르크스주의에 대한 편협한 이해를 거론한 건 마르크스주의자 자신들을 염두에 두고 한 이야기였다. 이와 관련해 이 나라 자유주의자들과 급진주의자들이 합법적인 출판물에서 소상히 설명한 마르크스주의는 아주 터무니없이 편협하고 왜곡된 것이었다는 점을 지적하지 않을 수 없겠다. 그들의 설명은 참으로 대단하다고밖에 할 말이 없다! 그 혁명적인 이론이 검열이라는 프로크루스테스의 침대[152]에 맞게 마구 훼손된 꼴이라니! 우리의 평론가들은 참으로 속 편하게도 그런 활동을 수행해나간다! 그들의 설명에서 마르크스주의는, 소유주의 노동을 기반으로 하는 사유재산이 자본주의 체제에서 어떻게 변증법적으로 발전하는지와 그것이 정반대로 변화해 사회화되는지에 대한 원리로 사실상 축소되어 있다. 그리고 그

---

[152] 지나가는 사람들을 붙잡아 침대에 눕혀놓고 그 길이에 맞게 키가 큰 사람은 다리를 잘라내고 키가 작은 사람은 몸을 잡아 늘였다는 그리스 신화의 프로크루스테스(Procrustes)라는 노상 강도에서 유래된 표현으로, 자의적인 잣대를 통해 본질이 훼손되는 경우를 뜻한다.—옮긴이

평론가들은 마르크스주의의 사회학적 방법론의 모든 구체적인 특성들은 무시한 채 그 전체적인 알맹이가 계급투쟁의 원리와 연구의 직접적인 목적, 즉 모든 형태의 적대와 착취를 폭로해 프롤레타리아 계급으로 하여금 그것들을 폐지하도록 돕는 등의 '계획'에 있다고 사뭇 진지한 태도로 추정한다. 그에 따라 그 결과가 너무나 하찮고 제한적이라 우리의 급진주의자들이 가련한 러시아 마르크스주의자들을 애도하는 데까지 이른 것도 놀랄 일은 아니다. 아무렴 그래야지! 만약 러시아의 절대주의와 반동 체제가 마르크스주의에 관해 완전하고 정확하고도 완성된 설명을 제시하고 거리낌 없이 그 반론을 내놓는 게 가능했다면, 애초부터 절대주의와 반동이라고 할 수도 없었겠지! 그리고 이 나라 자유주의자들과 급진주의자들이 마르크스주의를 제대로 알았더라면(독일의 문헌들을 통해서라도 그랬으면 좋았을 텐데), 그들은 검열당한 언론에서 그것을 왜곡한 사실을 부끄러워했을 테고 말이다. 어떤 한 이론을 상세히 설명할 수 없을 것 같으면 조용히 입을 다물든지, 아니면 그걸 완전하게 설명하지 못하고 가장 본질적인 특성들을 빼먹고 넘어간 데 대해 마음의 거리낌이라도 가져야 마땅하다. 그런데 그중 극히 일부만을 해명하고 난 뒤 그 원리가 편협하다고 아우성치는 이유는 도대체 뭔가?

실로 마르크스주의자로 간주되는 사람들이 계급투쟁도, 자본주의 사회에 필연적으로 내재된 적대도, 그 적대의 성장도 모르는 오로지 러시아에서만 가능한 그런 불합리한 상황은 그렇게밖에는 설명될 수가 없다. 프롤레타리아트의 혁명적 역할이라는 개념도 없고, 심지어 '화폐 경제'나 그 '필연성' 같은 표현들을 담고 있는 한 순전히 부르주아의 기획일 수밖에 없는 것들을 내놓는 그들이 확실히 마르크스주의자로 간주되려면 미하일롭스키 선생 같은 지적 심오함이 요구된다고 하겠다.

반면 마르크스는 자신의 이론이 지니는 총체적인 가치는 그것이 "본질적으로 비판적이고[153] 혁명적"[154]이라는 사실에 있다고 여겼다. 그리고 그 후자의 특질은 마르크스주의에 실로 완전하고도 절대적으로 내재된 것이었다. 그의 이론은 현대 사회에 존재하는 모든 형태의 적대와 착취를 폭로하고 그 진화를 추적하며, 그 일시적인 성격과 다른 형태로의 변화의 불가피성을 실증하는 한편, 따라서 모든 착취를 가능한 빠르고 쉽게 종식시킬 수 있는 수단으로서 프롤레타리아 계급에게 종사한다는 임무를 스스로 직접적으로 설정하고 있기 때문이었다. 또한 모

[153] 레닌 주 여기서 마르크스는 자신이 유일하게 과학적이라 여겼던 유물론적 비판을 말하고 있음을 주목하기 바란다. 그것은 정치적·법률적·사회적·관습적인 사실들을 경제, 생산관계 체제, 모든 적대적 사회관계들을 토대로 하여 불가피하게 형성되는 계급적 이해관계와 비교하는 것이다. 러시아의 사회적 관계가 적대적이라는 사실에는 의심의 여지가 없다. 그러나 지금까지 그것을 그러한 비판의 기초로 삼으려고 시도한 사람은 아무도 없었다.

[154] 마르크스의 『자본』 2판 1권의 서문 참조(마르크스, 『자본』, 1권, 모스크바, 1959년, 20쪽).─원서 편집자

든 나라의 사회주의자들을 끌어당기는 그의 이론의 저항할 수 없는 매력은 엄밀하고도 비할 데 없이 과학적인 특성(사회과학에서는 결정적인 부분이다)을 혁명적인 특성과 결합시키고 있으면서도 그것이 결코 우연에 의한 게 아니라는 사실에 정확히 근거하고 있다. 그 이유는 다름 아닌 그 원리의 창시자가 개인적으로 과학자이자 혁명가로서의 자질을 겸비하고 있을 뿐만 아니라, 그 두 가지 특질이 본질적이고 불가분의 관계를 이루고 있기 때문이었다. 원래부터 이론의 역할이나 과학의 목적이란 게 현실에서의 경제투쟁에서 억압받는 계급을 지원하는 것이 아니었던가 말이다.

> 우리는 세상을 향해 '투쟁을 멈춰라, 당신들의 투쟁은 전부 무의미하다'고 말하지 않는다. 우리가 할 일은 진정한 투쟁의 구호를 세상에 제시하는 게 전부다.[155]

그러므로 마르크스에 따르면 과학의 직접적인 임무는 진정한 투쟁의 구호를 제시하는 것, 다시 말해 지금의 투쟁을 명확한 생산관계 시스템의 산물로서 객관적으로 보여주는 것, 당면 투쟁의 불가피성과 그 내용, 발전 경로 및 조건들을 이해할 수 있게 하는 것이다. 만약 우리가 모든 분리된 형태의 투쟁을

---

155 레닌은 1843년 9월 마르크스가 루게에게 쓴 편지에서 이 대목을 인용하고 있다.— 원서 편집자

세밀하게 연구하지 않는다면, 매 단계의 투쟁이 하나의 형태에서 또 다른 형태로 이행되는 과정을 추적해 어떤 특정한 순간에라도 그 투쟁의 일반적인 속성과 모든 착취 및 억압의 완전하고도 최종적인 철폐라는 총체적인 목표를 놓치지 않고 그 상황을 제대로 규정해내지 못한다면, '투쟁의 구호'를 제시하는 것은 불가능하다.

그렇다면 '저 유명한' 미하일롭스키가 자신의 '비판'에서 소상히 설명한 뒤 씨름했던 그 따분한 쓰레기 같은 이론과 마르크스의 '비판적이고 혁명적인' 이론을 한번 비교해보라. 분명 스스로를 '노동인민의 사상가들'이라 여기면서도 마르크스주의 이론에서 필수적인 부분들은 죄다 흔적을 지워 없애 버림으로써 그 이론을 '닳고 닳은 동전'으로 변형시키는 데 머무른 사람들이 실제로 존재할 수 있다는 사실에 놀라게 될 것이다.

그리고 노동인민의 이념적 대변자가 되고픈 소망에서 결국 비롯된, 전체적으로는 우리 경제 시스템과 구체적으로는 농민들의 현 상황과 역사에 주력한 인민주의 문헌을 마르크스 이론의 요구들과 한 번 비교해보라. 분명 고통을 연구하고 묘사하며 그것에 대해 설교를 늘어놓는 데 그친 이론에 만족할 수 있는 사회주의자들이 존재한다는 사실에 놀라게 될 것이다. 거기서 농노제는 이러이러한 착취와 이러이러한 적대적 계급들과 특정한 정치적·법적 체계 따위를 낳은 명확한 형태의 경제구조가 아닌, 그저 지주들에 의한 학대와 농민들에 대한 불의로만 그려지고 있다. 농민 개혁 또한 뚜렷한 경제 형태들과 계급들 간의 충돌이 아닌, 최선의 의도에도 불구하고 실수로 '잘못된 경로'를 '선택한' 정부 당국이 취한 조치로 표현된다. 마찬가지로 개혁 이후의 러시아는 특정한 발전에 따른 명확한 적대적 생산관계 체계로서가 아닌, 노동인민의 고통을 동반한 진정한 경로로부터의 일탈로 묘사된다.

하지만 이제 그들의 이론이 전혀 신빙성이 없음은 의심의 여지가 있을 수 없다. 사회주의자들이 현재의 지식 수준에서 마르크스주의를 제외하고는 어떠한 혁명 이론도 존재할 수 없다는 사실을 더 빨리 깨달으면 깨달을수록, 그들은 그 이론을 러시아에 이론적으로나 실제적으로 적용하기 위해 모든 노력을 더 빨리 쏟아붓게 될 것이다. 보다 더 확실하고 빠른 움직임이 혁명 과업의 성공을 보장할 거라는 의미인 것이다.

실질적이고 제대로 된 산업을 '창출'해내기 위해 '인민들'을 상대로 문화적 영향력을 발휘해 달라는 등과 같은 지식인계급에 대한 '인민의 벗들'의 요구가 오늘날의 '빈약한 러시아의 사상 풍토'를 얼마나 크게 변질시켰는지를 드러내줄 생생한 예를 제시하기 위해서는, 일단 우리와는 확연히 구별되는 관점을 가진 사람들, 다시 말해 나로도볼치의 직계 자손이라 할 수 있는 '나로도프랍치(Narodopravtsi)'의 견해를 인용해볼 필요가 있겠다. 인민의권리당(Narodnoye Pravo party)[156]이 1894년에 펴낸 『시급한 쟁점』이라는 소책자를 참조하기 바란다.

"어떠한 상황에서도, 심지어 폭넓은 자유를 누리는 조건 하에서조차 러시아는 생산에서의 독립적인 지위를 노동인민에게 보장해주는(!) 경제구조와 작별을 고해서는 안 된다"거나 "우리에게 필요한 건 정치 개혁이 아니라 체계적이고 계획적인 경제 개혁"이라고 말하는 부류의 인민주의자들을 멋지게 반박한 뒤, 나로도프랍치는 계속해서 이렇게 말한다.

"우리는 부르주아 계급의 수호자가 아니요, 그들의 이상을 숭배하는 사람들은 더더욱 아니다. 그러나 만약 지방감독관(Zemsky Nachalnik)들의 보호하에서 그들로 하여금 부르주아 계급의 침범으로부터 '계획적인 경제 개혁'을 열심히 지켜내게 하느냐, 아니면 정치 정당에 기초한 부르주아 계급 자체의 보호하에서, 다시 말해 인민들이 자신들의 이익을 조직적으로 방어하는 걸 보장하는 상황하에서의 경제 개혁이냐를 놓고 선택하라는 얄궂은 운명이 인민들에게 주어진다면, 우리는 인민들이 분명 후자를 선택하는 게 득이 될 거라고 생각한다. 지

156 1893년 여름에 창설된 러시아 민주 지식인계급의 비밀조직. 과거에 나로도볼치였던 O. V. 압테크만(Aptekman)과 A. I. 보그다노비치(Bogdanovich), A. V. 게데오놉스키(Gedeonovsky), M. A. 나탄손(Natanson) 등이 창립자로 참여했다. 모든 반대세력들을 하나로 규합해 정치개혁을 위한 투쟁에 나선다는 목표를 갖고 있었던 이들은 1894년에 차르 정부에 의해 강제해산 당한 뒤, 조직원 다수가 이후 사회주의 혁명 당에 합류했다.─옮긴이

금 당장 우리에게는 인민들에게서 사이비 독립 경제구조를 빼앗아 가겠다고 위협하는 '정치 개혁'이 존재하지 않는다. 우리에게 있는 거라곤 누구든 어디서나 익숙하게 부르주아 정책이라 부르는 것만이 존재할 뿐이며, 그것은 인민의 노동에 대한 가장 철저한 착취로 표현된다. 우리에게는 폭넓은 자유는커녕 좁은 의미의 자유도 없으며, 입헌 국가들의 농경민과 자본가들은 더 이상 꿈도 꾸지 않는 계급(social-estate)[157] 이익의 보호만이 있을 뿐이다. 또한 우리에게는 '부르주아 의회제도'란 게 없으며, 행정 기구의 포탄 사정거리 안에서는 사회도 허락되지 않는다. 다만 우리에게는 자신들의 이익을 보호하기 위해 만리장성을 세워야 한다고 요구하는 나이데노프(Naidenov)와 모로조프(Morozov), 카지(Kazi), 비엘로프(Byelov) 같은 신사양반들이 있으며, 그들 옆에는 1데샤티나당 거금 100루블씩을 자신들에게 무이자로 대출해줄 것을 요구하기에까지 이른 '충성스러운 귀족'의 대표들이 나란히 자리하고 있다. 그들은 위원회의 일원으로 초대돼 공손히 경청되는 분위기에서 자신들의 이야기를 꺼내고, 이 나라 경제 생활에 영향을 끼칠 중차대한 사안들에서 결정적인 발언권을 갖는다. 그러나 인민의 이익을 지

---

[157] 이는 흔히 말하는 계급(class)과는 구별되는 개념으로, 러시아어로는 소슬로비예(sosloviye)라 불린다. 소슬로비예는 사회 집단을 귀족, 성직자, 도시민, 농민, 이렇게 네 계급으로 나눈 뒤 각각의 범주 안에서 해당 계급을 다시 세분화한 것으로, 옛 러시아 제국에서만 존재하던 독특한 시스템이었다.—원서 편집자

키기 위해 내세운 사람들이 과연 누구였던가? 그들 지방감독
관 아니었던가? 농업 근로대가 기획되고 있는 것도 인민들을
위해서가 아니었나? 비단 그뿐 아니라 인민들에게 분여지를
부여했던 유일한 이유는 볼로그다 주지사가 자신의 회람문에
서 말한 바와 같이 그들로 하여금 세금을 납부하고 부역을 수
행할 수 있도록 하기 위해서라고 거의 빈정거림에 가깝게 솔직
히 막 공표되지 않았나? 그는 전제 군주국, 아니 보다 정확히
는 관료주의적 절대주의 체제가 숙명적으로 추구하고 있는 정
책을 단지 공식화하고 소리 높여 표현했을 뿐이었다."

　비록 자신들이 이익을 지켜주고 싶어하는 대상인 '인민'과
노동의 이해관계를 보호해줄 믿을 만한 기관이라고 계속해서
여겨온 '사회'에 대한 나로도프랍치의 개념이 모호하다고는 하
나, 인민의권리당의 창설이 '조국을 위한 다른 경로'에 관한 착
각과 몽상을 완전히 버리고 진정한 경로를 두려움 없이 인정하
며 혁명 투쟁을 위한 요소들의 기반을 모색하는 데 있어 한 걸
음 더 나아간 것이라는 사실만큼은 누군들 인정하지 않을 수
없다. 여기에서 우리는 민주적인 정당을 건설하기 위한 분투를
뚜렷이 목격할 수 있는 것이다. 그러나 그것이 '분투'일 수밖에
없는 것은 불행하게도 나로도프랍치가 자신들의 기본적인 논
지를 일관되게 실행에 옮기지 않기 때문이었다. 그들은 여전히
사회주의자들과의 융합과 동맹을 이야기하고, 노동자들을 한
낱 정치적 급진주의로 끌어들이는 것은 지식 노동자들을 노동

자 대중으로부터 단절시키는 것을 의미할 뿐임을 깨닫길 거부하며, 노동계급 운동에게 무기력하다는 선고를 내린다. 노동계급 운동은 전적으로 노동계급의 이익을 보호하고 자본에 맞선 경제투쟁을 벌일 때만이 강해질 수 있으며, 그런 경제투쟁은 자본의 하수인들에 맞선 정치투쟁과 불가분하게 묶여 있다는 이유에서였다. 그리고 그들은 모든 혁명 분파들의 '융합'이 서로 다른 이해관계를 대표하는 사람들의 독립된 조직과 특정한 사례들에 있어서의 두 정당의 공동 행동에 의해 훨씬 더 잘 이뤄질 수 있다는 사실을 인식하기를 거부한다.[158] 그들은 여전히 자신들의 정당을 '사회-혁명'당이라고 계속해서 부르고 있지만 (1894년 2월 19일자 「인민의권리당 선언문」 참조), 동시에 스스로를 정치 개혁에만 국한시키고 우리의 '지긋지긋한' 사회주의적 사안들은 아주 주도면밀하게 회피하고 있다. 실로 착각에 맞선 투쟁을 열렬히 촉구하는 정당이 타인에게 착각을 조장해서는 안 되는 법임에도 이들은 '선언문'의 맨 첫 부분에서부터 그런 잘못을 저지르고 있으며, 그들이 이야기하는 **사회주의**는 단지 입

---

158 레닌 주 그들 스스로는 지식인계급의 기적을 행하는 능력에 대한 믿음에 반대하고, 인민들 자신을 투쟁으로 이끌어낼 필요성을 이야기한다. 그러나 이는 투쟁이 명확한 일상의 이해관계로 묶여 있고, 서로 다른 이해관계들 사이에 구별이 이뤄지며, 각자가 따로따로 투쟁으로 이끌려나올 것을 요구한다. 허나 지식인계급만이 이해하는 공허한 정치적 요구들에 의해 개별적인 이해관계들이 모호해질 경우, 그 무능함이 인정된 지식인계급만의 투쟁으로 모든 것이 한정되고 또 후퇴하는 걸 의미하지 않을까?

헌주의에 지나지 않았다. 그러나 반복하건대, 그들이 나로도볼치에서 비롯됐다는 사실을 염두에 두지 않는다면 나로도프랍치를 정확히 판단할 수가 없다. 따라서 그들이 오로지 정치 강령에 근거한——사회주의와는 관계 없는——정치투쟁만을 염두에 둠으로써 한 걸음 더 나아갔다[159]는 사실은 인정해야만 한다. 사회민주주의자들은 진정으로 나로도프랍치의 성공을 바라며, 그들의 정당이 성장하고 발전하기를, 그래서 현재의 경제 시스템[160]을 편들고[161] 민주주의와 아주 밀접하게 일상의 이해관계가 묶여 있는 사회 분파들과 긴밀한 유대를 형성할 수 있기를 염원한다.

관료 체제에 대한 신뢰를 표명하면서 정치투쟁의 절대적인 필요성을 깨닫지 못하고, 사회주의와는 하등의 관계도 없을뿐더러 노동인민이 억압받는 원인과 현재 벌어지고 있는 계급투쟁의 성격을 전혀 짐작조차 못하는 '인민의 벗들'의 타협적이고 비겁하고 감상적이고 공상적인 인민주의는 정치적 급진주의자들과 사회민주주의자들 양측으로부터 공격당할 경우 결코 오래 버티지 못할 것이기 때문이다.

159 나로도볼치보다 더 나아갔다는 뜻.—옮긴이
160 레닌 주 즉 자본주의 시스템.
161 레닌 주 따라서 반드시 그 시스템을 거부해 그에 맞선 가차 없는 투쟁을 벌이지는 않는.

옮긴이 후기

"레닌은 태어난 게 아니라, 만들어진 것이다."

이는 역사학자 크리스토퍼 리드의 전기 『레닌: 어느 혁명가의 삶』의 1장 맨 첫머리에 나오는 문장이다. 내가 『이른바 시장 문제에 관하여』(본 전집 1권)의 옮긴이 후기에서도 언급한 바와 같이, 레닌은 그가 혁명운동 과정에서 비밀경찰과 검열관 들의 감시를 피하기 위해 사용했던 필명 가운데 하나로, 원래 본명은 블라디미르 일리치 울리야노프였고 그의 가족들은 그를 볼로디야라는 애칭으로 불렀다고 전해진다. 그렇다면 농노의 자식으로 태어나 특유의 성실함으로 한 도시의 초등 장학관으로까지 신분상승한 아버지와 당시로서는 드물게 교육받은 여성이었던 어머니 밑에서 형제자매들과 어느 하나 부족할 것 없는 유소년기를 보냈던 볼로디야가 억압받는 다수에 의한 역사상 최초의 혁명을 이끈 지도자 레닌으로 성장하게 된 계기는 무엇이었을까? 훗날 출간된 니콜라이 오스트롭스키의 『강철은 어떻게 단련되었는가』라는 소설 제목처럼 그를 강철같이 단단한 혁명가로 담금질한 건 과연 누구였을까?

이 물음에 대해서는 실증적이고 객관적인 자료가 그리 많지 않아 명확한 답을 내리기가 쉽지 않지만, 그 중 그나마 일반적으로 널리 회자되는 것은 형인 알렉산더에게 받은 영향과 그의 죽음이다. 러시아 제국 전체를 통틀어 대학생이라곤 몇만 명에 불과하던 시절, 상트페테르부르크 대학에 입학한 알렉산더는 말 그대로 창창한 앞날이 보장된 축복받은 젊은이였다. 그런 그가 동료 학생들과 함께, 다른 사람도 아닌 황제 알렉산드르 3세를 암살하려다 체포돼 사형당한 1887년의 사건은 러시아 사회 전체뿐만 아니라 그의 가족들에게도 커다란 충격을 안겨주었다. 당연히 가족 모두가 차르에 대한 적개심과 그의 독재를 지탱해주는 러시아의 후진적인 체제 전반에 대한 심각한 회의와 반감을 품었을 테고, 그것은 당시 열일곱 살이던 볼로디야도 예외는 아니었을 것이다. 그러나 크리스토퍼 리드가 지적했듯이, 어린 볼로디야로 하여금 봉건사회의 잔재를 청산하고 자본주의를 극복해 사회주의 혁명의 길로 나아가는 일을 평생의 과업으로 삼게 만든 혁명가적 에너지의 원천을 오로지 개인적인 원한관계에서만 찾는다는 것은 너무나도 터무니없다. 오히려 비극을 겪은 뒤에도 한동안 볼로디야는 형의 하숙방에 있던 사회과학 서적들을 닥치는 대로 탐독하는 일에만 몰두했다. 그러면서 형 알렉산더가 하나밖에 없는 자신의 목숨을 기꺼이 포기하면서까지 뿌리째 바꾸고자 했던 러시아의 정치적·사회적 부조리들을 그도 하나하나 깨우쳐가기 시작했고, 그런 사회 환경 속에서 각성한 개인의 책임이 무엇일지를 놓고 혼자 고민에 고민을 거듭했다.

그 과정에서 레닌이 필연적으로 조우한 인물이 니콜라이 체르니솁스키였다. 물론 직접적인 대면이 아니라 체르니솁스키의 『무엇을 할 것인가-새로운 인민들의 이야기』라는 소설을 통해서였지만 말이다. 금전주의와 가부장적 불평등을 거부하고 시골에서 급진적이며 이상적인 공동체를 이루며 살아가는 '새로운 인민들'의 모습을 그린 이 계몽소설은 그 시절 청년층 사이에서 큰 인기와 반향을 불러일으켰으며, 레닌도 그 자장 속으로 빨려들어간 젊은이들 가운데 한 명이었다. 이를 입증해주듯 니콜라이 발렌티노가 쓴 『레닌의 젊은 시절』에는 레닌이 체르니솁스키를 가리켜 "나를 완전히 처음부터 다시 일군" 인물이라고 고백했다는 대목이 등장하기도 한다.

그런데 체르니솁스키는 소설가로서뿐만 아니라 나로디즘(러시아어로 '나로드'는 인민을 뜻하며, 그래서 흔히 인민주의로 번역된다)이라는 당대 러시아의 포퓰리즘적 경향을 대표하는 경제학자로서도 유명세를 떨치던 인물이었다. 따라서 레닌 역시 십대 후반 무렵에는 나로디즘을 긍정적으로 받아들이고 그로부터 일정 정도 영향을 받았을 거라는 짐작이 가능하다. 허나 이 대목에서 잠시 짚고 넘어갈 부분은, 체르니솁스키와 J. P. 벡커 등 1870년대의 이른바 혁명적 나로드니키와 이후 레닌이 이 책 『인민의 벗들은 누구이며 그들은 사회민주주의자들과 어떻게 싸우는가』를 쓰게 된 이유이자 주된 비판의 대상으로 삼았던 자유주의적 나로드니키는 다소 구분해서 바라볼 필요가 있다는 점이다. 혁명적 나로드니키는 평범한 다수 노동 대중의 삶을 바꾸고 차르 체제 엘리트들의 부패를 뿌리 뽑을 방도를 고민하는 과정에서 마르크스의 『자본』을 효과적인 분석 도구로 여기고 유물론에 기초한 역사 발전의 경로를 진지하게 모색했다. 그러다 주목하게 된 것이 러시아의 농민공동체인 미르와 노동자 협동조합인 아르텔이었고, 이러한 공동체의 존재로 인해 러시아는 서구 유럽과는 다른 발전 경로를 걷는 것이 가능하다고 여겼다. 즉 자신들은 사회주의의 초보적 형태인 공동체를 이미 보유하고 있으니, 차르 독재 체제를 무너뜨리기만 하면 굳이 자본주의라는 단계를 거치지 않고도 곧장 사회주의로 직행할 수 있고, 그것은 각성된 지식인들이 노동 대중을 일깨움으로써 가능하다는 생각이었던 것이다. 이는 시간이 흐를수록 사회주의 혁명의 가능성을 사실상 포기하고, 체제 내에서의 땜질식 개혁과 마르크스주의에 대한 비판으로 자신들의 임무를 재설정한 자유주의적 나로드니키와 일정 정도 비교되는 대목이라 하겠다.

　그럼에도 레닌이 나로디즘의 자장 속에 머무른 기간은 극히 짧은 기간에 불과했다. 그는 체르니솁스키에 빠져들었던 것과 거의 같은 시기에 마르크스의 『자본』을 탐독했고, 1889년에 『공산당 선언』을 러시아어로 번역했으며, 그 이듬해에는 엥겔스의 『잉글랜드 노동계급의 상황』 등을 차례로 읽어내려갔다. 이렇듯 당시의 러시아 사회가 맞닥뜨린 부조리를 극복하고 새로운 길로 나아갈 좌표를 스스로 고민하는 과정에서 그는 점차 마르크스주의를 자신의 사상적 나침반으로 받아들이게 되었고, 그렇게 마르크스주의자가 되었다.

또 다른 한편으로, 게오르기 플레하노프를 비롯한 러시아 마르크스주의자들의 영향도 빼놓을 수 없겠다. 한때 그 역시 나로드니크였던 플레하노프는 러시아 정부의 박해를 피해 스위스 제네바에서 망명 생활을 하면서 마르크스주의를 접한 뒤, 1883년 러시아 최초의 마르크스주의 그룹인 '노동해방 그룹'을 창설한 인물이다. 또한 그는 당대 러시아의 선진 노동 대중과 혁명적 지식인들에게 지대한 영향을 끼치던 나로디즘의 위험성을 일찌감치 간파하고, 그들을 러시아 마르크스주의와 사회민주주의 운동 확산의 가장 큰 장애물로 지목한 인물이기도 했다. 특히 '나로드나야 볼랴(인민의 뜻)'라 불리던 나로드니키의 비밀결사 조직이 1881년 3월 1일 차르 알렉산더 2세를 암살하는 데 성공했지만, 그 뒤를 이은 알렉산드르 3세 체제 아래서 노동 대중의 삶이 전보다 더욱더 나빠지는 현실을 보면서 그의 심증은 확신으로 굳어지게 되었다. 그런 자신의 확신을 논리적으로 풀어낸 결과물이 『사회주의와 정치투쟁』(1883년), 『우리의 차이』(1885년), 『일원론적 역사관의 발전에 대하여』(1895년) 같은 저작들이었는데, 여기에서 플레하노프가 지적한 나로디즘의 결정적인 오류는 크게 세 가지로 정리될 수 있겠다.

첫째, 나로드니키는 러시아의 자본주의를 '우연에 의한 결과물' 또는 차르 정부의 인위적인 창조물로 바라보았기에 궁극적으로 러시아에서는 자본주의의 발전이 불가능하다고 여겼고, 따라서 프롤레타리아 계급 또한 제대로 성장할 수 없다고 믿었다. 반면 플레하노프는 나로드니키의 바람과는 상관 없이 러시아는 이미 자본주의 발전 경로에 진입했으며, 혁명가들의 임무는 자본주의 발전을 가로막는 것이 아니라(물론 막을 수도 없거니와) 그로 인해 등장한 강력한 혁명 주체, 즉 프롤레타리아의 계급의식 성장과 조직화, 그리고 노동자계급 정당의 창설을 돕는 것이어야 한다는 입장이었다. 둘째, 나로드니키는 농민과 그 공동체를 혁명의 주요 동력으로 바라보면서, 그들을 조직화하고 지도할 지식인계급의 역할에 결정적인 의미를 부여했다. 그래서 '브나로드', 즉 '인민 속으로'를 외치면서 농촌으로 몰려들었으나, 농민에 대한 이해 부족과 농민들 사이의 분화라는 현실을 전혀 파악하지 못함으로써 별다른 성과를 거두지 못하자 점점 더 고립된 소수에 의한 테러 전술로 빠져들 수밖에 없었다는 게 플레하노프의 분석이었다. 마지막으로, 나로드니키는 몇몇 뛰어난 개인, 다시 말해 '능동적인 영웅들'이 '수동적인 군중들'을 훌륭히 이끌어감으로써 역사가 발전할 수 있다고 믿었다. 이에 플레하노프는 그러한 견해를 이상주의라 비판하며, 역사는 결국 생산력과 생산관계의 모순, 계급과 계급 간의 투쟁으로 인해 발전한다는 마르크스의 유물론에 진실이 존재한다고 반박했다.

그런데 나로디즘을 향한 플레하노프와 노동해방그룹의 이러한 투쟁에도 불구하고 선진적인 노동 대중과 지식인들 사이에서 나로디즘의 영향력은 1890년대로 넘어와서도 크게 사그라지지 않았다. 대부분 1880년대부터 해외에서 망명 생활을 해온 러시아 마르크스주의자들은 국내 노동계급 운동과의 실질적인 연결고리가 거의 없었던데다 국내의 사회민주주의 운동 역시도 소수의 서클 형태로 각자 떨어져 활동하는 데 그치고 있었기 때문이다.

레닌이 1894년에 이 책을 집필한 배경도 바로 거기에 있었다. 해외를 떠도는 망명자가 아닌 당대 러시아 땅에 발 딛고 살아가는 한 청년으로서의 현실 분석과 목소리로 자유주의 나로드니키에게 맞서겠다는 결기, 사회민주주의 운동의 이론적 토대를 구축한 노동해방그룹의 성과를 뛰어넘어 마르크스주의와 노동계급 운동의 연결고리를 자신의 힘으로 직접 이어보겠다는 패기의 발로였던 것이다.

레닌의 사실상 첫 번째 주요 저작이라 할 수 있는 이 책 『인민의 벗들은 누구이며 그들은 사회민주주의자들과 어떻게 싸우는가』는 크게 3부로 나뉘어 집필됐는데, 1부에서는 나로드니키와 그 핵심 이론가인 N. K. 미하일롭스키의 철학적 관점에 대한 포괄적인 비판, 2부에서는 S. N. 유자코프의 공상주의적 경제관에 대한 비판, 그리고 3부에서는 S. N. 크리벤코가 발전시킨 나로디즘의 정치 강령과 전술에 대한 비판이 그 뼈대를 이루고 있다. 그러나 대중에게 공개될 당시 각 부별로 나뉘어 출판되고 유통되는 바람에 애석하게도 2부의 원고는 아직까지 발견되지 않고 있다.

이 책에서 레닌은 비판적 사고를 지닌 소수 개인들의 역사적 역할을 과장하고 객관적인 역사 발전의 법칙을 부정해온 자유주의 나로드니키의 주관적 방법론의 허구를 드러내는 것으로 비판의 포문을 열고 있다. '능동적인 영웅들'과 '수동적인 군중들'이라는 그들의 이분법을 반박하며, 역사의 필연성을 인정한다는 것은 현상에 대한 수동적인 관찰이 아니라 독재와 자본주의에 맞선 투쟁에 노동계급을 결집시키기 위한 적극적인 행동을 전제로 한다는 것을 강조한 것이다.

또한 레닌이 보기에 나로드니키의 경제적 견해 역시 철학적 관점만큼이나 터무니없었는데, 농민의 삶을 황폐화시켜 국내 시장을 위축시키는 대규모 자본주의적 생산을 소규모 상품 생산, 즉 그들의 용어를 빌리자면 '인민의 산업'과 대비시킴으로써 후자를 지나치게 이상화하고 농민 공동체 해체의 의미를 애써 축소하려는 나로드니키의 이론적 행태를 주되게 지적하고 있다. 다시 말해 자유주의 나로드니키가 대규모 자본주의적 생산은 악이고 '인민의 산업'은 선이라는 또 다른 이분법을 동원해, 러시아 농민층이 농촌 부르주아지와 프롤레타리아로 분화되는 현실과 그로 인해 갈수록 첨예해지는 계급적대를 가리는 방패막이 역할을 함으로써 사실상 소부르주아지와 부농(쿨락)들의 이해관계에 기여하고 있다는 것이다.

또 하나, 이 책이 이후 러시아의 사회민주주의 운동에서 차지하는 중요성의 무게를 더해주는 것은 차르 체제와 지주, 부르주아 계급을 타파하기 위한 주요 수단으로서 노동자와 농민의 혁명적 동맹이라는 발상을 최초로 제시했다는 사실에 있다. 물론 레닌은 마르크스와 엥겔스가 공식화한 프롤레타리아 헤게모니 개념에서 한 발 더 나아가 사회주의 혁명뿐만 아니라 부르주아 민주주의 혁명 단계에서도 프롤레타리아 계급이 주역을 담당해야 한다는 점을 분명히 했지만, 그와 동시에 "사회민주주의자들은 농민들에게서 빼앗아간 토지를 그들에게 즉각 되돌려줄 것과 봉건제도 및 전통의 보루인 토지소유권의 완전한 폐지를 아주 필사적으로 주장"함으로써 농민들을 프롤레타리아의 동맹 세력으로 묶어내야 한다고 역설한 것이다. 또한 궁극적으로 노동계급과 그 동맹 세력의 투쟁이 성공하기 위해서는 선진적인 혁명 이론으로 무장한 독자적 사회주의 노동자 정당을 건설하는 것이 마르크스주의자들의 첫 번째 임무임을 강조하고 있다. 때로는 읽는 이의 얼굴까지 벌겋게 달아오를 정도의 가차 없는 비판과 숨이 차오를 정도의 거침없는 확신으로 일관하던 그의 글은 다음과 같은 희망에 찬 예언으로 대단원의 마침표를 찍게 된다.

"그러므로 사회민주주의자들이 모든 관심과 활동을 집중시켜야 할 대상은 바로 노동계급이다. 노동계급의 선진적 대표자들이 과학적 사회주의와 러시아 노동자의 역사적 임무에 통달할 때, 그러한 사상들이 널리 확산될 때, 그리고 현재 드문드문 일어나는 노동자들의 경제 전투를 의식적인 계급투쟁으로 전화시키기 위한 안정적인 조직이 노동자들 사이에 형성될 때, 바로 그때 모든 민주주의적 분파들의 최선두에 선 러시아 노동자들이 절대왕정을 무너뜨리고 열려 있는 정치투쟁의 곧은 길을 따라 (만국의 프롤레타리아트와 나란히) 러시아 프롤레타리아트를 공산주의 혁명의 승리로 이끌게 될 것이다."

2018년 봄

최재훈

찾아보기

인민의 벗들은
누구이며
그들은
사회민주주의자들과
어떻게 싸우는가

002 레닌
전집

Владимир
Ильич
Ленин

1판 1쇄 발행 2018년 6월 10일

지은이 블라디미르 일리치 레닌
옮긴이 최재훈
펴낸이 김찬

펴낸곳 도서출판 아고라
출판등록 제2005-8호(2005년 2월 22일)
주소 경기도 파주시 가온로 256 1101동 302호
전화 031-948-0510
팩스 031-948-4018

ⓒ아고라, 2018
ISBN 978-89-92055-72-7 04300
ISBN 978-89-92055-59-8 04300세트

이 책은 박연미 디자이너, 대현지류,
HEP프로세서, 더나이스, 코리아금박, 경일제책
노동자들의 노동을 통해 만들어졌습니다.
또한 편집과 제작비 마련 과정에서
레닌 전집 후원회원들의 도움을 받았습니다.

* 책값은 뒤표지에 있습니다.
* 레닌 전집 후원회 가입 문의:
leninbookclub@gmail.com